剣聖・剣豪 宮本武蔵事典

加来耕三 著

東京堂出版

まえがき

剣豪・宮本武蔵の名を聞けば、反射的に文豪・吉川英治《よしかわえいじ》の名作小説『宮本武蔵』を思い浮かべる。

読む都度《つど》に感動を新たにするこの作品は、昭和十年（一九三五）八月二十三日から同十四年七月十一日まで、途中一年弱の休載をはさんで、「朝日新聞」（当時は東西別）に連載された。この作品は、それまでの武蔵像――塚原卜伝と鍋蓋《なべぶた》試合をやったり、狒々《ひひ》退治にでかけたり、父の仇討ちに佐々木小次郎と試合をする、といった講談の世界の武蔵――を一変させた。

「孤剣！

たのむはただこの一腰。

武蔵は、手をやった。

『これに生きよう！　これを魂と見て、常に磨き、どこまで自分を人間として高めうるかやってみよう！　沢庵《たくあん》は、禅で行っている。自分は、剣を道として、彼の上にまで超えねばならぬ』」（講談社刊定本『宮本武蔵』愛蔵版第一巻一七六ページ）

吉川英治の描いた二十一歳の宮本武蔵は、人生への新しい出発にあたり、このように宣言した。この瞬間――たぶん、日本中で――新しい武蔵の像が定着したのではあるまいか。同時に、武蔵を慕うお通《つう》、武蔵の対極をいく幼馴染《おさななじみ》の本位伝又八《ほんいでんまたはち》も、日本人の中に棲みついた。

改めていうまでもないことだが、宮本武蔵は実在した人物である。が、その生涯はいまだ謎に包まれたまま。剣の技量における評価はともかく、〝吉川版〟に見られる求道《ぐどう》家の姿勢を貫《つらぬ》いた武蔵像は、史実ではなかったろう。

「今もって、未熟、不覚、いつまで、真の悟入ができたとも思われませぬ。――歩めば歩むほど、道は遠く深く、何やら、果《はて》なき山を歩いている心地でございまする」

（同右、第四巻三九七ページ）

〝吉川版〟武蔵は、明けても暮れても「道」を追い求め、果てしなき修行を、かたときも忘れない苦難の道を歩んでいく。

「――剣術。

それではいけないのだ。

——剣道。

飽《あく》まで剣は、道でなければならない。謙信《けんしん》や政宗《まさむね》が唱《とな》えた士道には、多分に軍律的なものがある。自分は、それを、人間的な内容に、深く、高く、突き極《きわ》めてゆこう。小なる一個の人間というものが、どうすれば、その生命を托《たく》す自然と融合調和して、天地の宇宙大と共に呼吸し、安心と立命の境地へ達し得るか、得ないか。行ける所まで行ってみよう。その完成を志《こころざ》して行こう。剣を『道』と呼ぶところまで、この一身に徹してみることだ」（同右、第三巻四三九ページ）

かつて桑原武夫《くわばらたけお》氏は、『宮本武蔵と日本人』（講談社現代新書）の中で、〝吉川版〟の武蔵を分析し、徳目を拾い出して列挙したことがあった。

それによると、次のようになる。

一、修養系列——道・無、自然に従う、武の尊重、芸道、意志力、たのむは己《おのれ》のみ、気くばり・かけひき、命《いのち》の尊さ、いさぎよさ

二、骨肉愛系列——骨肉愛、恩・義理、人の和、天恩、家名、恥

三、あわれみ系列—無常観、もののあわれ、優しさ、涙もろさ

これはまさに、日本人のベーシック＝パーソナリティーそのものであったといってよい。つまり、〝吉川版〟の武蔵的なものは、とりもなおさず日本的と置き換え得るものであった。が、これはあくまで吉川英治の創造によるものであり、史実の宮本武蔵は、

まったく別の、より個性的な生涯を歩んでいた。むろん、お通も又八も実在してはいない。

本書は平成七年（一九九五）に刊行し、多くの読者の支持をいただいた『謎の剣豪・宮本武蔵〝吉川版〟では語られなかったその実像』（祥伝社ノン・ポシェット）を底本としつつ、改めて今日入手出来得る限りの史料を検証し、新たに明らかになった発見、解釈を含め、大幅に加筆したものである。

なお、本書を執筆するにあたっては、細川家十八代で第七十九代内閣総理大臣をつとめられた細川護熙《もりひろ》氏に史料拝見の労を煩わせ、また、兵法二天一流十代宗家・今井正之《いまいまさゆき》氏をはじめ、多くの先学諸氏の論文・著作を、ずいぶん参考にさせていただいた。ここで改めてお礼を申し述べる次第です。

最後になりましたが、本書執筆の機会を与えてくださった、東京堂出版編集部の太田基樹氏、原稿整理にご協力いただいたサン・ブレイン代表取締役の遠藤謙一氏、ならびに前作同様、取材に協力して下さったテレビ熊本の山下利夫氏に厚くお礼を申し上げます。

平成十三年春　東京・練馬の桜台にて

加来耕三《かくこうぞう》

主要剣聖・剣豪生没年比較

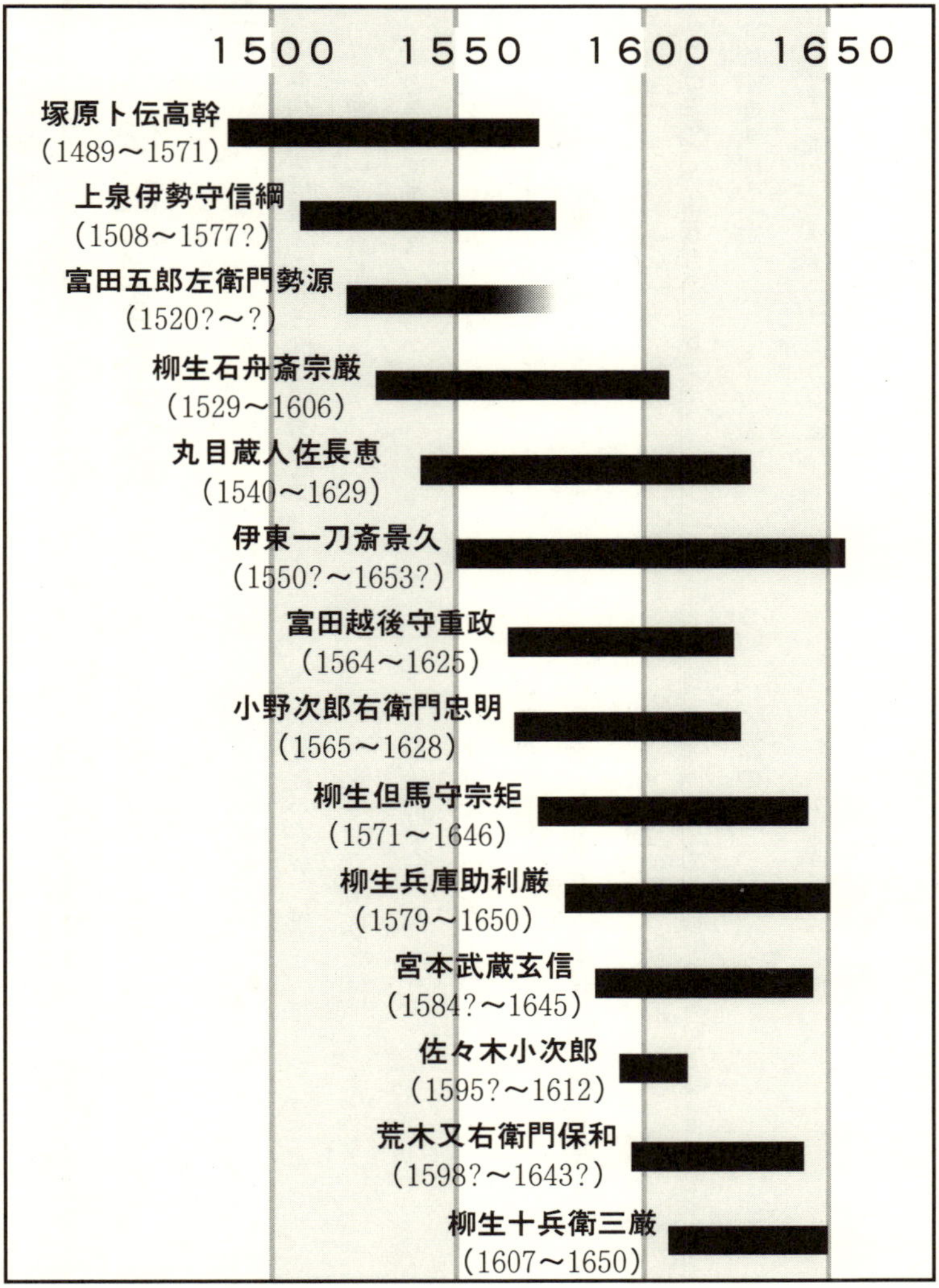
1500
1550
1600
1650
塚原卜伝高幹
（1489〜1571）
上泉伊勢守信綱
（1508〜1577?）
富田五郎左衛門勢源
（1520?〜?）
柳生石舟斎宗厳
（1529〜1606）
丸目蔵人佐長恵
（1540〜1629）
伊東一刀斎景久
（1550?〜1653?）
富田越後守重政
（1564〜1625）
小野次郎右衛門忠明
（1565〜1628）
柳生但馬守宗矩
（1571〜1646）
柳生兵庫助利厳
（1579〜1650）
宮本武蔵玄信
（1584?〜1645）
佐々木小次郎
（1595?〜1612）
荒木又右衛門保和
（1598?〜1643?）
柳生十兵衛三厳
（1607〜1650）

宮本武蔵事典　目次

第一部　伝説の宮本武蔵

第三章　同時代人から見た宮本武蔵……36

第四章　宮本武蔵が悟った極意とは……50

第五章 武蔵出生の謎を追う

電子組版／サン・ブレイン
写真協力／山下利夫

第一部

伝説の宮本武蔵

熊本の禅刹・雲厳禅寺の五百羅漢。晩年の武蔵はこの禅寺に参禅したという。（熊本市内）

第一章

「宮本武蔵守義軽」に隠された秘密とは？

謎を呼ぶ『幸庵対話』

「剣豪・宮本武蔵は何人いたか？」

とふいに問いかけられて、すんなりと答えられる人は、まずいまい。当の武蔵にしてから、ただ困惑するばかりであったろう。

「予《よ》は柳生但馬守宗矩《やぎゅうたじまのかみむねのり》弟子にて、免許印可も取りしなり。竹村武蔵といふ者あり。自己に剣術を錬磨して名人也。但馬にくらべ候ては、碁《ご》にていえば井目《せいもく》も武蔵強し」

武蔵と面識のあった渡辺幸庵《わたなべこうあん》は、晩年に『幸庵対話』の中で述べている。

この人物は幼名を久三郎、徳川家康—秀忠の二代に仕え、のち三代将軍家光の弟、駿河大納言忠長つきで一万石を拝領し、山城守を称した。

大納言が滅んで牢人となり、のち海外に四十二年を暮らし、百二十八歳で江戸に没したと伝えられている。

百三十歳近くまで生きたかどうかは別にして、但馬守に柳生流（新陰流）の印可をもらったことは間違いなく、そうした人物が、生涯にいく度か言葉を交《か》わした武蔵の姓を、「竹村」と称した点は注目に値《あたい》しよう。

姓と名の混乱

現存する兵法《ひょうほう》・古武術の伝書にも、姓の異《こと》なる武蔵が何人も現われている（詳しくは後述）。

こうした混乱が、どうして起きたのか。明治以前の〝姓〟というものが、現在のような戸籍に登録される法的なものではなく、たぶんに便宜的に使用されていたことが考えられる。

たとえば、武蔵の家系は「藤原《ふじわら》」であったといい（別に「菅原《すがわら》」系図もある）、出身母体の氏から「新免《しんめん》」を名乗り、生家からとって「平田《ひらた》」「平尾《ひらお》」、また、養家の「宮本」を称したとも伝えられてきた。

いずれにもそれなりの根拠があり、武蔵自身もおりおりに、これらを使い分けたふしがあった。先の『幸庵対話』によれば、江戸入りした武蔵は前述の「竹村」を名乗り、そのまま養子・与右衛門を定めたという話もあるほどだ。

〝姓〟にしてこれだけの数があれば、当然のことながら、〝名〟（厳密には諱《いみな》）も少なくなかったであろう。

なかでも一般的に知られているのは、「政名《まさな》」と「玄信《げんしん》」の二つ。「正仲《まさなか》」、「義貞《よしさだ》」と称したものもあった。

ちなみに、〝武蔵〟は通称である。

一人の人物であっても、姓と名（通称と諱）の組み合わせによっては、複数の人物が誕生する。竹村武蔵、新免武蔵、あるいは武蔵政名、武蔵玄信——云々《うんぬん》。

武蔵は姓名を変えつつ、諸国を渡り歩いた。

本来ならば、武蔵の子や孫、数代下った子孫でも、このあたりを整理してくれればよかったのだが、如何《いかん》せん、武蔵には実子がなく、確認されている三人の養子――伊織《いおり》（貞治《さだはる》）・造酒《み き》之助《のすけ》・九郎三郎《くろうさぶろう》――の出自が各々《おのおの》相違するため、かえって混乱に拍車をかけることになった（詳細は後述）。

実家、養家の子孫の言い分も、異なっていた。

加えて、二十代ですでに剣名の高かった武蔵には、贋者《にせもの》の同業者も多かったと思われる。今日とは違って、情報伝播《でんぱ》力の乏《とぼ》しい時代であった。腕に覚えのある武芸者は、この著名剣豪の名前をしばしば無断で借用したようだ。

兵法を否定した信長

当時、武芸者＝兵法者《ひょうほうしゃ》は、

「芸者」

と呼ばれていた。

極言すれば、華道・茶道・香道・謡《うたい》・音曲と同系列に扱われ、兵法という格闘術一般の〝芸〟を修めた技能者と見られ、その地位は相対的に低かった。

――なにしろ、兵法者の歴史が浅い。

兵法――太刀《たち》・槍《やり》・薙刀《なぎなた》・小具足《こぐそく》（組み討ち）などの武術が、系統立ててまとめられ、理合《りあい》をもって広く一般に説かれるようになったのは、せいぜい、戦国乱世も中期に入ってからのことであった。

時代の主人公でいえば、織田信長《おだのぶなが》（一五三四～八二）の勃興期にあたる。

鉄砲を大量に駆使して、〝天下布武《てんかふぶ》〟に邁進《まいしん》した信長にいわせれば、兵法などは足軽《あしがる》の小手先技《わざ》程度のもの、としてしか認識していなかったはずだ。

その証左に、天下を平定していく過程で、信長には兵法指南役と呼べる者はいなかった。否《いな》、兵法という呼び名すらこの時代には定着しておらず、千軍万馬《せんぐんばんば》の実戦に明け暮れた武将たちには、流行の兆《きざ》しを見せつつあった兵法など、戦場では役に立たないもの、机上の空論と決めつけられていたといっていい。

　将たる者は馬上《ばじょう》にある。

　戦場を徒歩《かち》で走りまわるのは足軽だけであり、鎧兜《よろいかぶと》で武装した戦《いくさ》に、高等な殺傷の技法など必要はなかった。甲冑《かっちゅう》の継《つ》ぎ目を突き、斬《き》るよりはむしろ叩きつけるようにして、敵の兜を通じて脳震盪《のうしんとう》を誘うように、刀槍を振るえばそれでよかったのである。

宮本武蔵の銅像（熊本市内）

　もしも、信長やその後継者・豊臣秀吉《とよとみひでよし》（一五三六〜九八）の時代が長くつづいていれば、おそらく、この後にみられるような完成度の高い兵法＝武術は、日本では誕生しなかったのではあるまいか。

兵法を必要とした将軍

　独断と偏見を恐れずにいえば、筆者は、日本の兵法は唯一、護身のためにのみ発展したのではないか、と考えてきた。

　戦国時代、最もはやく兵法――なかでも剣術――が脚光を浴びたのは、室町《むろまち》幕府十三代将軍・足利義輝《あしかがよしてる》（一五三六〜六五）の治世であった。

　生涯を流寓《りゅうぐう》に費《ついや》したこの将軍は、己れがす

でに天下の統治者ではない、と密《ひそ》かに自覚していた。

将軍とはいえ、衣食のための所領すら半ばを失い、住まいも定まらぬまま。日本国の兵馬《へいば》の権を一手に握る地位にありながら、実際には自分の身辺を護《まも》る者といえば、二、三十人程度の幕臣だけであった。

そのため将軍義輝は、自身を己れで護る必要に迫られ、当時、流行しはじめた兵法に執着した。

師には、当代一流と称された塚原卜伝《つかはらぼくでん》（一四八九〜一五七一）、上泉《かみいずみ》信綱《のぶつな》（一五〇八〜七七）などを招聘《しょうへい》している（二人の人物伝は後述）。

その甲斐《かい》があったのであろう。将軍義輝の剣の腕前は尋常一様のものではなく、およそ足利将軍歴代十五人の中で、また、徳川将軍家十五人を含めた征夷大将軍中、最高といっていいほどの技量に達した。

しかしながらこの将軍は、その抜群の技法、真価を、己れの死によってしか発揮できなかった。

永禄《えいろく》八年（一五六五）五月十九日、五月雨《さみだれ》の降りしきる中、三十歳の剣豪将軍は、足利累代の名刀十数振りを畳に突き刺し、迫りくる三好《みよし》義継《よしつぐ》・松永久秀《まつながひさひで》らの勢力を、つぎつぎと斬り倒し、刃こぼれすれば惜《お》し気もなく名刀を捨て、新しい刀を手に、まるで剣鬼と化したかのごとく敵兵を斬りまくった。

が、いかな剣豪にも限界はあるもの。奮戦善戦した義輝も、ついには疲労したところを、背後から槍で足を払われて転倒、一説には鉄砲で撃《う》たれて、こと切れたといわれている。

家康は兵法を肯定していた

この義輝の次に、兵法に拘泥《こうでい》したのが義輝の実弟で十五代将軍となった足利義昭《よしあき》（一五三七～九七）であった。

ある説によれば、武蔵の父が「室町兵法所」の吉岡憲法《よしおかけんぽう》と試合し、三本中二本をとり、この将軍義昭から栄誉号を賜《たまわ》ったという。

義昭が兵法に強い関心を抱いていたのも、兄と同じ危機意識からであった。

煮え滾《たぎ》る乱世の中、将軍義昭もつねに己れの身辺を危ぶんでいた。そのため、諸国の兵法遣《づか》い＝芸者を招いては昵懇《じっこん》にし、いざという場合の備えにしたい、と考えていたのだろう。

天下人という権威が、〝下剋上《げこくじょう》〟の流れの中で、己れを護ろうとしたとき、兵法は浮上した。

信長の方針を受け継いだかのごとく、兵法に関心を示さなかった秀吉に比べ、甥《おい》の関白秀次《ひでつぐ》（一五六八～九五）は先の足利将軍家同様に兵法に入れ込んだ。

新陰流《しんかげ》の神後伊豆守宗治《じんごいずのかみむねはる》・疋田豊五郎《ひきたぶんごろう》、富田《とだ》流の長谷川宗喜《はせがわむねよし》などの剣士を、秀次は剣術指南役として召し抱えている。

――同じ線上で兵法に執心したのが、徳川家康《とくがわいえやす》（一五四二～一六一六）であった。

この天下人は、若いころから物学びが好きで、学問も兵法も一生懸命に修めた。たぶんその心底には、幼くして人質生活をおくった被害者意識があったかと思われ、その習癖がやがて徳川家の覇業とともに、兵法流行の大ブームをつくりあげていく。

武蔵の名を騙る十七名?!

「芸者」は宮本武蔵の生きた時代、雲霞《うんか》のごとく現われており、彼らは家康に媚《こ》びるかのように関心を示しはじめた諸大名へ、仕官を求めて全国を流浪《るろう》した。

食い詰めた芸者のなかに、武蔵の名を騙《かた》って、衣食を得た者がいたとしても、決しておかしくはなかった。

また、武蔵の名声は子孫や一族、養子のなかにすら、〝宮本武蔵〟を名乗る者を生み出したため、ますますその名は世上に氾濫《はんらん》した（ざっと数えただけで、十七名の武蔵がいたようだ）。

だが、武芸のみならず絵画や彫刻、詩歌、茶道などの諸芸に通じ、『五輪書《ごりんのしょ》』に代表される兵法書まで著《あらわ》した〝天才〟は、そう何人もいるはずはなかった。

時代はいまだ近代歴史学を知らず、戦国期・江戸初期ともに伝承・説話の世界に人々は棲《す》んでいた。

それだけに筆者も、

「宮本武蔵義軽」

という名を知っても、最初は特段に驚きもせず、贋者の類《たぐい》であろうと一笑に付《ふ》してしまった。

『兵道鏡』が語るもの

二十余年も前になろうか、そのころ、古流武術の伝書を解読するために、筆著は頻繁に日本剣道史編纂所の森田栄《もりたさかえ》所長を訪ねていた。

所長は日本武道史研究の草分け的存在で、『武芸流派大事典』などで著名な故・綿谷雪《わたたにきよし》とも親交があった。

綿谷は著作『日本武藝小傳』で、「宮本武蔵玄信と武蔵政名は別人」と主張した武蔵研究家としても知られている。

ある一日、森田所長が収集した伝書類の中の、『兵道鏡』の古写本と円明《えんめい》流伝書の三巻を拝見する機会に恵まれた。

「宮本武蔵守藤原義軽」という名が、楷書で認《したた》められていたのは、このなかの円明流伝書の一巻——道統の最初の箇所であった。

日付は寛政《かんせい》十二年（一八〇〇）十二月二十八日。脇坂彦兵衛《わきさかひこべえ》なる人物から三宅源左衛門《みやけげんざえもん》という人に宛《あ》てた書で、題目はつけられていなかった。

筆者は「義軽」と読んで、以前にも同じような名に出くわした、と思ったものの、それが何であったか、なかなか思い出せない。

「『撃剣叢談《げきけんそうだん》』巻四ですよ」

森田所長に指摘されて、ようやく気がついた。

武蔵流は宮本武蔵守義恆（諸書に皆政名に作る。今《いま》古免許状に依て改《これをあらためる》之）が流《ながれ》也。武蔵守は美作《みまさか》国（岡山県北部）吉野《よしの》郡宮本村の産也。父は新免無二斎《むにさい》と号して十手の達人也、武蔵守此術に鍛練し後熟々《つくづく》思いけるは、十手は常用の器《うつわ》にあらず、我《わが》腰を放さざる刀を以《もって》人に勝《かつ》術こそ肝要なれとて、改めて新《あらた》に工夫し二刀の一流を立たす。

文中の武蔵守はどうやら、佐々木小次郎《ささきこじろう》と勝負した武蔵玄信のことのようであった。

森田所長はこの点について、日本剣道史編纂所発行の『日本剣道史』（第九号）で、「山田次郎吉《やまだじろきち》氏編纂の日本剣道資料集中には、義恆とあるも、同資料集中の円明流剣法書では、義□と伏字になっています」

と述べ、ほかに「義経」と記された伝書にも言及している。

確かに、円明流五代の丹治峯均《たんじほうきん》の『丹治峯均筆記』に、

先師（武蔵）若き時、我武勇源義経に比《ひ》すと云《いわ》れしが直に、義経と号せられしと云《いい》伝う。彼の世間にある巻物を見れば、是《これ》は偽説ならずと聞く。

とあったのを、のちに思い出した。

明らかに、「義軽」と読める武蔵の諱《いみな》――。

しかしながら、兵法をもって世に立つ者が、〝義を軽んずる〟との意になる諱を用いたとは普通には考えられない。「義経」を「義軽」と書き誤ったと見るべきか。『撃剣叢談』と同じように、「義恒《よしつね》」と読むのがよいのであろうか。

前田慶次郎の主張

そういえば、武蔵よりやや前の時代、歴世の武将として軍功を輝かせた上杉景勝《うえすぎかげかつ》の客将に、前田慶次郎《まえだけいじろう》（生没不詳）がいた。諱は利大《としおき》、信長の部将・滝川一益の実子といわれ、前田利家《まえだとしいえ》の長兄・蔵人利久《くらんどとしひさ》の養子となった人物である。

織田信長、前田利家に仕えたが、自ら牢人して上杉家へ。関ヶ原の合戦で上杉氏が減封となったおり再び牢人となったが、この慶次郎は奇行をほしいままにしたことで後世に名を残した。

上杉家に身を寄せているときも、合戦用の旗指物に、

「大ふへん者」

と大書し、われこそ武辺者《ぶへんもの》と自負する者の多

い上杉家中で、物議を醸《かも》したことがあった。

そのおりの、慶次郎の言い分は、

「われ、妻もなく大不便者《ふべんもの》にて候」

であった。

武蔵も、奇《き》を衒《てら》ったのだろうか。

筆著には「義軽」が、反語のように思えてならない。その証左が、武蔵の幻の著作とされる、『兵道鏡』の成立に隠されていたことに、昨今、ようやく気づいた。

暗い野心、狂気を帯びた武蔵の怨念。三十歳になるや、ぷっつりと勝負をしなくなった不思議を解《と》く鍵も、この「義軽」と『兵道鏡』にあったように思われる。

「義軽」時代の武蔵

周知のごとく、武蔵の剣＝兵法の流名は、はじめ「円明流」であり、のちに「二天一流《にてんいちりゅう》」（二刀一流）となった。「武蔵流」を唱《とな》えたのは武蔵の弟子筋であり、筆者がこれまでに見た関係伝書では、前出の『兵道鏡』の古写本もそうだが、最もはやい時期のもの——正確には慶《けい》長《ちょう》十一年（一六〇六）、二十三歳のころに武蔵が、落合忠右衛門《おちあいちゅうえもん》に与えた印可状の中に、

「円明一流の兵法」

と記した箇所があった。

武蔵はこの一年前に、同じく忠右衛門に『兵道鏡』を贈っており、この巻物二種の諱《いみな》は筆者には「義軽」としか読めなかった。

この前年——慶長九年、通史によれば、武蔵は京都で吉岡一門と死闘を演じている。次いで、南都《なんと》の宝蔵院《ほうぞういん》で胤栄《いんえい》の高弟・奥蔵院道栄《おうぞういんどうえい》と試合し、さらには、伊賀《いが》において異種試合——鎖鎌《くさりがま》の宍戸《ししど》某を倒していた。

武蔵の生涯で、もっとも盛壮《せいそう》な年であったといっていい。

「都で名をあげたい」

「義軽」あるいは、「義経」と自著した武蔵は、徒手空拳《としゅくうけん》、恵まれた上背《うわぜい》と膂力《りょりょく》、度胸だけをもって京都に上り、己れの兵法をこの年に実力日本一となし得た。

父が二勝一敗の成績を残した、将軍家兵法の唯一の権威「室町兵法所」——その代表格である吉岡家の代表者を、〝武略〟という詐術《さじゅつ》によって相次いで打ち破り、太刀《たち》に対しては優位といわれる槍術に勝利し、ついには、飛び道具にも等しい未知なる特殊兵器・鎖鎌をも降《くだ》したのである。

必勝の兵法書

武蔵の強い自己顕示欲は、円明流を名乗らせ、その兵法の真髄をもまとめさせる。

それが『兵道鏡』で、翌慶長十年に完成されたといわれている。

一、心持之事　付座之次第

心の持やうといふは先《まず》しあひ（試合）せんと思ふ時、平生のときよりは猶《なほ》しつか（静）になりて敵の心を引《ひき》見るへし。敵太刀とるとかほ（顔）あか（赤）く目おほ（大）きにすじほねたち（筋骨立）て見えはちうちをねらふへた（下手）なるへし。左様の者にはなを、心をしつめて太刀をいかほと（如何程）もゆるゆるとかまへ敵の手を切《きる》へし。あらき太刀にはすき（隙）おほ（多）きものなれは、いかほともゆる〳〵とすきを見て切へし。大しあひには首をうつへし、さなくはとりて切へし。又敵上手にて何ともなくゆる〳〵と見えはいかほともはやくせん（先）をかけ打へし。上手にゆるくすれは、手すくみてしちやうにかゝる物也（以下略）
「兵法は先《せん》をとらねば勝てぬ」
武蔵の終生を貫く鉄則が、この一条からうかがえる
円明流の伝書として書かれた『兵道鏡』は、（伝書によって多少、文字が異なる）。
当初は二十八箇条であったが、のちに三十五箇条に増えた。
『兵道鏡』をいまだに、二天一流の偽書扱いする向きがある。が、内容を細々《こまごま》みていけば、『兵道鏡』がやがて『兵法三十五箇条』や『五輪書』へと昇華していったさまがうかがえよう。
ただし、『兵道鏡』には『兵法三十五箇条』や『五輪書』に認《したた》められた大いなる世界は、皆目、述べられていなかった。

兵法者の境遇

換言すれば、円明流から二天一流へ移行する過程で、武蔵は大いなる質的転換を遂《と》げていったといえる。

巌流《がんりゅう》佐々木小次郎を破ったことが、あるいはその出発点であったかもしれない。

武蔵は「日本一」を標榜する小次郎に勝利し、名声を不動のものとした。齢《よわい》三十を迎えた武蔵は当然のごとく、名声にふさわしい地位を望むようになった。平たくいえば、仕官である。

芸者としての兵法者の、究極の目的は幕府・大名家への仕官であって、〝芸〟はその手段でしかなかった。

ところが、兵法者の地位が雑兵《ぞうひょう》の、小手先

の技《わざ》程度にしか認識されることがなく、流行《はやり》の波に乗ったとはいえ、剣術指南役の身分などは高《たか》が知れていた。

門地のない牢人《ろうにん》（浪人）境遇の武蔵では、せいぜい徒士《かち》に毛の生えたぐらいの出世しか望めない。骨身に沁《し》みるほど、武蔵にそのことを教えたのが大坂《おおさか》の役《えき》であった。

一桁落ちる三百石

慶長《けいちょう》十九年（一六一四）の冬の陣、翌年の夏の陣。武蔵は何処《どこ》で何をしていたのか。

一説には、野心を抱《いだ》いて大坂城に入城したものの、微賤《びせん》の軽士として扱われたにすぎなかったといわれ、またの説では、水野《みずの》日向守勝成《ひゅうがのかみかつなり》の麾下《きか》に属して、大坂攻めに出陣したとも。

いずれにしても、〝将〟としての身分ではなかった。〝将〟とは戦《いくさ》の駆け引きをする者であり、軍勢を動かすべく采配を振るう。石高《こくだか》でいえば、少なくとも三千石級である。が、兵法者の指南役の相場は、当時、ほぼ一桁《けた》落ちる三百石が基準。徒士には勝《まさ》る士大夫（将校）ではあったが、とても一隊を指揮する地位ではない。

それも一面、もっともなところがあり、諸大名にすれば兵法者の人物、力量を欲しているのではなく、単にその身につけた〝芸〟を買うというものでしかない。

——ここに、武蔵の後半生につきまとった苦《く》渋《じゅう》の源泉があった。

武蔵の不幸

この武芸の天才は、不幸にして己れの才能、可能性を誰よりも客観的に見ることができ、その限りにおいて最も高い評価を自らに下していた。

己れは一介の武芸者で終わることなく、やがては天下の政《まつりごと》に参画し、いざ軍役となれば一軍を統率して、合戦の采配を振るう器である、と己れ自身に言い聞かせていた。

それこそ、

「古《いにしえ》の源九郎義経にも負けはせぬ」

ぐらいの自負心は持っていたであったろう。

だからこそ、天下を取った徳川家の直参《じきさん》となるべく、猟官運動には懸命であったようだ。

だが、徳川家はおろか諸大名家においてさえ、軍功は皆無である芸者にすぎない武蔵の、未知なる軍略や政治手腕を、無条件に容《い》れねばならぬほどの弱味――幕府や大名は、それほど人材には窮《きゅう》していなかった。

結局、武蔵の仕官話はまとまらない。

失意の中で流れる

武蔵はまず幕府に働きかけ、幕臣の地位が無理だと知ると、次善の策として〝御三家〟筆頭の尾張《おわり》藩への仕官を目指した。

普通であれば、今度は条件において妥協してしかるべきであったが、武蔵は己れをけっして安売りしなかった。

ここでも仕官は決まらない。

以来、世に〝将〟として認められぬ武蔵の悲劇は、生涯を通じての業《ごう》と化していく。

中央で志《こころざし》を得られなかった武蔵は、西国へ下った。その後、福岡《ふくおか》藩黒田《くろだ》家、明石《あかし》藩（のち豊前小倉《ぶぜんこくら》藩）小笠原《おがさわら》家と、次々に接触をもったが、いずれも仕官の話は不調に終わっている。

寛永《かんえい》十四年（一六三七）十月、武蔵五十四歳のおり、天草《あまくさ》・島原《しまばら》の乱が勃発した。

このとき武蔵は、小笠原家に在《あ》った己れの養子・八五郎《はちごろう》（宮本伊織）の後見として参戦したものの、憧れとした〝将〟としての出番は、ついぞ、かなえられることなく戦いは終息してしまう。

最後の機会

武蔵がもしもこのまま、野に在りつづけていれば、二天一流は果たしてどうなったか予断を許さなかったろう。

幸運にも肥後熊本《ひごくまもと》五十四万石の細川《ほそかわ》家が、〝客分《きゃくぶん》〟として、武蔵の面目を保ちつつ、老いを養ってくれた。

この、ようやくにして得た安住の地で、武蔵は己れを賓客《ひんきゃく》として遇してくれた藩主・細川忠利《ただとし》に宛てて、『兵法三十五箇条』を認《したた》めている。

武蔵が最終的にたどりついた〝将〟への機会――客分として名君を補佐し、藩政に参与することの望み――は、ようやくにしてかなえられたが、この至福のときは長くはつづかなかった。

藩主忠利の急逝によって潰《つい》え去ってしまう。

忠利を失った武蔵は、同時に、己れの志がついに遂げられなかったことを悟ったようだ。

『五輪書』は遺言状として書かれた、と解釈されてよい。

武蔵は『五輪書』に次いで著述した『独行道』の中でいう。

「我事《われこと》において後悔をせず」

恐らくこの言葉は、己れの生涯を総《す》べる反語であったに相違ない。

晩年の武蔵は、青年時代の己れの、兵法や行状を嫌悪していたかのような印象が強い。

「円明流」

この流名も、ついぞ武蔵本人の口から出ることはなかった。

若き日への嫌悪は、すなわち仕官を求めての己れの行動ではなかったか、と思われてならない。

『兵道鏡』を著した一兵法者に徹していれば、――剣法の完成者として、石高にこだわらず、早々に仕官を決めていれば――たぶん、まったく別な後半生が彼を待っていたはずである。

その意味において、二十代の武蔵――「宮本武蔵守義軽（あるいは義経）」は実体と表裏一体の関係、つねに武将に寄り添って離れることのない影武者同様に、生涯、武蔵につきまとった影であったといえまいか。

生涯を共有した「義軽」

最期のときを迎えたおり、武蔵の胸中を去来したものは、いったい何であったろうか。

少し思いあたることがある。

熊本における「二天一流」の、正式相伝者は三名であった。いずれも細川家の家中で、寺尾孫之丞（二百石）――同弟求馬（五百石）、古橋惣左衛門（二百石）の三人。

このうち、古橋相伝の『五輪書』の末書には、

「若き時分は短気にて、一円弟子を取立てめされ候事まかりならず候」

とあった。

また老後に及び、本当に剣術というものがわかってはじめて、正式の門人を自分は取り立てた、という意味のことも武蔵は述べている。

第二章

激論! 直木三十五VS菊池寛

昭和七年（一九三二）、『文藝春秋』誌上において直木三十五《なおきさんじゅうご》と菊池寛《きくちかん》という、大衆文壇の花形作家二人が戦わした、武蔵の〝強・弱〟をめぐる論争は有名である。

もし、この論争がなければ、吉川英治の名作『宮本武蔵』は誕生しなかったかもしれない。

武蔵は強かったのか、弱かったのか

事の発端は直木がラジオで、

「武蔵は強いといわれているが、真のところは、強いというだけでその程度は判《わか》らない」

と発言し、武蔵の剣の技量について疑問を投げかけたことから始まった。

そして、よく知られる京・吉岡《よしおか》一門との試合にしても、武蔵の側に確実な記録のないこと。江戸へ出たというが、それにしては一人として、名剣士・達人と称される武芸者と試合をしていないことなどから、武蔵には剣の強さより、頭のよさが非常に含まれていたのではないか、と主張した。

加えて、武蔵の二刀流にしても、実際には使えない剣法で、彼自身も二刀を試合に使用していないところから、かなりの山っ気と衒気《げんき》、術策と自家宣伝の上手者、と直木は見てとった。

晩年はえらくなったが『兵法三十五ヶ条』のような未熟な著書をして人に嗤《わら》われているし、佐々木小次郎のほか、当時江戸の名剣客と少しも試合をしていない。剣法上の創作的態度に於て、この人も上泉信綱に劣る。書き残したものを見ても、徹底しないで、兵法のつまらんことを説いたりしている。ほかにインテリ武人がいないから目立ったが『五輪書』など空鈍の『天狗芸術論』に劣っている。

（直木三十五著『剣法夜話』より）

これに対して菊池は、
「しかし直木君が武蔵以上だと云ふ徳川時代の某々剣客の中に、弱い相手とでもいいから、五回でも十回でもいい、真剣同様の仕合をやった人がゐるかと云ふのである」
と反論。

武蔵は生涯に六十三人と試合して、一度として負けていない（当時の一刀流の元祖・伊東《いとう》（藤）一刀斎景久《かげひさ》は、三十数回で武蔵の半分ほど）。これをもって「日本の剣客中、一番強味を発揮した」と言っても差し支えない、と真っ向から直木に反発した。

これに対して直木は、二回連続で『文藝春秋』誌上に反論を掲載。その反響は大きく、今日につづく論争の原点ともなった。

唯一無二の剣客ではない

以下、『剣法夜話』を任意引用しながら、争点を探ってみる。

直木は、佐々木小次郎にせよ、吉岡一門にしても、倒した武蔵は強いが、「心理的計略」をもちいたものばかりで、真の強さとはいえず、駆け引きをする武蔵は決して一流の剣士ではない、と主張した。


そこで、武蔵の方の記録にない、武蔵の不利な話を挙げると、二階堂流の松山主水を恐れて、その土地をこそこそと逃げ去ったという話があるし、尾張藩の師範役に、

「貴殿、兵法三十五ヶ条などを書かれて、今後悔しておられぬか」

と、詰問され、

「仰せの通り」

と、赤面している話がある。『兵法三十五ヶ条』と『五輪書』とは、同じ内容で粗密の差があるだけであるが、これは、明かに『兵法三十五ヶ条』が世上で評判よくなかったためであると解してもいい。少なくとも不備であったから、後に訂正したのが『五輪書』である。


また、哲学のなさ、細川家における扶持の少なさから、「少なくも唯一無二の剣客で無かったことだけは断言できる」と述べている。

頭のよさ、非凡人

そうかと思うと、多少評価している次のようなくだりもあった。

それから、武蔵は、三斎《ママ》公に、自分の得手は、剣術よりも、政治向の方のことだといっているが、これはそうらしい。他の剣客に比較して、頭の知識的なことだけは動かせない。

武蔵塚公園。宮本武蔵はこの地に眠る。（熊本市内）

画も海北友松に弟子となって上手であるし、自分で、鞍だの、鍔などを造って、今も残っているが、そのほかに、当時の武芸者にない前の二書を著述しているし、その言行を見ても、剣術それだけの強さより、頭のよさが、非常に含まれている。死ぬ時にも、

「自分の考えが、実行されないし、聞かれない中に死ぬのは残念だ」

と、いっているが、然し、それについても、何の書き残したことも無く、いったこともない。（中略）ただよく自省していたことは、修養していたことだけは、十分に判る。一生、妻が無かったとか、湯へ入らなかったとか、髪をすかなかったとか、金包みを天井へぶら下げていて、用があるとそれを下ろして開いたとか、武士の風貌を知ることのできる話で、その残されている肖像の鋭い顔をみる時、非凡人であったことが判る。
二刀流といいながら、二刀を使っていないとの指摘もあり、上泉信綱との比較がつづく。

一つの偶然

直木にいわせれば、
武蔵は、いろいろと、自分でも書き残しているし、『宮本武蔵顕彰会』（後述）などというものまで出来ているし、倅《せがれ》が小笠原の家老であったが故に、碑も立派に立っている。芝居となり、講談となり、広く、人の頭に残されている。これは、その人が、残されない他の人よりも、数段えらかったのではなく、一つの偶然である。

由比正雪は、誰でも知っているが、別木庄左衛門の名は誰も知らないし、忠臣蔵は、残らず日本人が、知っているが、浄瑠璃坂の仇討は、少数の人しか知らない。維新の剣客にして、千葉周作や、近藤勇はよく知られているが、剣聖と称されていた男谷下総のことは、誰も知らない。（中略）
これらの人々の事蹟が、有名と無名と、そんなに、格段の差があるかと云えば、大したことではない。ジャーナリズムが、宣伝したか、せぬかの差のみである。忠臣蔵に、士分以下の加盟者は、寺阪吉右衛門一人であるが、浄瑠璃坂には、七八人も年季奉公の仲間が加わっている。恩を知っている点から云えば、遙かに、忠臣蔵より優っているが、不幸にして、芝居にも講談にもならないから、一般化されずに、無名である。

武蔵は、芝居となり、講談となり、一般化されているし、そして、事実に於ても、第一流の剣客であるから、多少研究した人には、成る程、武蔵は、えらい人だと、感心するが、感心した人が、他の剣客のえらさをも調べて、感心しているのか、武蔵だけを見て、感心しているのかと云えば、武蔵伝を一冊見ただけで感心してしまって、余の人の事蹟は、少しも、研究していないらしいのである。又、するにしても、本もないし――凡そ、剣客中で、ちゃんとした伝記の出ている人は、武蔵と、斎藤弥九郎と千葉周作ぐらいのものであろう。

「それに比べれば――」

と直木が声を大にして述べたのが、上泉信綱であった。

ナンバーワンは上泉信綱

とにかく、直木の上泉信綱によせる信任は絶大であった。

当時、柳生流の元祖、柳生宗巌（石舟斎）は、近畿第一と称されていた。この人の所へ、上泉がきた時、試合となって、上泉は「まず」と、門人、疋田文五郎を出した。宗巌が、立ち向うと、文五郎、

「右をとる」

と、いうと、ぱんと、右が入る。

「左をとりますぞ」

ぱんと、左が入る。段ちがいだ。宗巌と、門人の疋田で、これだ。これを、武蔵が、小次郎に対していろいろ作戦をして、辛《か》らくも

勝ち——後に、あの時に、武蔵も額をやられたというような噂の残る位に、際どい勝負をしているのと較べると、上泉信綱の段ちがいさが、よくわかってくる。六十三度試合しないでも、この一度で、十分である。武蔵は、六十四人目に破れるか知れんが、信綱は天下無敵である。

然し、信綱のえらいところは、真剣勝負などを、濫《みだ》りにしないところにある。武蔵の如く、「吾れ弱年の頃より」などと、その自叙伝に、自分の強さを、書かぬ奥床しさのある点にある。武蔵は、その『五輪書』に、自分は、十三の時に、誰に勝ち、一生の間、六十三度、一度も、不覚をとらず、などと麗々しく書いているが、これをもし、菊池寛が「吾れ、十三にして、作文に志し、二十五歳にして、傑作をかき、六十三冊の本、一冊も、売れざることなし」とでも、自叙伝の冒頭に書いたら、人は、何んといって、嗤《わら》うだろう。（中略）この点に於て、断じて、第一人者にすることはできない。

武蔵否定の五点

さらに極めつけは、武蔵を次の五つの点から否定したことであろう。

第一、その人物の、傲頑不遜
第二、その著作の価値
第三、剣道上の邪道としての二刀
第四、当時に於ける武蔵の社会的地位と名声
第五、門人に傑物の出ざること

直木は各々について、詳細を述べていく。

右の内第一から、論じて行くと、武蔵について残されているその性格上の逸話は、幼年時代から、老年にいたるまで、一貫して、傲《ごう》慢《まん》であり、勝気であり、勇を誇り、辛辣であり、武人としては、豪勇であったということがよくわかるが、およそ、聖者、仁人の道とは遠いものである。(中略)

その時代から、順に武蔵の、そうした面影を上げて行くと、

一、少年時代、武蔵は、父無二斎に、己れの武を誇って父から叱責されている。生国の但馬がら播磨の国の寺へあずげられていたのは、父の手に負えぬ少年であったらしく思われる。

二、十三歳で、有馬喜兵衛と試合した時の話に、有馬の立札へ、墨を塗ったという話があるが、嘘にしても、本当にしても、武蔵としては、有りそうな話である。十六の年も、秋山と勝っているのにしても、子供の癖に、自分から大人へ試合を申込むなど、強くもあったが、利かん気で、乱暴な一面が多かったとおもえる。

武蔵の傲頑不遜のエピソードはさらにつづくが、なかにはあまり知られていない挿話も紹介されていて興味深い。

知られざる武蔵の挿話

三、関ヶ原の戦いに従軍した時、武蔵は友人と、竹藪《たけやぶ》の上の道を歩いていた。竹藪の竹

が切られて、削げ竹が突立っていた。武蔵が友人に、この下を敵が通ったら、どうするかと聞くと、飛びおりると、竹で足を刺されるから、友人は見逃すほかにない、と云った。すると武蔵は、俺ならこうだと、その竹の上へ飛びおりた。勿論、足の底を傷つけた。これなど、全然、匹夫の勇で、不良少年が自分の強さを誇るのと、何の変りもない。

　四、富来城を攻めた時、武蔵は、友人に、今、あの敵の槍をとってみせる、と云って、城の狭間へ股を当てた。敵が、この股を突き通すと、武蔵は突かれながら、その槍を折って、どうだと云った。前のと同じで己れの強さを誇る以外、殆《ほとん》ど価値の無い行為である。武士の心得とは、こんなに己れの身を、手軽く傷つけるということでは、断じてない。

　五、小笠原家にいた時分、というから、武蔵が五十をすぎてからのことであるが、この齢になっても、武蔵には、この辛辣さが、残っていた。それは——小笠原の厨房人が、武蔵とて、不意討ちかけたなら、打てぬことはあるまいと、暗い廊下で打ってかかった。すると、武蔵は、刀の鐺《こじり》でこの男の胸をついた。男が倒れると、刀で男の手を打ったので、男の手が折れてしまった。武蔵ほどの人物なら、鐺でつき倒すのさえ、烈しすぎる。躱《さ》けておいて、馬鹿とでも叱ればすむことである。それを、刀の鐺で倒れるまで、強く突いた上に、手を叩き折るなど、乱暴で、大人気の無いことである。

　六、ずっと後になって、大事があった。一人の男が屋根から屋根を、飛鳥の如くに、飛び廻っていた。人々が、その身の軽さに感心すると、これが武蔵であった。これなど、老人の冷や水の甚だしいものである。
七、佐々木小次郎との試合に、小次郎が頭を打たれて倒れた。勝敗は、これで決している。だが、武蔵は、その上に、小次郎の肋骨を叩き折って殺してしまった。
直木は武蔵のエピソードを、実に丹念に拾い集めている。並べられた挿話の詳細は後述に譲るとして、収集されたエピソードはことごとく、一つの方向を示していた。

円満の否定

八、この時、小次郎の刀が、武蔵の鉢巻を切ったので、後まで、武蔵も傷ついただろうという噂があった。それである時、一人の人が、それを聞くと、武蔵は、燭台をとって、自分の額を見せながら、その人の前へ、突きつけて、何処に傷がある？　何処に傷があるかと、三度まで、額を突きつけたので、その人も閉口した。これは、武蔵が細川家へ仕えた後だから、五十をすぎている齢である。
九、島原の役に、武蔵が従軍して戻ってきた時、一人の人が、今度は戦功がなかったですね、と聞くと、武蔵答えて、自分は、参謀をつとめていた。それを、貴殿知らずに何を云われるか、と、色を成して叱った。
以上の逸話をみる時、武蔵の少年時代から、その晩年まで一貫したものが感じられる。自己の勇を誇ること、人に対して寛大でないことである。

武蔵伝に伝えられている如くならば、吉岡家の兄弟三人と試合をして、僅か、十七歳の少年をも討ちとり、遂に、吉岡家を断絶させたなど、残忍極まる話である。兄弟二人を討つなら、わかっているが、幼少の又七郎を討ったとて、少しも武蔵の勇武に、価値を加えるものではない。それに、この少年を討って、吉岡家を断絶させるなど義も情もない、と云われても、弁解の辞はあるまいとおもう。

武蔵には、こうした辛辣な逸話は多いが、彼の人格の円満を語る話は、一つもない。

それにひきかえ、と直木は上泉信綱が僧に化けて、子供を人質にとって小屋へ立てこもる浪人を退治した話を載せる。

上泉信綱をナンバーワンとする直木にすれば、武蔵の生き方ことごとくが否定の材料となった。

仕官できなかった武蔵

その次に論じたいのは、もし、武蔵が日本一なら、とっくに、大名がすてておかぬということである。寛永時代前の世の中に、武蔵ほどの人物を、浪人させておくものではない。それが老年まで浪人をしていたのは、抱えるものがなかったからか、或は又、武蔵が抱えられなかったからかの二つである。武蔵日本一論者は、勿論、後者を、とるであろう。

それで、私はその論者に質問したいが、では、何故武蔵が、大坂夏の陣へ、従軍したか。浪人が、戦場へ出るということは、仕官以外に何物もない。浪人しては困るから、命がけで仕官の口を求めるのである。

しかも、武蔵は、新免の家に生れ、浮田家の家人として、関ヶ原に従軍して西軍として、働いていたに拘らず、大坂役には、東軍水野日向守勝成の御陣場借りをして、東軍の下に働いているのである。私は、武蔵に、節義が無いなどと攻撃はせぬが、御陣場借りまでして戦場へ出るのは、仕官の望み以外に何もない。武蔵従軍の理由もこのほかに見出しえない。そして、仕官していないのである。意地悪を云えば、出来なかったのである。

直木は論を戦場へ移した。

さすがに、説得力が増す。

一枚の感状もない

武蔵は、細川へ仕える時「口上書」を出している。その中に、

「一、若年より軍場に出候事、都合六度にて候。その内四度は其場に於て拙者より先を馳候者一人も無之候——」

と書いている。これも、馬鹿馬鹿しい極みの、自己推薦である。戦場に於ての功名は、一番槍、一番首、しんがりである。常人以上の功名を立てた時には、必ず、感状が下がる。仕官の時にはそれが唯一の資格、証明書になるのである。武蔵の場合には、一番槍でなく、人より先であったというので、浪人隊にいる以上人より先は当り前で、遅れたら、常人以下である。

戦いの最先鋒が、浪人隊で、生きても死んでもいいから、その手の大将は、いつも浪人を真先に出すし、浪人も、仕官している連中の後方にいては、仕方がないから、最前線へ出ているものである。その最前線に武蔵も出ていて、衆に遅れなんだのであろうが、一流の剣客として、当り前である。自慢にも何にもならない。

一枚の感状もなく、一個の一番首もなかったということは、武蔵が、仕官を志して、従軍しながら、遂に誰も召抱えなかったという原因であろう。どんな戦記をみても、武蔵の功名は書いてない。（中略）

日本一の剣客が、何一つの話も残さないで、ただ六度のうち四度までは人に遅れなかったなどと云っているのは、むしろ、悲惨である。

（中略）

武蔵は又、その「口上書」の中へ「武具の扱様軍陣に於て夫々に応じ便利なる事」と戦場で、自分の役に立つことを書き上げておるが、何の兵書もなく何の手柄もない。六度も、実戦へ出れば、武具の扱いようを知っている位、当り前である。わざわざ書き出す値打ちのないことを、もっともらしく、仰々しく書き出していること。独行道に於て、「一人ではうまい物を食わない」とか「年をとったら家具はいらぬ」とかと書いているのと同じ幼稚さである。（中略）

口を極めて武蔵を攻撃する、直木の舌鋒《ぜっぽう》はついに、「口上書」そのものへ向けられた。

日本一などあり得ない

第一に、この「口上書」なるものを呈出するのが、おかしい。

「我等身の上の事岩間六兵衛を以て、御尋に付、口上にては難申分《もうしがたきぶん》候間——」

と書いて、これこれのことが、自分にはできると、右に挙げたようなことを書いているのであるが、もし武蔵が当時日本一の評でもあれば、細川は、当然師の礼をもって武蔵を遇すべきである。口上書を出させて三百俵を与えるなど甚しく無礼極まることで、武蔵の性質から云って、承知しそうにも無いことである。それを、細川が、口上書を出させ、武蔵がそれを書き、三百俵で自他共に怪しまなかったということは、武蔵に対して当時の人々が日本一などと、誰も決して考えていなかったということを、この上もなく、証明していることである。


直木の追究の矛先は、このあと、武蔵の門人に向けられるが、この項ではそれはおこう。

それにしても、凄まじいばかりの、否定の主張であった。

これを読めば、武蔵ファンの読者ならおのずと菊池寛の反論も見えてくるのではあるまいか。

現代剣道の大家はいかに?!

直木三十五と菊池寛の論争は、一般大衆に多大な関心をもたせ、一方で吉川英治に名作『宮本武蔵』を執筆させる動機ともなったといわれている。

——今一つ、存外、知られていないが、直木と菊池の論争には、当時の剣道の大家も、間接的に参戦させられていたのである。

菊池は言う。

「剣客の強弱比較については、直木君の説も聴《き》かないことはないが、それと同時に高野（佐三郎）、斎村（五郎）と云った斯道の大家の説も傾聴しなければならぬ。斎村五郎氏など武蔵第一人者説について自分と全然同意見であった」

菊池は自説を援護すべく、日本剣道界を代表する二人の名を掲げた。

高野佐三郎は戦前、剣道界の第一人者と目された人物。その著書である『剣道』の中に、武蔵の『五輪書』を収録していることからも、武蔵を肯定する派であったことは間違いあるまい。

武道専門学校の剣道を学んで、のち最高の範士十段となった斎村五郎も、よく弟子に武蔵の自画像の掛け軸を見せて、

「きみたち、この武蔵に打ち込めるか」

と質した挿話を残している。やはり武蔵を日本の剣客中で一番と見ていたふしはあった。

この菊池に対して直木は、別の大家の名前を出して反駁《はんばく》している。

「高野佐三郎氏、斎村五郎氏が、矢張り武蔵を称《ほ》めておられると、菊池君は書いておるが、両君の剣道は充分に認めるが、両氏の剣客伝、剣道史は認めない。現在の剣客中、剣道史、剣客の研究をしておられるのは、呉の堀正平氏をもって、オーソリチィ《ママ》ーとする」

文中の堀正平は、のちに範士九段となった大家であるが、堀自身が武蔵否定派であったかどうかは定かではない。

ただ堀は、直木を菊池が論争する十一年前＝大正十年（一九二一）に妻を亡くしたおり、集まった香典を建設費の一部にあて、武蔵と吉岡一門が決闘したとされる地＝京都一乗寺下り松に、碑を建立している。

かならずしも武蔵の強さを否定していたとは思えない。

むしろ、一刀両断に武蔵を否定してのけた剣道の大家は別にいた。

直心影流《じきしんかげりゅう》の剣客で、東京高等商業学校（現・一橋大学）の師範をつとめた山田次朗吉である。

彼はその大著『日本剣道史』（大正十四年刊行）

の中で、

此地（江戸は）天下の御膝元とあって、各流の名家が雲集して居るに拘らず、武蔵は之《これ》を避けて一人も訪問した形跡が残って居らぬ。甚だ不審といはねばならぬ。凡そ道の修業に諸州を徘徊する者が、其土地第一と聞ゆる人を訪れぬは、業理の上に於て自分を知るといふ計量を失って居るものである。二刀一流が或程度までに限られてゐては、天下の兵法とはいはれぬ。

筆者は思うのだが、先にみた直木の主張は、この山田の説を下敷にしたものではあるまいか。

高野茂義の評

ついでながら――。

〝近代の剣聖〟とまで謳われた高野佐三郎の養子として、これまた剣道界にその威名を響かせた高野茂義は、武蔵のことをどのようにみていたか、名著として知られた『剣道一路』には、「宮本武蔵のこと」と題して、次のような記述があった。

私の手許に宮本武蔵の描いた絵がある。蛟竜の雲を得て昇天する姿で、凄まじいまでの迫力のある見事なもので、この軸を床の間に掛けると、部屋の様相も一変する感じを与える。また不思議なことに、掛ける日は必ずといっていいほど雨が降りだすのだ。それほど力強い筆勢は、彼の剣力そのままで、五輪書中に、

「兵法の利にまかせて諸芸諸能の道となせば

万事においてわれに師匠なし……」

と言った二天武蔵の面影が躍如としている。また彼の有名な自画像も拝見したが、両手に刀を持ち無雑作に立った姿だが、実に隙がない。特に私の感じ入ったのはその足で、ふわりと立っていながら足が地についた感じで、しかも神幻無比、いつでも動に入って敵を両断にする底力を秘めている。あの足ならばたとえ跳ねたり飛んだりしても、音というものを立てないだろうと思った。（中略）

さて、私が武蔵先生を尊敬したのは、学問にしても剣にしても、彼はわれに師匠なしといい、みな自分自身で工夫、研究して自らの一派を編み出したからである。それでいて自己満足に陥ることなく研鑽に研鑽を積んで、絵にしても書にしても彫刻にしても、現在では国宝的なものになっている。勿論剣をとっては古今無双というところまで達している。ああいう非凡な人だから師匠はなくともよいかも知れないが、われわれのような凡なるものには、何といっても師匠が第一である。

武蔵が佐々木小次郎と試合したときは彼の三十歳前後のことだったろう。それまでの他流試合の場合、武蔵はわざと時を遅らせたり、意表に出て驚かせたり、また相手を立腹させたりしている。小次郎との巌流島の試合のときもわざと時間をじらし、しかも日輪を背に受けて疾風の如く立合った。これでは小次郎ならずとも敗れるのは当然であろう。

剣道に四戒または四病といって、驚恐疑惑をいましめている。このうち一つでも心の中に生じると、心身の活動が乱れ正確な判断も敏速な動作も出来ない。かつて徳能関四郎先生が、

「怒るなら口先だけで怒れ、腹の底から怒ったら怒った方の負けだ」

といっておられたが、成程と思われるのである。注意すべきことではある。

武蔵がただ勝たんがための剣法のみを考えたのは、小次郎との試合頃までと思われる。そして真の剣法修業——人問完成に進んだのはこれから後のことであった。十三歳のとき有馬喜兵衛と勝負をしてこれを打負かしてから生涯に六十余度び試合をして、一度も敗けなかったといわれる。ちょうど昔の日本みたいなものである。しかし勝負に勝ったということは、必ずしも剣が完成されたということではない。

彼は五十歳になって、はじめてこう述懐している。——過去の勝負で勝った原因は、相手が未熟であったか、または理というものは判らなかったが、自然と天理に外れぬ業をうっていたからであろう——と。従って本当の剣法に開眼するようになったのは五十歳以後で、彼が帯刀を捨ててからであったろう。その頃になれば自然と備わる香高い徳性に、世人はあれが宮本武蔵かとも知らず、自然に頭を下げていたに過ぎない。

読者諸氏の武蔵評はいかがであろうか。

第三章

同時代人から見た宮本武蔵

武蔵は本当に強かったのか、では同時代の人々はどう見ていたのだろうか。

渡辺幸庵の証言

武蔵より二歳年長の、同時代人・渡辺幸庵の『渡辺幸庵対話』については、すでに述べた。

「但馬にくらべ候ては、碁にていえば井目《せいもく》も武蔵強し」

井目とは囲碁で、下手《したて》があらかじめ九子《もく》を置くことである。幸庵は武蔵と宗矩では、格段の差があったというが、将軍指南役の宗矩は、生涯、武蔵と試合うことはなかった、と伝えられている。幸庵は何を根拠に、このような優劣をつけたのであろうか。

考えられるのは、幸庵自身が武蔵と試合し、己れの技量から推し測って、師の宗矩と比較したことだが、そうした記述は残念ながら『幸庵対話』には出てこない。

剣豪大名の証言

上泉伊勢守信綱を流祖とする柳生新陰流兵法は、「無刀取りの術」で著名な柳生石舟斎宗厳が二世の正統を継ぎ、三世の道統は石舟斎の長男・新次郎厳勝の嫡子である柳生兵庫助利厳《としよし》が継承。利厳が元和《げんな》元年（一六一五）に尾張徳川家に、兵法師範として五百石で迎えられたことにより、四世は藩主の義直が相伝した。

以後、柳生兵庫厳包（五世）―尾張藩主・徳川光友《みつとも》（六世）と継承され、師範家と藩主が交互に道統を受け継いでいくのだが、歴代藩主の中でも、尾張二代藩主・徳川光友は大名としては破格の腕前であったと伝えられている。

その光友が、各地の名人・達人を招いて武術を台覧《たいらん》したときのこと。『尾参宝鑑《びさんほうかん》』に、

「天下無双の達人・宮本武蔵至る。卿之《これ》が武芸を見て曰《いわ》く、凡骨に非《あら》ず、妙神に入る。之に仕を勧《すす》む。肯《うなず》かず。客遇し、留る三年」

とある。

光友の目にとまるだけの技量を、武蔵が持っていたことは間違いなさそうである。

武蔵非名人説

松平周防守《まつだいらすおうのかみ》の家来に、神谷文左衛門《かみやぶんざえもん》という人物がいた。

ある日、真（直）新陰流・小笠原源《げん》（玄）信《しん》斎《さい》の弟子・伝信斎《でんしんさい》と、ある道場で武芸者評をしたあげく、話が宮本武蔵におよんだ。

文左衛門が、

「宮本武蔵こそは、真の剣の名人である」

と言ったところが、これに反して伝信斎は、

「武蔵はけっして剣の奥儀《おうぎ》をきわめた者ではない。ただ、術に詳しいだけのものだ」

と反論。

文左衛門が大そう怒り、何の理由をもってそのように言うのか、と反問すると、伝信斎も負

けることなく、自分の研究したところによる、と武蔵非名人説を主張した。

議論紛々として火花をちらし、なかなか両者とも引き退《さが》らない。ついに、立ち合っていた人々が、次のように言った。

「それでは論より証拠ということがある。術の拙《つたな》い者は評もまた拙いわけで、腕の優れた者は自然その言うところにも、自得しているものがあるに相違ない。したがって、二人がここで立ち合って勝負を決すれば、各々の議論の正邪もわかるのではないか」

文左衛門と伝信斎に試合をけしかけた。

ずいぶん無茶な話であるが、感情的になっていた二人は、この話に乗ってしまう。

両人は是非《ぜひ》なく木刀を携えて、道場において試合をしたが、伝信斎が勝って文左衛門が負けた。つまり、武蔵非名人説に軍配があがったということになる。

もちろん、だからといって武蔵が名人ではなかったとはいえない。

伝信斎の師である源信斎は、豊臣家の旗本であり、大坂落城後、一時、中国大陸へ亡命したというから、二人の試合は武蔵存命中とも考えられる。

ともあれ武蔵は、同時代においても話題にのぼるほどの有名人であったことは確かなようだ。

「武蔵は、性格に片よりがある」

生存当時から、剣名はよく知られているわりには、武蔵に関してコメントを残した著名人は意外と少ない。

「武蔵には異相があり、性格に片よりがある」

との言葉を残したのは、先にみた徳川御三家の一、尾張藩主・徳川光友の先代、柳生新陰流の道統四世を継ぐ徳川義直《よしなお》の証言。

ある時期、尾張藩で新陰流を教えていた柳生《やぎゅう》兵庫助《ひょうごのすけ》（道統三世）も、一目、武蔵の尋常ならざる風貌《ふうぼう》を見て、

「その剣は武蔵ならではのもので、余人の学べる質のものではない」

と断言したという。

余談ながら、武蔵が筑前（福岡県の大部）の黒田家に仕官を望んで、召し抱えられなかったのは、彼の異相に原因があった、ともいわれている。

また、『丹治峯均筆記』などによれば、武蔵は幼いころ、頭に腫《は》れ物ができてその痕《あと》が醜いので、月代《さかやき》を剃《そ》ることができず、肩まで達するほどの総髪にして、生涯、梳《くしけず》ることがなかった。身体は水拭きして、一生、入浴しなかったというから、きわめて異形《いぎょう》であったに違いない。

武蔵の愛人

寛永《かんえい》十七年（一六四〇）、武蔵が肥後熊本藩細川家（藩主・忠利）に身を寄せたとき、招きに応じて、武蔵が提出した口上書に、

我等事、只今迄《まで》奉公人と申候而居《そうらいて》候処は、一家中も無之《これなく》候。年罷《まかりより》寄、其上近年病者に成候へば、何の望みも無御座《ござなく》候。（中略）妻子迚《とて》も無之《これなく》、老体に相成候へば、居宅家材（財）等の事思ひもよらず候。

とあり、これによれば、武蔵は妻帯していなかったかと思われる。

このとき、武蔵は五十七歳。

「年老い、最近は病いがちで何の望みもない」

とは、あまりにもわびしい口上書である。

もっとも、『丹治峯均筆記』が記すように髪を梳らず、入浴もすることなく、流浪の旅に過ごしてきた兵法者のもとへ、嫁のきてがなかったとみるほうが、自然かもしれない。

とはいえ、武蔵も木石《ぼくせき》にあらずだ。

妻子がいなかったということと、女性を近づけなかったというのは別の問題。それなりの女性関係はあったであろう。

事実、武蔵は江戸の公娼街・吉原に入り浸《びた》りだった、とする記録もあった。

吉原の創始者・庄司甚右衛門《しょうじじんえもん》の孫が書いたとされる『異本洞房語園《どうぼうごえん》』（享保五年＝一七二〇年刊）によれば、

「――新町河合権佐衛門《かわいごんざえもん》といひし者の内に、雲井《くもい》とて局《つぼね》の女郎あり、彼に其頃二刀の達人・宮本武蔵が逢馴《なじみ》で、同町の揚屋《あげや》甚三郎が許へ通ひける……」

とある。

〝局の女郎〟とは吉原において下から二番目の女郎をいった。遊女の階級は吉原において、太《た》夫《ゆう》・格子・散茶《さんちゃ》・局・端《はし》とあった。総勢で約千五百人余り。

武蔵はその中の局女郎、とりわけ「雲井」という遊女に入れ揚げていたというのである。

しかも同書によれば、天草・島原の乱が勃発するや、武蔵は黒田家（史実は小笠原家）の幕下見廻りとして出陣することになるのだが、雲井に暇乞《いとまご》いをするため揚屋の甚三郎のもとに来ると、翌日、雲井のくれた紅鹿子《かのこ》を裏に縫いつけた陣羽織を着て、雲井の縫った袋をはめた指物《さしもの》を背中に差して出陣したという。

吉原新町の楼主の中に、武蔵の弟子が二人いたというから、一方で楼主に剣術を教えながら、他方で武蔵は雲井に入れ揚げていた、ということになろうか。

もっとも『洞房語園』の内容を引いた『撃《げき》攘《じょう》余録』では、雲井の相手は〝二代目武蔵〟であったとされているが……。

武蔵にもあった〝恋の恨みつらみ〟

武蔵最晩年の著作とされる『独行道《どっこうどう》』に、

一、れんぼ（恋慕）の道思ひよる心なし

とあるが、これは老境に入ってからの心情であったろう。

また、武蔵の絶筆といわれる『十智《じっち》』の付言に、次のような一首がある。

恋をせば文《ふみ》ばしやるな歌よむな
　一文《もん》なりとも銭をたしなめ

剣豪らしい徹底した歌だが、武者修行に明け暮れた武蔵といえども、世に変わらぬ男児の一人であった。

雲井という遊女はともかく、若いころには恋に浮き身をやつした経験があってもおかしくはない。経験あればこそ、自戒の念を込めた歌が詠めたともいえる。

実は以前、慶長《けいちょう》九年（一六〇四）の夏ごろ、播州（兵庫県）は竜野の円光寺に滞在していた武蔵について調査したことがある。

この寺の住職やその舎弟・多田半三郎、地侍の落合忠右衛門らは当時の武蔵の弟子であった。

多田半三郎は武蔵より三歳の年長、落合忠右衛門は武蔵より一つ年下であることが判明した（異説もある）。

円光寺は東大谷の系統で、この時期、東本願寺に次ぐ格式をもっており、その末寺は今の県でいうと、北は鳥取、西は岡山にまで及んでいた。

大名でいえば十万石の格式をもち、寺内に武道の道場も備えていて、武蔵はここで指導をしていたようだ。

己れの兵法思想を認《したた》めた兵法書『兵道鏡』（巻物上下巻）を、武蔵はここで半三郎や忠右衛門に贈っているのだが、弟子の半三郎の姪、つまり住職の一番上の娘と武蔵が恋仲であった、との伝承があった。

二人は将来を誓い合ったとも、一年後には夫婦になる契りを結んだともいうが、結局、武蔵は己れの武術＝兵法を世に問う野心ゆえか、この地に居着かず、諸国修行の旅に出てしまう。

どこの馬の骨とも知れぬ武蔵と、わが娘の仲を危惧した父や親戚に、あるいは仲を裂かれたのかもしれない。

身分違いの恋——その方向から、前述の武蔵の歌をながめると、別な感慨が湧いてくる。

恋と金銭の関係

武蔵が言おうとしたのは、自分は諸国を遍歴し、世の中のいろいろなことに接してきた。ただ、今それを振り返ってみると、金銭＝生活力がなくては何もできないことがよくわかった。

だから、恋などして女に金を使わず、倹約を忘れずに財を蓄えるべきである、ということ。

一歩進めば、自分には生活力がないために破れた恋もあったのだ、と暗に武蔵は言いたかったのかもしれない。

意外に思われる方もあろうが、武蔵には金銭へのこだわりが強かった。直木三十五の発言の中にも出てきたが、次のような話が残されている。

武蔵はいつも、居宅の鴨居や長押《なげし》に、銭を入れた袋をいくつも吊り下げていたという。

そして、遠国へ旅立つ者が挨拶《あいさつ》にやってくると、

「何方《いずかた》へ行きても、旅先で先立つものは、これ（金銭）であろう」

と袋の一つを竿《さお》でおろし、餞別《せんべつ》として与えたというのである。

しかし、旅人へのこのような心遣いは、やはり武蔵自身が若き日に、廻国修行中、金に苦労した経験があったことをしのばせずにはおかない。

贅沢は敵だ！

武蔵が小倉に在ったときというから、五十歳前半のころのことであろう。

小笠原家の家臣・島村十左衛門《しまむらじゆうざえもん》邸で饗応《きようおう》になって、いろいろ話をしているときに、青木条《じよう》右衛門《えもん》という者が、

「ぜひに教授を願いたい」

と言ってきた。武蔵が快《こころよ》く通してその技を見ると、なかなかよくできる。

そこで武蔵は、

「これなら、何処《どこ》へ行っても指南はできよう」

と誉めた。

条右衛門が大いに悦《よろこ》び、退《しりぞ》こうとしたが、この時、武蔵は条右衛門の携えていた木刀をちらっと見た。それには紅絹《もみ》の腕貫《うでぬき》がついており、納

める袋は錦《にしき》という贅沢《ぜいたく》なものであった。

それは何か、と武蔵が問うたところ、条右衛門は、これは八角の木刀で試合のときに使用します、と答えた。

すると武蔵は急に怒り出し、

「その方はたわけ者である。先刻、いずれへ行っても指南できると申したのは、幼年の者に教えるにはよし、といったまでだ。仕合（試合）を望む人があれば、早々に立ち去るがよい。その方など、未《いま》だ兵法の試合すべき柄ではない」

そう言うと、十左衛門の小姓を呼び、飯粒を取り寄せて、その小姓の前髪の結び目に一粒をつけた。

「あれへ参って、立っておれよ」

と小姓に命じ、武蔵は、己れの太刀を抜くと、上段から打ち込み、結び目につけた飯粒を真っ二つにした。

人々が驚くと、武蔵は三度まで、同じことをして見せてから、条右衛門に二つになった飯粒を見せて言った。

「どうじゃ、これくらいの腕でも、敵には勝ち難《がた》いものである。汝らが仕合などとは以《も》っての外である」

恐れ入って、条右衛門は武蔵の門人になったという。

「鉄人二刀流」秘話

この条右衛門、のちに「鉄人」と号して俗名「鉄人流」「青木流」——詳しくは「鉄人二刀流」、「鉄人実手流」を開いたという。

『本朝武芸小伝』に、

「刀術を宮本武蔵に学び二刀に達す。名を華夷《かい》（中国と外国）に顕《あらわ》す」

とある。また、一説には「鉄人突手《つきて》流」を創始したともいわれているが、自身は「円明流」を名乗ったといわれている。

もっとも、この青木条右衛門もその師の武蔵同様、きわめて謎の多い人物であった。

青木家の伝書『円明実手流家譜並嗣系』によれば、条右衛門＝金家の父・青木金定も「鉄人」を号としており、この人は元和《げんな》七年（一六二一）三月二十九日に五十三歳で亡くなっている。

いわば二代目ともいうべき金家が、「播州揖東郡鶴崎」に生まれた「宮本武蔵守正勝」に学んだ、と同書にはある。が、この武蔵守はどうもわれらの宮本武蔵とは、別人であるらしい。

その後、江戸に出た二代目鉄人は「豊原金家」と名を改めて、延宝《えんぽう》三年（一六七五）十二月二日に病没したという。享年八十。

ところが、青木鉄人金家の門人であった内田春朝は、その聞き書の中で、金家は通称を新右衛門といい、のちに常右衛門金家と改めたと述べていた。

先の青木家の伝書と同様、武蔵に学んで――こちらは本物のように思われる――、のち江戸へ出て神田明神前に道場をひらいたと述べている。

ただし、こちらの金家は寛文《かんぶん》元年（一六六一）八月二十四日に亡くなっており、七十五歳であったという。

青木家伝書と合致しないが、武芸者の常か、さらなる異説もあった。

「青木鉄人は宮本無二斎の弟子なり」

というもので、年代的に見れば、この場合の鉄人は初代であったかとも考えられる。

そうなれば青木家は、二代にわたって、無二斎－武蔵の父子に学んだのであろうか。

初代鉄人には腕に覚えのある弟が四人いたようで、あるいはそれらの人物がいつしか混同されてしまったのかもしれない。

武蔵を去らせた無名の剣豪

先の直木三十五の論争でも少しふれていたが、相州（神奈川県）鎌倉出身の松山主水《まつやまもんど》が、中条《ちゅうじょう》流を学び、のちに自身が一流を開いた流派に《に》二階堂《かいどう》流があった。

この主水の孫・大吉《だいきち》は祖父亡きあと、主水の名を継いで、肥後（熊本県）の細川越中守忠利に仕え、二階堂流の極意を主君の忠利とその近《きん》習《じゅう》であった村上吉之丞《むらかみきちのじょう》の両名に伝授した。

以下は、村上吉之丞と宮本武蔵の腕くらべのエピソードである。

武蔵が九州にやって来たとき、というから寛《かん》永《えい》十一年（一六三四）以降のことであろうか。細川家に仕官するための示威運動でもあったのだろう、武蔵が熊本城下近くの松原で、盛んに剣を振るっていたという挿話がある。

『撃剣叢談《げきけんそうだん》』によれば、

「――折節、夏のころなりしが、伊達《だて》なる帷子《かたびら》に金箔《きんぱく》にて紋打ちたるを着、目ざましく装《よそお》いて、夜な夜な出《い》でて太刀撃《う》ちす。もとより軽捷《けいしょう》自在の男なれば、縦横奮撃する有様、愛宕《あたご》山の天狗などはかくもやあらんと、専《もっぱ》ら沙汰せしなり」

とあるから、さぞかし、骨の折れるPRであったのだろう。

吉之丞はこれを聞いて、人に尋ねた。

「その武蔵とやら、いつもどのくらい、太刀撃ちをしているのか」

「さよう、なかなか達者なもので、長いときには二刻《とき》（四時間）にも及びましょうか」

熊本城。宮本武蔵が晩年を過ごした熊本には、その足跡が多く残っている。

「ふむ二刻か、それでは三刻（六時間）もの間、太刀を撃たせれば、そのうち、へたばるであろう」

そういって吉之丞は、人を介して武蔵に試合を申し入れた。

ところが、武蔵は吉之丞の言葉をどこからか聞いたようだ。到底、かなわぬと思ったのか、いつのまにか他国へ去ってしまったというのである。

前掲書は、つづいて記している。

「――されど武蔵が名は天下に高けれども、吉之丞の名は知る人もなし。これ諸国に周遊して武芸を広めしと、国（熊本）外へ出ることのなかった人との違いなるべし」

つまり、有名無名の差は、武蔵のように諸国を巡ってPR運動をしたかしなかったかの差であって、この場合、実力でははるかに無名の吉之丞のほうが上であった、ということになる。

それにしても、前述のように華美・贅沢を最も嫌った武蔵と、伊達男ぶりの熊本における武蔵では、イメージがあまりにも違いすぎる。

もしこのエピソードが事実ならば、あるいはこの武蔵、偽者であったのではあるまいか。

武蔵が語る剣と絵画の実力差

剣にも劣らず、武蔵は書や絵画も達者だった。これらはすべて、兵法の理をもって学んだのだ、と武蔵自身は述懐している。

武蔵が肥後熊本藩主・細川忠利の客分となったころのことだから、寛永十七年（一六四〇）ころのことか。

ある日、武蔵は藩主忠利に命じられて、主君の面前で達磨《だるま》禅師の画像を描くことになった。

しかし、主君を前にして筆が思うように動かない。いくら精魂込めても、描き上がった絵の出来栄えがよろしくない。

そこで武蔵はたまりかねて、途中で描くのをやめると早々に御前を退出したが、その夜は床に入っても眠る気になれない。ために夜中、いろいろ工夫を凝らしてみたところが、卒然と悟るところがあった。

そこで灯火の下、もう一度、達磨像を描いてみると、今度は思いどおりの立派な達磨が描けた。

『蘆雁図』宮本武蔵の筆による。
（島田美術館所蔵）

翌日、武蔵は門人に言ったという。

「自分の絵は、とうてい剣には及ばぬようである。君侯の仰《おお》せということで、みごとに筆をはこぼうとして、かえって拙劣《せつれつ》な絵しか描けなかった。しかし、夜中に描いたときは、兵法と同じ心で筆をとったので、意にかなった作品となった。

そもそも、剣をとって立ち出るときは、自分もなく敵もない。ただただ、天地を破る見地に立つので、恐れるものがない。が、絵となると、そうした境地に立てぬ。だから、兵法の足もとにも及ばぬと知った」

第四章　宮本武蔵が悟った極意とは

うちつづいた乱世が終わりを告げ、天下泰平の時代を迎えつつあった江戸時代初期にあって、兵法《ひょうほう》の大切さを提唱し、かつ、徹底した合理主義によって剣の道を研鑽《けんさん》したのが、宮本武蔵であった。

この武蔵は、戦国の世が終息し、歴史が大きく転換しようとしていた時代に、あえて〝一剣による自己主張〟を企《くわだ》てた。

武蔵の戦歴

『五輪書』序などによれば、慶長《けいちょう》元年（一五九六）、武蔵は十三歳のとき、播州《ばんしゅう》（兵庫県の大部）平福《ひらふく》村で新当《しんとう》流兵法者・有馬喜兵衛《ありまきへえ》と試合をし、勝利したのを皮切りに、武者修行の旅に出たという。

これが正しければ、

「剣で身を立てたい」

と、武蔵は己れの将来への意志を固めたことになる。

十七歳で関ヶ原の合戦（慶長五年）に参戦したが、敗れた西軍の一兵卒であったという。

その後、剣の技を磨いて、六十余度の試合に一度として敗れることはなかった、と武蔵本人は言っている。

六十余度目――すなわち、武蔵のラスト勝負こそが、かの有名な豊前国《ぶぜん》（福岡県東半部と大分県北部）小倉《こくら》・船島《ふなしま》での、巌流《がんりゅう》・佐々木小次郎との一騎打ちであった。ときに武蔵は、二十九歳。

この年が彼の、ひとつのエポックであったように思う。

武蔵の伝記として、最も古いものに『二天記』がある。武蔵や門弟に関する逸話や文書などを集めたもので、豊田又四郎《とよだまたしろう》親子三代にわたって編述し、宝暦《ほうれき》五年（一七五五）に完成した。労作といってよい。

この『二天記』によれば、武蔵と小次郎の勝敗を分けたのは、剣技の優劣プラス駆け引きであったことが知れる。

なかでも、技量伯仲の両者の生死を分けたのが、せんじつめれば、得物《えもの》（刀）のわずかな長短＝差にあったことはあまりにも有名である。

武蔵は、小次郎の得物の長さを知って、真剣を使用せずに、小次郎の刀より長い木刀を自ら製作して試合に臨んだ。

兵法者の日常生活

〝達人〟と称されるほどの武芸者は、平素からこのような〝駆け引き〟については、十分な訓練、注意を積んでいたといえる。

座敷に入れば灯火の近くに在り、けっして屛風《びょうぶ》の側などには座らない。宿屋に泊まっても荷物を適当に並べて置き、灯《ひ》を消してから己れの便利なところへ置き換えた。

長期間逗留《とうりゅう》するときは、寝床の位置を毎晩変更し、枕はなるべく当て心地のよくないものを選んで使用している。

道を歩くときは中央を歩き、角は大きく曲がって出会い頭となるのを避け、夏は日差しを除《よ》けて、冬は人通りの少ない、陽の当たらぬ場所を選んで歩いた。夜はきわめて静かに歩き、足音をたてない。はじめて訪れた家では、必ず、便所やその他のとっさの逃げ口を確認した。

とにかく、自他ともに隙《すき》を見せてはならない。いつ、いかなる場合でも試合を前提とした立《たち》居《い》振舞いが要求された。いわば、この時代の武芸者すべてが、こうした「常在戦場」の心得の中で、日々の生活をおくっていたのである。

換言すれば、武蔵はこうしたことに、小次郎よりも一日《いちじつ》の長《ちょう》があったといえなくもない。

仕官を求めて

武蔵は三十一歳で大坂冬の陣に、翌慶長《けいちょう》二十年（一六一五）五月には夏の陣に、いずれも豊臣秀頼《とよとみひでより》方に属して参戦したため、長らく牢人《ろうにん》（浪人）を余儀なくされた、との説がある（まったく異なる説もある）。

武蔵の三十歳ころから五十一歳にいたるまでの約二十年、史実的な年譜は空白といってよい。おそらく、行雲流水の求道《ぐどう》の旅をつづけていたかと思われる。

そうした中で、武蔵は懸命に仕官の途《みち》を求めて江戸に出たこともあったようだ。

江戸では軍学者・北条氏長《ほうじょううじなが》と交わり、将軍家師範を目指したともいう。が、武蔵の思いはかなわなかった。

当時、すでに将軍家指南役には、柳生但馬守宗矩《むねのり》がいた。先にみた柳生石舟斎の五男で、〝江戸柳生〟の祖ともいうべき人物である。

一説に三千石を武蔵が要求したものの、かなえられなかったともいう。そこで武蔵は、徳川御三家の一・尾張の徳川家に仕官を求めた。

だが、ここにも柳生一門の師範・柳生兵庫《ひょうごの》助利厳《すけとしよし》（石舟斎宗厳の孫）がいたため、目的を果たすことができなかった。

異説には、兵庫助の五百石に対し、武蔵は千石を希望したので、話がまとまらなかったとも。

柳生兵庫助との挿話

いささか眉唾《まゆつば》物だが、次のような話が残されている。武蔵が尾張名古屋の城下に滞在していたおりのことだ。

ある日、武蔵は門人二、三人を連れて外出したところ、一人の武士がこちらに向かって歩いてくるのが見えた。

それを見た武蔵が、門人に向かって言う。

「あの武士の歩き方は遅からず早からず、真に活《い》きた人の態度である。それがしは江戸を出てから、久し振りで活きた人に出会った。あの武士はおそらく柳生兵庫どのであろう。そうでなければ、当城下に斯様《かよう》の人があるはずはない」

言いつつも進んで行くうちに、双方は行き会った。すると先方の武士が、

「宮本武蔵どのではござらぬか」

と声をかけた。武蔵が応じる。

「左様《さよう》にいわれる貴殿は、柳生兵庫どのではござりませぬか」

武蔵も兵庫助も未知の間柄であったが、両者ともに相手の態度を見て、その人となりを覚《さと》ったというのだ。そして二人は旧知のごとく打ち解け、酒を酌《く》み交わし、歓《かん》を尽くしたという。

さらに武蔵は、筑前（福岡県の大部）の黒田

家も訪れていた。この福岡藩では幼君の指南役を兼務することで、三千石で仕官がかなえられそうになったものの、やはり重臣たちの厳しい反対にあい、実現しなかったとか。

天草・島原の乱と武蔵

その武蔵が再び歴史の舞台に登場するのは、寛永《かんえい》十一年（一六三四）、三代将軍・徳川家光の時世であった。

武蔵はすでに五十一歳になっていた。

この年齢では昔の〝人生五十年……〟ならずとも、隠居間近だ。いくら大言壮言し、己れを売り込もうとも、正規の家臣として召し抱えられるはずもない。

やむなく、養子・伊織の縁故（伊織は小倉・小笠原家の重臣）をもって、豊前小倉藩・小笠原忠真《ただざね》の客分となった。そして、天草・島原の乱を迎える。ときに、武蔵は五十四歳。

別の項では吉原の遊女・雲井のくれた陣羽織を着て、出陣した挿話を紹介したが、いずれにせよ武蔵にとって島原の乱は、これまでの己れの、兵法修行の蓄積を実地に試《ため》す、願ってもない好機であったことは間違いない。

一対一に勝利できれば、一対多数でも勝てる、それが兵法だと主張してきた武蔵である。

できれば一軍を率いて、戦場を疾駆したかったろうが、武蔵に与えられた戦《いくさ》全般を監督する「軍監」の名誉は形だけのもの。正規の家臣でもない武蔵に、一軍の指揮など許されるはずもなかった。

それればかりか、原城《はら》に籠る一揆勢からの投石――一説には子供の投げたもの――で、「すねたちかねる」

つまり、足の脛《すね》を負傷してしまったという。

合戦経験の有無

このようにみてくると、ふと思うのだが、武蔵はその前半生において、

「六度、合戦に参加した」

と言い、その功績は多くの人々が知るところだ、と豪語していたが、実際にはどうであったのだろうか。

関ヶ原の合戦に参加したというのは定説となっているものの、大坂の陣については定かな記録が残されているわけではない。

大坂城に入城していたと説くものもあれば、攻城軍の中にいた、と語る史料もなくはない。

確実性が高いということでは、天草・島原の乱だけということにもなりかねなかった。

晩年の武蔵の収入

生涯を剣に生き、しかるべき仕官を志しながら、ついにそれが成就しなかった傷心の武蔵——彼を迎えてくれたのは、肥後熊本藩細川家であった。

『細川藩奉書《ほうしょ》』によれば、七人扶持《ぶち》、合力米《ごうりきまい》十八石を、寛永十七年八月六日から支給したとある。

これは当座の処置であったらしく、のちには十七人扶持三百俵となった。

この禄高では、一見して高い身分ではなかったことがうかがえるが、実際のところ、現在の貨幣価値に直して、およそ、どのくらいの年俸になったのであろうか。

現在の自主流通米十キロを五千円として換算

すると、三百俵は約八百四十万円となる。

ただし、玄米と白米の違いを考慮に入れれば、六百万円前後となろうか。

今日の大企業——熊本藩は大藩である——の社員の給与で比較すれば、平社員ではないにしても、せいぜい係長級といったところか。

武蔵は独身であったといわれているが、使用人はいたであろうから、さほど裕福な暮らしではなかったに違いない。

ちなみに、十七人扶持とは、一人一日五合(約〇・七キログラム)の米を標準とした。

それにしても武蔵の仕官希望先をみれば、豊前小倉・小笠原家十五万石を除くと、いずれもが五十万石を越える大大名家である。武芸のほどはともかく、一介の浪人者が目指すにしてはいささか無鉄砲といえなくもない。

いったい武蔵には、仕官の勝算があったのだろうか。それ以上に気になるのは、武蔵が三千石の評価を自らに下したともいわれる、その兵法の内容であった。

個を貫く兵法

武蔵は熊本の地で、翌寛永十八年(一六四一)、藩主・細川忠利の求めに応じて、『兵法三十五箇条』を述べ、その後『五輪書』の著述にかかり、やがて遺言状ともいうべき『独行道』を列記してこの世を去った。

正保《しょうほう》二年(一六四五)、享年は六十二であったという。

生涯を〝個〟に徹した武蔵は、遺言状ともいうべき『独行道』において、

「我事において後悔をせず」

と言い切った。この『独行道』は、全部で二

独　行　道

一、世々の道をそむく事なし
一、身にたのしみをたしまず
一、よろずに依怙の心なし
一、身をあさく思　世をふかく思ふ
一、一生の間よくしん思わず
一、我事において後悔をせず
一、善悪に他をねたむ心なし
一、いずれの道にもわかれをかなしまず
一、自他共にうらみかこつ心なし
一、れんぼの道思ひよる心なし
一、物事にすきこのむ事なし
一、私宅においてのぞむ心なし
一、身ひとつに美食をこのまず
一、末々代物なる古き道具所持せず
一、わが身にいたり物いみする事なし
一、兵具は格別よの道具たしなまず
一、道においては死をいとわず思ふ
一、老身に財宝所領もちゆる心なし
一、仏神は貴し仏神をたのまず
一、身を捨ても名利はすてず
一、常に兵法の道をはなれず

十一項目の箇条書でしかない。『兵法三十五箇条』や『五輪書』に比べ、きわめて短い。が、その反面、武蔵の思想・思索の結晶がコンパクトに綴《つづ》られいて、理解しやすい利点があった。

この中で武蔵は、

「常に兵法の道をはなれず」

といい、生涯、兵法＝武術に生きた自らを決して悔いてはいない。

では、武蔵が主張しつづけた、価値の高い兵法とは、いかなるものであったのだろうか。

武蔵の生涯のテーマは、勝負に勝つための個人必勝の原則・原理を探究することにあった、と言っていい。

そのためであろう、武蔵の論法には〝我〟と〝敵〟の二つしか存在しなかった。

併せて、己れを繋《つな》ぎ留《と》めようとする世のしがらみ――義や情といった――をすべて断ち切り、唯《ただ》一心、〝個〟の世界のみを追究した。

それゆえに、一切の〝甘え〟は許されず、己れ以外に頼る気持ちを、ことごとく切り捨て、否定している。

「死」をも含め、すべての責任は己れが負うかわりに、自己は他のなにものにも左右されない、と武蔵は主張した。

武蔵の矛盾

筆者は思うのだが、この武蔵の主張は封建制社会の中で、きわめて危ういものを秘めてはいなかっただろうか。

封建制は主従関係によって成り立っていた。己れの主君のため、家臣は生命《いのち》を投げ出したわけだが、〝個〟を貫くという武蔵にはこれができたのであろうか。

――武蔵は、できたというであろう。

己れの兵法を認めてくれる主人に出会えば、喜んで身命を投げ捨てる、と。

それはいい。では逆に、己れの不本意とする主君、局面に出合ったとして、武蔵は己れを捨てることができたであろうか。

封建制度は、無条件の盲従を家臣に強《し》いるものである。

一つひとつのチェックを入れ、この条件ならば――といえるようなものでは、本来ない。

この基点について、武蔵はどのような理解をしていたのであろうか。

この剣豪は生まれてより、藩であれ村落であっても、組織というものに属したことがなかった。

関ヶ原の合戦においても大坂の陣においても、正確には「陣借り」であったはずだ。

一族というしがらみを自ら立ち切り、孤剣を抱いて天下を放浪した武蔵には、そもそも武家奉公ができたのであろうか。

第一、武蔵の仕官が成就しなかったのは、その兵法自身に問題があったのではなく、武蔵が仕官の石高にこだわったからにほかならない。

究極の悟り

それでも武蔵は、

「生命《いのち》は投げ出せた」

というであろう。

もし、できない、と断言すれば、武蔵の兵法はこの時代と相入れないもの、役に立たないもの、むしろ危険なものと決めつけられてしまう。

実際、そうしたニュアンスのコメントを、武蔵によせた同時代人は存在した。

では、〝個〟を貫きながら、封建制の社会で生きていくにはどうすればよいのか。

武蔵は究極の悟りとして、

「万里一空《ばんりいっくう》」（『五輪書』）

を挙げている。これは『独行道』のキーワードでもあるが、要するに、喜怒哀楽《きどあいらく》の一切を捨て去れというのである。

いささか難しいが、今風に解説すれば、己れを捨て去って周囲を冷静にみつめよ、という心情・心構えとなろうか。

己れがいま一瞬に、この世から消滅したとする。失《な》くなってしまったならば、欲望を抱いていても、すべては無となる。無私無欲に周《まわ》りを見渡せば、真の価値判断ができるというのだ。

「常のごとくおもひ、心のかはらぬ所《ところ》兵法の肝要なり」（『五輪書』）

つまりは、〝平常心〟の涵養《かんよう》を武蔵は説いていた。

武蔵が語る剣の修行

ある人が武蔵に、兵法修行の順序を訊《たず》ねたことがあった。

すると武蔵は、部屋の畳の縁《へり》を指さして、ここを歩いて渡ってみよという。

言われたとおり、その人が畳の縁を歩き終わると、次に武蔵は、今の縁の幅を一間《けん》（約一・八メートル）ばかりの高さで歩けるか、と問うた。

高さに比べて、幅が狭すぎる。

「それは難しいでしょう」

と修行者が言うと、武蔵は頷《うなず》いて、

「それならば三尺（約一メートル）の幅があればどうか」

笑いながら尋ねた。

「それなら渡れましょう」

三尺の幅があれば、一間の高さは怖くない。

再び武蔵は頷くと、

「しからば、当地の姫路《ひめじ》城の天守閣の上から増《ます》位《い》山に、三尺幅の橋を架けたならば渡れるであろうか」

と言った。むろん、手摺《てすり》などというものはない。目も眩《くら》むような高さである。

「とても渡れませぬ」

晩年の宮本武蔵像
（熊本市立熊本博物館所蔵）

と相手が正直に答えると、武蔵は大きく頷き、剣の修行もこれと同じなのだという。

「――初めは易《やす》く、中は危うい、それを過ぎるとまた困難がある。しかし、その過程を確実に踏まえていけば、なんらの危険もない。

言い換えれば、精気を練って畳の縁を踏み渡ることができれば、一間の高さも、百丈《じょう》（約三〇〇メートル）も恐れることはないのだ」

と。後述する形稽古でいえば、木刀であろうと真剣で立ち合おうと、心構えは同じことなのだ、ということになろうか。

思い込みの力

段階を踏んでいく修行を語りながら、一方で武蔵は、剣の心得のない者でも、一途に己れの力量を強いと思い込み、一心不乱に一つごとに打ち込んで、生命を賭したならば、極意に達する場合がある、とも発言していた。

「剣の修行をとおして知るべき極意を、会得《えとく》したことにかわりはないからだ」

要は、心を強く持つことだ、と武蔵は繰り返し言っている。それに関する逸話が、伝えられていた。

ある日、武蔵のところへ一人の少年が訪ねてきた。話を聞けば、父の仇討《あだう》ちを遂げるため、諸国を巡ってようやく目指す仇《かたき》にめぐり遭ったので、明日、ある場所において、竹矢来を組み、尋常の勝負をすることになったという。

ところが、相手の仇は名うての剣の遣《つか》い手。少年は剣のたしなみも日が浅く、内心は恐ろしくてどうにもならない。返り討ちに遭うのも怖ければ、己れが殺されることで、家名を傷つけるのも避けたかった。

「なにとぞ、必勝の太刀筋をご伝授ください」

それが少年の、武蔵を訪問した理由であった。

武蔵はその少年の心情を哀れに思い、必勝の太刀筋を授けることにしたという。

流儀はむろん、二刀流である。

まず、左手に小太刀《こだち》をとり、横に水平に構え、右の手で太刀を持つ。その姿勢で、まっしぐらに仇へ突進。相手の打つ太刀を小太刀でがっしと受け、次の瞬間に右の太刀で仇の胸を突く——この形のみを武蔵は繰り返し教えた。

ほかの太刀筋は、一切教授しない。

武蔵は手をとり、繰り返し、実戦的なこの刀法を遣ってみせ、仇の役割も果たしたが、なにしろ稽古自体の時間がなさすぎた。

果たして成果を挙げられるのか、第一、少年の心に巣作っている恐怖心を取り除けたか否か、疑念は残ったはずだ。

あるいは、少年の顔に不安の色が浮かんでいたのかもしれない。

武蔵はそれらを知ってか知らずか、別れ際に少年へ次のように助言した。

「案ずることはない。そなたの必勝は、疑いのないものである。

ついでに申しておくが、明日、いよいよ仇討ちに臨むおりには、その場所に腰をかがめ、己れの足《あし》もとを気をつけて見よ。もし、蟻《あり》が這《は》い出ていたならば必勝の兆《きざ》しである。また、それがしは宿にあって、一心不乱に摩利支天《まりしてん》の必勝法を修しているから、万に一つも敗れるはずはない。心を強くもってゆくがよい」

翌日になった。

仇討ちに興奮気味の少年は、武蔵に言われたとおり、己れの足もとの地面に目を凝らした。蟻がいる。それを見て少年は、さらに武蔵の言葉を思い出した。

「武蔵先生は、日本一の剣のつわもの。その先生が私に、必勝の剣を授けて下さった。しかも今日は、軍神の摩利支天に祈ってくださっているのだ」

少年はややもすれば湧き起こる恐怖心を、武蔵の施《ほど》こした二重、三重の、必勝法の暗示に助けられ、みごと本懐を遂げることができたという。

「兵法の拍子」

名著『五輪書』を完成させた武蔵なら、施しそうな暗示である。

実はこれも、平常心の応用であった。

蟻はどこにでもいる。しかし、極度の緊張と恐怖心を抱いていると、足もとにいる小さな蟻を見つける余裕さえ失ってしまうものだ。

足もとに蟻を見出《みいだ》すのは、平常心を取り戻すことにつながる。

ただし、平常心を保っているだけでは、仇を討つことはできない。機をうかがい、好機とみればこちらから打って出るタイミングも必要だ。

さしもの武蔵も、明日に仇討ちをひかえた少年に、そこまでは伝授できなかった。

が、形稽古の中で打って出るタイミング＝「兵法の拍子《ひょうし》」は自得させていた。

平常心を保持して相手方の拍子、当方の拍子をトータルでとらえれば、タイミングをはずさずチャンスを摑《つか》むことも、また、タイミングをはずして先方からの危機を逃れることも可能となる。

おそらく、俗に言う〝運〟の強い人間というのは、この拍子に長《た》けた者をいうのではあるまいか。

運の強い人は、拍子もいい。武蔵は、こうした強運の人を味方につけるのも兵法だと言った。

時代に遅れた意味

それにしても、これほど兵法に精通していた武蔵が、その技術のみをもって仕官できなかったのはなぜであろうか。

江戸時代に入ると、諸藩に剣術指南役が設けられるようになった。このポストは、剣術の技法をいわば売るもの。「剣客商売」とも呼ばれた。

少し角度を変えてみる。武蔵の生き方について——なぜ、彼はかくも厳しい生き方を自身に課したのであろうか。

考えられることの一つに、武蔵が時代に遅れてきた人間であったことが挙げられる。

剣で身を立てるべく兵法修行に出たものの、時代はかつての戦国乱世から泰平の世へと移る過渡期となっていた。

ついこの間まで、槍一筋《やりひとすじ》で〝一国一城の主《あるじ》〟ともなれたものが、いつしか遠い夢となり、かなえられないものとなってしまった。

逆説的な言い方だが、ために武蔵はより一層、剣に埋没することで、〝一剣による自己主張〟に走ったのではあるまいか。

元来、彼はきわめて自己顕示欲の強い男であった。合戦に一廉《ひとかど》の武将として出撃すれば、敵将の首もあげただろうし、一軍を指揮させてもらえれば、奇跡的な大勝利をもたらす自信もあったのだ。

しかし、時代は武蔵を置いて、大きく転換してしまった。抑制のきかない上昇志向を、己れの孤剣に託し、他流試合を重ねるしか、武蔵には己れの胸中に溜まった鬱憤《うっぷん》を発散させることができなかった、ともいえよう。

武蔵が〝個〟を主張し、徹したのも、ある意味では閉塞《へいそく》した社会への、やるせないまでの反《はん》撥《ぱつ》を垣間見《かいまみ》せていたように思えてならない。

逆境が磨いた〝哲学〟

ただこの剣豪が、歴世を代表する人物となり得たのは、この閉塞感の底から、己れの兵法を集大成したところにあった。

『独行道』には、武蔵の名言として知られる、

「仏神は貴し、仏神をたのまず」

との言葉がある。

文豪・直木三十五《なおきさんじゅうご》と「武蔵〝強・弱〟論争」を展開した作家の菊池寛は、武蔵のこの言葉に対して、イギリスの作家ゴールズワージ（一八

六七〜一九三二）の言葉を引き合いに出している。

「われ夕暮れの行きずりに神に逢わば、かくは祈らむ、われに神を恃《たの》まざるが如《ごと》き強き力を与えたまえ」

菊池寛によれば、武蔵の言葉はこれに比肩すべき高い境地と絶賛に値し、武蔵は哲学者としても国宝級の人物だと断言して憚《はばか》らなかった。

理由はともかく、六十数度の生命を賭した修羅場をくぐり抜けてきた武蔵には、なるほど超然とした〝独行〟道——すなわち、哲学の域に到達したかと思わせる風韻《ふういん》はあった。

「器用」から「兵法の道」へ

武蔵のこうした風韻は、一体、いつごろから身についたものであろうか。

『五輪書』に、興味深い一節がある。

我、三十《みそじ》を越えて跡をおもひみるに、兵法至極《しごく》してかつ（勝）にはあらず、をのづから道の器用有りて、天理をはなれざる故《ゆえ》か。又は他流の兵法、不足なる所にや。其《そ》の後なをもふかき道理を得んと、朝鍛夕練《ちようたんゆうれん》してみれば、をのづから兵法の道にあふ事、我五十歳の比《ころ》也。

三十歳のころの武蔵は、それまでとは比較にならない広い世界に出た。そして二十年を経て五十歳になるに及んで、ついに、

「兵法の道にあふ事」

いわゆる兵法の真髄《しんずい》を、〝心体一致〟して自得したという。

——ここにいう、〝兵法の道にあふ事〟とは、

どのような境地であったのだろうか。
『五輪書』「地の巻」に、次のようにある。

漢土・和朝までも、此《この》道をおこなふ者を、兵法の達者といひ伝えたり。武士として此法を学ばずといふ事あるべからず。近代、兵法者といひて世を渡るもの、是《これ》は剣術一通の事也。常陸《ひたち》国（茨城県）鹿島《かしま》・香取《かとり》の社人共、明神の伝へとして流々をたて、国々を廻り、人にいふる事、近頃の義也。古《いに》しへより、十能・七芸と有るうちに、利方《りかた》といひて、芸にわたるといへども、利方と云《いい》出すより、剣術一通にかぎるべからず。剣術一ぺんの利にては、剣術も知りがたし。勿論《もちろん》、兵の法には叶《かな》ふべからず。

右の文中の〝利方〟とは、
「悟りとして利すること」
と理解されている。

剣術について単に強くなるのが、修行の目的ではなく、己れ自身を知る悟りを開いてこそ、〝兵法の道にあふ事〟の真髄に繋《つな》がるというのが、武蔵の主張であった。

すでに見たように、〝我事において後悔せず〟と言いながらも、必ずしも成功したとはいえない武蔵の人生であった。

晩年のその心境たるや、たぶん、時代や己れに対する人知れぬ失望や悔恨、怨嗟《えんさ》や慚愧《ざんき》といった、人間のもつさまざまの弱点・瑕瑾《かきん》を体内に蓄積させていたのではあるまいか。

しかしながら、武蔵の教えは哲学の領域にまで高められ、〝人生〟の要諦《ようてい》を語って尽きるところがなかった。

三人の弟子

肥後熊本藩内での、二天一流の正式な相伝者は、寺尾《てらお》孫之丞《まごのじょう》勝信《かつのぶ》、寺尾《てらお》求馬助《くまのすけ》信行《のぶゆき》、古橋惣《そう》左《ざ》衛門《えもん》良政《よしまさ》の三人といわれている。

一の弟子・孫之丞は、御鉄砲頭《かしら》衆《しゅう》で知行千五十石。武蔵の死没当時、三十三歳であった。

二の弟子の求馬助は、孫之丞の弟。万事において器用な人物だったらしく、島原の乱にも参加したという二百石取りであった。二十五歳のとき、藩主・光尚《みつひさ》（忠利の後継者）の命で、武蔵の最期を看取《みと》ったという。

三の弟子の惣左衛門は、忠興（忠利の父）以来の祐筆《ゆうひつ》役で知行二百石。武蔵は死の七日前に完稿した『五輪書』を、一の弟子・孫之丞に与えたが、この惣左衛門には、剣術のほかに柔術も相伝し、なお、武蔵の絶筆ともいえる『十智《じっち》』の伝を与えたともいわれている。

『十智』は武蔵の反省の弁か

武蔵はこの伝を読後は火中に投ぜよ、と命じたらしいが、さすがに師の書を焼却するにしのびなかったようで、今日、その「写し」なる一書が残されている。

その内容たるや、

一、我身を知り地形をきわめ星を知るという事
一、人をつかう、人につかわるるという事
一、つくり変《か》ゆる事、ものごとをつくり変《か》ゆる事

といった具合の十カ条に、兵法の利を説く調子で、処世の術を教えているのである。

たとえば、「一、つくり変ゆる事――」の一条では、

「智恵なき者は一、二と変ずることを知らず、いつもいつも一に心を付け、智恵ある者の変を見ては虚という。約束違いたるとて人を怨み怒る。地形のうねを正し、身に位《くらい》をつけ、身をつくりかえ、心をかゆる事、兵法一つの大事なり」という。

それにしても意外なのは、この『十智』に述べられた処生訓である。武蔵は兵法者としては一廉の人物であったが、必ずしも世に容《い》れられた人とはいえなかった。

いわば、通常の社会と相容れない人生を歩んでおり、処世の道に通暁《つうぎよう》していたとは、お世辞にもいえない。

その人が人生の最晩年にあたって、もし、この『十智』を本当に本人が述べたとすれば、最期の最期にいたって、武蔵は己れの生涯を失敗した、とようやく認めたということになる。

やはり『十智』は、別の人物が武蔵の名を仮託して述べたものか。今後の研究が待たれる。

承応《しようおう》三年（一六五四）八月、古橋惣左衛門は病気を理由に、知行を藩主に返却すると、九月に御暇《おいとま》を乞《こ》い、江戸に出て剣の教授を本格的にはじめた。

門弟からは、十智流を創始した松井市正宗郷《いちのかみむねさと》が出ている。

二天一流の道統については、別の項に譲りたい。

第五章 武蔵出生の謎を追う

宮本武蔵ほど著名でありながら、その実像がきわめて不明僚な人物も、また、稀《まれ》ではあるまいか。

この剣豪に関する古今の文献・史料が少ない、というのではない。

むしろ、他の剣豪たち——たとえば、塚原卜《つかはらぼく》伝《でん》や上泉信綱《かみいずみのぶつな》、伊東一刀斎《いとういっとうさい》といった人々——に比べると、おびただしいくらいである。

にもかかわらず、確実らしく思えるものが、ほとんどない。

生涯が確定できない武蔵

唯一、信憑性《しんぴょうせい》が高いものに、自著とされる『五輪書』の中で、当人が述懐している部分があるものの、その武蔵自身の筆になるものにも、不正確な部分や誇張と思えるふしが少なくなかった。

当然のことながら、武蔵の死後、百年も経ってから書かれた『二天記』『撃剣叢談《げきけんそうだん》』、その他に記されているところなどは、そのまま史実とするにはあまりにも問題が多い、といわねばならない。

つまり、原拠とされる史料には事欠かないものの、その大部分は武蔵没後に作られた史料であり、後世のいらざる付会《ふかい》、ないしは我田引水《がでんいんすい》とも思える臆測などが多過ぎるため、武蔵の伝記については、決定的なものがいまだに出されていないのである。

この章では現存する史料や伝承を駆使して、武蔵の出自・出生について、とくに世に出るまでを検証してみたい。

『五輪書』の区分

まずは、武蔵が著《あらわ》したとされる『五輪書』を読んでみる。

この著作は、日本の剣道史上、異色の存在ともいえる二刀流＝二天一流《にてんいちりゅう》について書き残されたものであり、武蔵らしい兵法観や二刀流兵法の太刀筋などについて述べられている。

全体の構成は、仏教でいう「地水火風空」の五大五輪にかたどり、五巻に編纂《へんさん》されていた。

その大概は、「地の巻」では兵法の道について、「水《すい》の巻」では二天一流の剣技、「火《か》の巻」においては、立合い勝負に関してといった具合に、剣をもって相手を倒すための、彼我《ひが》の関係における精神性と剣技についての主張が述べられていた。

こうした著述の中で、唯一、自身について語っているのが、「地の巻」の序にあたる部分である。

「生国播磨の武士新免武蔵守藤原の玄信」

以下に「序」の全文を掲《かか》げ、現代語訳とともに若干の解説を付しておきたい。

〔原文〕

兵法之道、二天一流と号し、数年鍛錬之事、初而《はじめて》書物に顕《あらわ》さんと思ふ、時寛永二十年十月上旬の比《ころ》、九州肥後の地岩戸山《いわとのやま》に上り、天を拝し、観世音《かんぜおん》を礼し、仏前にむかひ、生国播《はり》磨《ま》の武士新免武蔵守藤原の玄信。年つもつて六十。

我《われ》若年のむかしより兵法の道に心をかけ、十三歳にして初而勝負をす。其《その》あいて新当《しんとう》流有馬喜兵衛と云《いう》兵法者に打勝《うちかち》、十六歳にして但馬国秋山《あきやま》と云強力の兵法者に打勝、廿一歳にして都へ上り、天下の兵法者にあひ、数度の勝負をけつすといへども、勝利得ざるといふ事なし。

其後《そのご》国々所々に至り、諸流の兵法者に行合《ゆきあい》、六十余度迄《まで》勝負すといへども、一度も其利《そのり》をうしなはず。其程《そのほど》年十三より廿八九迄の事也。

我三十を越へて跡をおもひみるに、兵法至極してかつにはあらず、をのづから道の器用有りて、天理をはなれざる故《ゆえ》か、又《また》は他流の兵法不足ある所にや、其後なをもふかき道理を得んと、朝鍛夕錬《ちょうたんせきれん》してみれば、をのづから兵法の道にあふ事、我五十歳の比《ころ》也。

其より以来は尋入《たずねいる》べき道なくして光陰を送り、兵法の理にまかせて、諸芸諸能の道となせば、万事におゐて我に師匠なし。今此《この》書を作るといへども、仏法儒法の古語をもからず、軍記軍法の古きことをももちひず、此一流の見たて実《まこと》の心を顕《あらわ》す事、天道と観世音を鏡として、十月十日之夜寅《とら》の一てんに筆をとって書初《はじむ》るもの也。

〔現代語訳〕

わが兵法（剣の道）は二天一流という。数年にわたって鍛錬してきたことを、初めて書きあらわそうと思って、寛永《かんえい》二十年（一六四三）十月の上旬、九州肥後（熊本県）にある岩戸山にのぼり、天を拝し、観音《かんのん》に礼し、仏前に祈願した。かくいうわれは播磨国（兵庫県の大部）生まれの武士で、新免武蔵守藤原玄信である。齢《よわい》を重ねて、六十歳になる。

自分は若いころから武芸の道にこころざして、十三歳になって初めて試合をした。その相手は新当流を遣う有馬喜兵衛という武芸者であったが、これに打ち勝った。次いで十六歳のとき、但馬国（兵庫県北部）の秋山某という大力無双の武芸者に打ち勝ったものだ。そして二十一歳で京へ上り、多くの武芸者に会って数度の勝負を挑んだが、勝利しないということはなかった。

その後、諸国をめぐって諸流派の武芸者と出会い、六十数度もの試合をしたが、一度として負けることはなかった。これは十三歳から二十八、九歳までのことである。

しかし、歳も三十を経てその跡を振り返ってみると、自分がこのように勝ってきたのは、けっして、剣の道を究《きわ》めたからではなく、天性の才能や器用さがあって、自然の理に即していたためか、あるいは、相手の剣の技量が劣っていたからであろう。つまり、自分は未熟であることを痛感し、その後、なおも深い道理を得ようと朝夕鍛錬をつづけたところ、おのずと剣の真理を悟ることができた。ときに、五十歳前後のことだ。

そのときからは、格別に究める道もなく歳月を送っている。自分は兵法の道理にしたがって、さまざまな芸の道を行なえば、万事について師匠を必要としない、と考えている。すべては自身で悟り得たものであるからだ。いま、この書を著すにあたっても、仏法や儒教の教えにたよらず、また、軍記や軍法に記す故事も用いることなく、自然の道理と観世音の行ないを鏡として、二天一流の見解や真実を明らかにしようと思っている。

十月十日午前四時三十分、筆を執《と》って書きはじめるものである。

執筆の動機

寛永《かんえい》十八年（一六四一）二月、武蔵は熊本藩主・細川忠利の命によって、いわゆる『兵法三十五箇条』をまとめたが、その後に執筆したとされる『五輪書』は前作を敷衍《ふえん》し、肉付けしたものといってよい。

武蔵は客分として三百俵十七人扶持を与えられていたが、忠利という藩主に己れの理想の君子像をみていたようだ。

ところが、『兵法三十五箇条』を呈してわずか一カ月後の三月十七日に、武蔵が最も信倚《しんい》する忠利がこの世を去った。享年、五十六。

二歳年少の藩主忠利の死は、武蔵に多大な影響を与え、『五輪書』の執筆も多分に、忠利の死が契機となったという。

余談ながら、名君忠利の死は武蔵の嘆きばかりでなく、家中の動揺も大きかったようで、殉死者十九名が出た。後年、文豪・森鷗外《おうがい》の著した『阿部一族』は、このときの悲劇を扱ったものである。

忠利の跡を継承した光尚《みつひさ》も、先代同様に武蔵に対しては懇切な保護を与えた。

『五輪書』風の巻。（島田美術館所蔵）

武蔵が『五輪書』を書きはじめたのは、寛永二十年十月、死に先立つこと二年前、彼が六十歳のときである。熊本城下の西方、有明海に面する金峰《きんぽ》山・雲巌寺《うんげんじ》の、奥の院の洞窟（霊巌洞《れいがんどう》）に参籠して書いたと伝えられてきた。

「九州肥後の地岩戸山……」

とあるのは、金峰山＝宝華《ほうか》山雲巌寺を指している。

生年に二年のずれが……

さて、ここで問題にしたいのは、序文中、自らの出生地と年齢、名前を記している部分である。

「生国播磨の武士新免武蔵守藤原の玄信。年つもって六十」

これによれば、執筆年（寛永二十年＝一六四三）から逆算して、武蔵は天正《てんしょう》十二年（一五八四）、播州で生まれたことになる。

ところが、武蔵の養子となった宮本伊織の子孫が所蔵している「宮本家略系」によると、

玄信、天正十年に生まれ、後年宮本武蔵と号す。剣術をもって世に鳴る。正保《しょうほう》二年（一六四五）五月十九日、肥州熊本に卒す。享年六十四歳。

とあって、生年に二年の差が認められる。

しかしながら、右の事項を繰り返しては煩雑をまぬかれないので、本章では取りあえず、武蔵自身の説（『五輪書』）に則《のっと》り、天正十二年生まれとして論旨をすすめたい。

定説化された作州出生説

要するに、武蔵は天正十年ないし同十二年に播磨国で出生したと思われるのだが、厄介《やっかい》なことに、他の史料では生地すらもが相違した。

元禄《げんろく》二年（一六八九）に書かれた『宮本村古事帳』には、宮本武仁《むに》とその子・武蔵が、天正期（一五七三〜九二）から慶長《けいちょう》期（一五九六〜一六一五）にかけて、宮本村に居住していたとの記録があることから、「美作国《みまさか》吉野《よしの》郡讃甘《さぬも》庄宮本村」（現・岡山県英田《あいだ》郡大原《おおはら》町宮本）の出身とする説が登場した。

この史料をもとに、美作国すなわち作州（岡山県北部）こそが武蔵の出生地である、とはじめて公表したのは、文化《ぶんか》十二年（一八一五）八月、美作津山《つやま》藩士・正木輝雄《まさきてるかず》の編纂した作州東《ひがし》六郷《ろくごう》（郡）の地誌『東作誌』であった。

今日では、この作州出生説がほとんど定説化されているといってよい。

これも周知のごとく、吉川英治による名作小説『宮本武蔵』が、遺蹟顕彰会編『宮本武蔵』に依拠して、武蔵および武蔵の養子・伊織が言う播州出生説を退け、作州出生説を採ったのが一般化にさらなる拍車をかけた、といっても過言ではない。

武蔵出生地は、現在にいたるまでこの美作と少数派の播磨の二説併立の有り様《あさま》であったが、いまひとつ、武蔵の祖父とされる平田将監《ひらたしょうげん》の采地《さいち》が、播磨と美作に跨《またが》っていたことに着眼した意見も生まれた。

話が、いささかややこしい。

武蔵の父・武仁の活躍ぶり

美作＝作州出生説によると、武蔵の生家は平《ひら》田《た》姓となる。

「平田家系譜」は『東作誌』に記載されているが、宮本村に宮本屋敷があって、武蔵の父・平田武仁（無二）が住んでいたという。

諸書を総合するとこの武仁、正しくは平田武仁（無二）少輔正家《しょうゆうまさいえ》と称し、のちに無二斎《むにさい》と号したようだ。

竹山《たけやま》城主・新免家（後述）の家老職であったが、十手・刀術に秀《ひい》で、十五代将軍・足利義昭のとき、京都において〝扶桑（日本）第一兵法術者〟を称《とな》える吉岡憲法《けんぽう》と勝負をおこない、勝利を得て、〝日下開山無双〟（史料によっては〝日下無双兵法術者〟）の号を将軍義昭より賜ったという。

このことから、のちに武蔵が倒したとされる吉岡一門との抗争は、実は、無二斎であったとの説も生まれていた。

二刀流は武蔵の父が考案していた?!

もっとも、宮本無二斎が吉岡憲法と三本勝負をして、うち二本勝ったというのも、将軍義昭から〝日下開山無双〟の称号を賜ったというのも、裏付けるべき客観的な史料はなく、ことごとくが確証のもてない挿話でしかない。

ある伝書には、無二斎を無二之助と述べ、もとは法華宗の僧であったと述べたものもあった。

それによれば、子の武蔵ではなく、無二之助が二刀の術を修得し、黒田長政（一五六八～一六二三）のもとへ仕官して、黒田兵庫の与力と

宮本武蔵・系図（作州説）

平田将監《しょうげん》
新免家家老職
文亀三年（一五〇三）
十月二十一日没

政
新免家の娘
永正二年（一五〇五）
七月没

平田武仁《むに》少輔正家
新免家家老職
天正八年（一五八〇）
四月二十八日没
年五十あるいは五十三

於政《おまさ》
新免家の娘
天正十二年三月没
年四十八

武蔵
天正十二年出生

伊織《いおり》（養子）

造酒之助《みきのすけ》（〃）

九郎三郎《くろうさぶろう》（〃）

なったというのだ。

「関ヶ原の役、伏見より出奔せしとも、又は暇を乞ひ、筑前を出国せしともいふ」

黒田家において、無二之助の剣術はつとに名高く、〝黒田八虎〟などと称された重臣の菅正利（和泉）も剣の手ほどきを無二之助に受けたという（まったくの蛇足だが、この菅家の末裔・菅強助の末娘が、別章に登場した斎村五郎＝剣道範士十段に嫁している）。

なお、武蔵は宮本村で出生したが、このとき無二之助は浪々の身の上であったとか。

武蔵の幼名は「タケザウ」に非ず

ついでながら、武蔵の幼名を吉川英治の『宮本武蔵』では「タケザウ」としている。確かに、このように呼ぶ史料がないではないが、多くは武蔵の幼名を「弁之助」としていた。

なぜ、弁之助なのか。

武蔵が生まれたおり、父である無二斎（あるいは武仁、無二之助）は、骨格逞《たくま》しく、将来は非凡な勇士となるように、と心から願い、源義経の忠臣・武蔵坊弁慶にあやかるべく、弁之助と名付けた、と『雌雄剣伝』ほかにある。

父の死後二年目に、武蔵は生まれた?!

武蔵の父・武仁は、系譜上では天正八年（一五八〇）四月の没となっている。武蔵の生まれた天正十二年とでは計算が合わない。そうしたところから、武仁の没年を延引させる試みもおこなわれた。

たとえば、武仁の没年は大原町岡の墓石にも刻まれているところだが、宮本武蔵遺蹟顕彰本

によると、墓が後世にできたものということから、史料的価値が乏しい点を暗ににおわせ、ある史家の憶測である、

「無二斎ノ天正八年死亡ト墓石ニ記セルハ、恐ラクハ天正十八年ノ誤リナランカ」

との推論を採り、武仁の死亡年を延長しようとしているのである。

また、死亡年を天正十八年とするために、『東作誌』から引用して、「本位田外記之助《ほんいでんげきのすけ》刺殺事件」のあったことをあげる説も生まれた。

この事件は、天正十六年の秋、新免伊賀守宗《むね》貫《つら》の妾が、松茸《まつたけ》狩りの帰途、家臣の本位田外記之助に侮辱されたと宗貫に告げたことから、宗貫は外記之助を憎むことはなはだしく、ひそかに平田武仁に命じて殺害させたという。

武仁にとって外記之助は同僚であり、ことが死に値するほどのものでもないため、再三断わったものの、主命を拒み切ることもできず、ついに外記之助を自宅に招いて刺殺した。

城主宗貫は大いに喜んだが、以来、武仁一家は家中の妬《ねた》みや非難をうけて楽しまず、住居を下庄村から宮本村に移し、蟄居《ちっきょ》したままこの地に没したというのだ。

この事件は天正十六年秋のことであり、武仁はそれまで郷里に生存していたから、したがって天正八年死亡説は否定されるというわけである。

父子不仲の遠因

余談ながら、右の本位田外記之助暗殺については、『新免家覚書』や『東作誌』などではより詳細を伝えている。

それらによると、外記之助は無二斎の剣の高

弟であり、「壮年大力」であった。

正面切ってやり合えば、上意討ちが返り討ちにされる可能性も否定できなかったという。

そこで外記之助のもとへ使いをやり、明日、兵法の極意を伝授するから来るように、と無二斎が伝言。次の日は偶然、親族の忌日であり、無二斎の家には中務坊《なかつかさぼう》という僧が来ていた（一説にこの僧は、母方の叔父ともいう）。

無二斎は中務坊に、これから上意討ちをする旨を述べ、万一、仕損じかけたおりには、助勢してくれ、と依頼したという。

外記之助は何も知らず来訪、酒や茶の振る舞いを受け、やがて兵法極意の伝授を受けることになる。

別間に誘った無二斎は、入り口で腰の刀を脱ぎ置くよう指示し、それに従って丸腰となった外記之助へ、やおら飛びかかって絞めあげた。柔《やわら》の手であったかと思われる。

「上意なれば、汝を召し捕《とらう》るなり」

外記之助はふいを突かれたものの、持ち前の剛力を出して反撃に転じた。

このとき、中務坊が槍を入れて外記之助の胸先へ突き込み、「二、三度えぐりて」、弱ったところを無二斎がその首を打ち取ったという。

してみれば、無二斎は当初、外記之助を殺さずに捕える努力をしていたことが知れる。ところが、心ならずも抵抗され、殺してしまう結果となった。

さぞや家中での居心地も悪かったに違いない。宮本村での生活も、決して心なごむものではなかったろう。

もし、この話が事実なら、武蔵と父の確執の遠因は、この本位田外記之助を殺した一件にも求められるような気がする。

わが子に小刀を投げる父

『丹治峯均筆記』に、次のような話が載せられている。

武蔵が弁之助《べんのすけ》（幼名）と称していたころのことだ。武仁が楊枝《ようじ》を削《けず》っているのを、戸の陰から見ていた弁之助が、その不器用なさまをからかった。武仁は怒って手にしていた小刀を、わが子へ投げつける。しかし、弁之助はこれを巧《たく》みにかわして、父をあざ笑って逃げていったというのだ。

話の内容がもし真実であったとすれば、この父子はずいぶん冷たい間柄といわざるを得ない。が、これも狷介孤高《けんかいここう》の武蔵像創出の下地として語られた、とも考えられる。

もっともこの話は、武蔵出生後も父・武仁が生存していて、はじめて頷《うなず》けるわけではあるが。

「新免」と武蔵の接点

とにかく、武蔵の生家とされる平田家については、あまりにも謎が多い。

だが、武蔵の作州出生説の展開と定着のためには、どうしてもこの平田家をめぐる謎を解明しなければならないのも事実。ために、いままでにも多くの研究者の努力が、多方面においてなされてきた。

その一つ、平田武仁の父、すなわち武蔵の祖父・将監《しようげん》について着眼したもの――行きがかり上、少しみておきたい。

平田将監も武仁同様、十手・刀術にすぐれていたという論がある。竹山城主・新免七条少将則重《のりしげ》の家老職で、采地は下庄村の内、宮本・中山であったという。宮本と中山は隣接している土地だが、宮本は美作国、中山は播磨国になり、采地は両国に跨っていた。

妻は新免氏の女《むすめ》で政《まさ》（永正《えいしょう》二年＝一五〇五年七月没）。将監の没したのは、政の死亡の二年前、文亀《ぶんき》三年（一五〇三）十月二十一日。

以上は「系譜」によるところだが、これによれば、新免家は平田家の主家筋だが、将監の弟・武輔（助）の妻も新免氏の女、とあるから、両家は単なる主従関係にとどまらず、きわめて近い血族関係にあったことがうかがえる。

つまり、武蔵が美作の平田家出身ならば、晩年、新免姓を名乗った理由づけができるというもの。

いずれにしても、先の「平田家系譜」にしてもだが、これらが先祖伝来の系図であれば、そこで武蔵の出自は確定するのだが、残念なことに、いずれもが、寛永《かんえい》時代（一六二四〜四四）に焼失したものを、元禄《げんろく》二年（一六八九）になって作成し直したといわれているため、決定的史料とみなすわけにはいかない。

埋めがたい二百年の空白

武蔵の祖父・将監と父・武仁が家老として仕えた新免氏は、美作国・粟井《あわい》城主。その始祖は、藤原鎌足《かまたり》二十八世の孫で、従二位摂政関白・左大臣、徳大寺実孝《さねたか》と伝えられている。

実孝は建武《けんむ》二年（一三三五）、謀叛《むほん》に連座して美作国吉野郡粟井庄に流されたが、この地で生まれ育った子が、新免七条少将則重《のりしげ》、すなわち新免氏の初代だという。

新免氏は初代則重が、作州の守護職・赤松貞《さだ》範《のり》の女を妻に迎え、二代長重（赤松満貞の女）、三代貞重（宇野家貞の女）と赤松一族の女を代々娶《めと》って、五代宗貫（竹山城主）のとき、関ヶ原の合戦で敗れ（宇喜多秀家麾下）、筑前（福岡県の大部）黒田家を頼って落ちたという。

武蔵の生家とされる平田家は、祖父・将監が初代の新免則重に、父・武仁は五代宗貫に仕えたというのだが、新免家五代の間、およそ二百年もの歳月が流れている。

にもかかわらず、平田家は将監・武仁のわずか二代で、二百年を仕えたことになり、また、将監が系譜どおりに文亀三年（一五〇三）に没していたとすれば、子の武仁は八十余年間も主家に仕えていたことになり、五十三歳で没したはずの武仁に無理が生じる（ために、武仁の没年をも延ばそうとする説が生まれたともいえる）。

武蔵――平尾姓説も

ところで、『東作誌』の中に、「平尾家系譜」なるものが収録されている。

これによれば、播磨守護職・赤松則村（円心）から三代の孫、平尾民部太夫《ひらおみんぶだゆう》は、播州東本郷平尾村から作州吉野郡小原庄に移住。吉野・英田《あいだ》二郡を領していた。

だが、その孫である五郎太夫（大炊助頼景《おおいのすけよりかげ》）のとき、竹山城（新免氏）を攻めたものの、逆に敗れて五郎太夫は討ち死を遂げる。

その遺子・太郎右衛門は、致し方なく牢人（浪人）。そして、宮本村に住して名を宮本無二と改めたとある。

言わんとするところは、その子が武蔵であるということだ。しかし、武蔵は家を継がずに兵法修行の旅に出たという。

この「平尾家系譜」——なぜか、作州出生説の人々は重視しようとはしない。

武蔵は『五輪書』においても〝新免武蔵守藤原玄信〟を名乗っている。また、武蔵の作州出生説は、先の平田将監の子・武仁と新免無二（斎）が、同一人であることを証明しないかぎり成立しない。

「平尾家系譜」では、武蔵が〝新免〟姓を名乗るべき理由が見出せないからであろうが、あるいは、新免家こそが平尾＝宮本家を滅ぼした仇敵となるからかもしれない。

ともあれ、自説を主張するあまりに、先にみたような墓石に刻まれた死没年まで、裏付けもなく強引に延長するのは、歴史を研究する者としていかがなものであろうか。

播州説——武蔵は四十代で養子に？

宮本武蔵の養子である伊織は、播州《ばんしゅう》（兵庫県の大部）印南《いんなみ》郡河南庄米田《よねだ》村の出身で、承応《しょうおう》二年（一六五三）、同村の泊《とまり》神社の社殿を修復するとともに、棟札《とうさつ》を掲げ、その中で武蔵についてふれている。

原文は次のとおりである（前後は略）。


有作州之顕氏神免《ママ》者、天正之間、無嗣而卒筑前秋月城、受遺承家、曰武蔵掾《じょう》玄信、後改氏宮本、亦無子而以余為義士《ママ》、故余今称其氏。

作州の名門・新免氏（右の神免は誤記か）が、天正年間（一五七三～一五九二）、筑前秋月城で死亡したが子がいなかったので、武蔵がその遺言を受けて彼の養子となった。しばらく新免武蔵掾玄信と名乗っていたのを、のちに宮本姓に改めたが、また、子がなかったので余（伊織）を義子＝養子とした。ゆえに、余はいま、その氏（宮本）を称している、との意である。

ここで注意せねばならないのは、「天正之間」という文言であろう。これを文字どおり、

「天正年間に筑前秋月《あきづき》城に没し……」

と解しては、いささか無理が生じようというもの。これでは天正十二年（一五八四）生まれといわれる武蔵は、幼時にして筑前または作州まで養子にいったか、場合によっては武蔵が出生していなかったことにもなりかねない。

したがって、ここは、

「天正年間に作州で栄えた新免氏……」

という意味に理解すべきであろう。

また、新免氏が筑前・黒田家を頼ったことは史実として明白に残っている。

黒田家に赴《おもむ》いたのは、先にも述べたように新免宗貫（？〜一六一九）である。

伊賀守宗貫は備前《びぜん》国（岡山県東部）宇喜多《うきた》氏の臣で、三千六百五十石を知行した美作《みまさか》国（岡山県北部）吉野郡竹山城主。母は豊臣秀吉の軍師であった、竹中半兵衛《たけなかはんべえ》の姉としてよく知られている。

主君・宇喜多秀家の治世――元亀《げんき》二年（一五七一）、美作の大庭郡・真島郡の代官として篠向城・高田城を守った。が、慶長《けいちょう》五年（一六〇〇）、秀家に従って関ヶ原の合戦に従軍。敗れて美作に帰ると、先述のとおり筑前・黒田家を頼って落ちていったのであった。

しかも、新免某が死んだ秋月城は、元和《げんな》九年（一六二三）八月、黒田長政の病死によって、家督を相続した嫡子忠之が、弟・長興に五万石を

分与して成立した城であった。

もし、新免某の秋月城での死去が事実であれば、それは寛永年間（一六二四〜四四）に入ってからのこととなるのは明白である。

ということは、武蔵が養子になったのは四十歳になってから、となる。

それでも播州説が正しい?!

ただし、黒田の入府以前、天正年間に新免氏が秋月城に拠っていたとすれば、筆者は作州説よりも播州説の方が説得力を持つと考える。

その根拠は、「英田郡讃甘村大字宮本」に武蔵屋敷跡があった、との伝承が一つ。

三十間四方で石垣に囲まれ、寛永十五年（一六三八）に公命により取り壊された、との口伝があった。

加えて、武蔵の親族家の末裔が、いく人か存在し、その中の一人、平田藤蔵氏のもとには「平田系図」（写し）が残っていた、との日本剣道史編纂所の森田栄所長の報告が大きい。

原本は火災で焼失したというが、この写しには武蔵の母の名として、「一族宇野新次郎貞氏の女」とあり、なおかつ武蔵の父・武仁に弟の武助というのがいて、この裔に武蔵より与えられた枇杷の木刀が現存していると聞いた。

さらに、元禄《げんろく》二年（一六八九）四月に宮本村の庄屋・甚右衛門より大庄屋の又兵衛へ書き上げた書状によれば、

「宮本武仁其子武蔵」

が、宮本村に浪人して落ちつき、姓を「宮本」と改めたこと、武蔵の姉として「衣笠九郎次郎の妻」をあげており、その子に「平尾与右衛門」の生まれたことが述べられていた。

墓も同郡大野村川上というところに、無二斎夫婦のものがあり、無二斎は「真源院一如道仁居士」とあって、天正八年（一五八〇）四月二十八日の日付。妻なる女は「光徳院覚月樹心大姉」で天正十二年三月四日の記述があった、と森田所長。

二人が、すでにみた平田武仁少輔直家とその妻・於政であり、施主が平田又右衛門という人であると刻まれていたとも。

「確かにこの墓石は没年の建立ではないが、無二斎夫婦の墓であることは疑いなかった」

と、森田所長は筆者に語ったものだ。

もっとも、そうなれば別項でもみたように、『二天記』にいう武蔵の生年月が、天正十二年三月とあるのと合致しない。二年差のある天正十年生まれともあわない。

——謎は謎を呼ぶ。

武蔵には二人の母がいた?!

武蔵の母についても、謎は多い。

播州佐用郡平福村にあった田住氏方伝来の系図によれば、武蔵の母は前述の於政ではなく、別所林治という人の女《むすめ》であり、美作の平田武仁のもとへ嫁して武蔵を産んだものの、その後、武仁と離別して播磨へ戻り、田住政久という人のもとへ再嫁したという。

武蔵は母の連れ子として田住家で養われ、父のもとへも武術を学ぶべく往復したのではないか、というのだ。

なるほどこの説に従えば、武蔵が播州の人と交流したのもわからなくはない。が、やはり傍証に欠ける。

生父と養父？

『大日本剣道史』を著した大家の堀正平は、武蔵の生涯を研究し、諸説あるが、武蔵の生父は「岡本新右衛門」らしいと結論づけた。

加えて、養父が、宮本、新免とも称した「無二之助一真」または「信綱」とし、武蔵は養家の姓を相続しただけで、養父・無二之助の「当理流」は相続しなかったとした。

この「岡本新右衛門」とは、そも何者か。

赤松の庶流――すなわち赤松円心の猶子に「岡本新右衛門祐次」という南北朝時代の人がいた。三河坊とも称したが、熊野で戦死したという。

新右衛門は、楠木正成の旗下にあって豪傑として知られた河内八尾の別当・顕幸という僧から、陰流を学んだと伝えられている。

いわゆる、源義経が牛若丸時代に鞍馬寺の裏山で修行したとされる兵法で、のち京八流とか鞍馬八流と呼ばれたりした。

この岡本新右衛門の七代後裔に、「岡本新右衛門義次」が出る。この人が武蔵の生父だというのであった。義次の次男が「岡本小四郎政名」と称し、のちに「武蔵守義貞」、姓を宮本と改めたというのである。

武蔵は二人いた?!

筆者に剣道史を指導してくれた日本剣道編纂所の森田栄所長は、日本武術の考証においてパイオニアともいうべき綿谷雪と交友関係にあった。

その綿谷について、

「宮本武蔵政名と宮本武蔵玄信は別人である、

と聞いたときは驚いた」

と森田所長が、今から二十余年前、思い出話をしたのを、身近に聞いたことがある。

綿谷説によれば、先の岡本小四郎政名＝宮本武蔵守義貞となり、今一人の「武蔵玄信」は小四郎政名の曾祖父・岡本次郎三郎満貞の弟・宮本甚右衛門家貞の三男だという。

後者の玄信は幼いころ、これまた遠縁の新免《しんめん》無二斎の未亡人にもらわれ、無二斎の死後に養子となった。

では新免無二斎はというと、本来は新免氏ではなく、旧姓は同じ赤松系の平尾氏で播州平尾荘の出身であったという。

無二斎の祖父である、平尾五郎太夫（あるいは五郎左衛門）の代まで、播磨国三木にあって別所氏に仕えていたが、牢人して改めて新免氏に仕えるに際し、旧主への遠慮から「平尾」を「平田」姓に変えたという。

綿谷は平尾五郎太夫の母か妻が、「平田」の出であったのではないか、と推測する。

平田氏は三木城主別所氏の旗本であり、平田将監（五郎太夫）が新免家の家老となって主家の姓を許され、新免氏から妻を迎えて生まれたのが新免武仁（平尾太郎右衛門武仁・のちの無二斎）だというのだ。

無二斎は別所林治の女を娶って、一女をもうけた。

天正八年（一五八〇）四月二十八日に彼は死に、四年後に未亡人が「玄信」を養子にもらい、その同じ年に未亡人も亡くなったので、「玄信」は義理の姉と二人っきりになってしまったとも。

綿谷説はさすがに隙がない。が、これまでのような混乱をみてくると、逆に、あまりに諸史料を上手につないでいるような印象を持ってしまうのだが……。

養子・伊織が語る、赤松末流田原家

検証の角度を変えてみよう。

養子の伊織は、承応《じょうおう》三年（一六五四）四月、自身の所領の一つ、手向山《たむけやま》に、養父武蔵の頌《しょう》徳碑《とくひ》を、肥後（熊本県）泰勝院《たいしょういん》の二世・春山《しゅんざん》和尚の撰文で建立《こんりゅう》したが、この碑においても、

「兵法天下無双、播州赤松末流、新免武蔵玄信二天居士碑」

と刻んでいる。

また、武蔵自らが著したとされる『五輪書』は、繰り返しみたように、

「生国播磨の武士新免武蔵守藤原の玄信……」

と記しているのである。

当の本人はともかく、武蔵と起居をともにした伊織が、何らの根拠もなく〝新免〟を謳《うた》うはずはない。この〝新免〟をただすまえに、一応、伊織の人となりについても見てみることにしたい。

——これも多分に、先の棟札による。

泊神社のこの棟札において、伊織はおよそ次のように祖先を語っているのである。

「余（伊織）の先祖は、村上天皇（六十二代）の第七皇子・具平親王《ともひらしんのう》の流れを汲む赤松氏から出た。だが、赤松刑部《ぎょうぶ》太夫《だゆう》持貞《もちさだ》の代になって時運振わず、この米田村に住するようになり、赤松姓を田原姓に改称した。そして子孫代々がここに生まれた。曾祖父を左京太夫貞光、祖父を家貞、父は久光といい、貞光の代から小寺氏に属していた」

曾祖父・貞光のときから、その麾下《きか》に属したという小寺氏は、もともと播磨守護職・赤松氏

の一族である。

二郡を領有し、御着にあって小豪族としての地位を保っていた小寺氏のもとへ、一振りの太刀と具足をもって流れてきたのが、黒田重隆であった。

この重隆は備前の国中屈指の大市場・福岡から来たとされ、そのためか才覚・処世に優れ、ときの御着城主・小寺則職に信任されて、重隆の子・満隆は一門に加えられた。

このおり、小寺姓と名乗りの一字を授けられて、満隆は小寺職隆と改名。家老にあげられ、姫路城を任されるまでになった。

職隆の嗣子が孝高《よしたか》であり、彼が一代で主家を上回り、再び黒田姓へ戻った。戦国の雄・黒田官兵衛孝高（号して如水）である。

棟札は先の文言につづいて、

「ゆえに筑前において子孫、今に存する」

とある。この筑前は関ヶ原の合戦後、孝高の嗣子・黒田長政が筑前中津十二万石に移封された領地であった。

天正十七年（一五八九）、父の孝高から家督を継承した長政のもとには、旧主小寺氏につらなった一族も多くが随身しており、その中に田原氏の一族もいたという。

養父を超えた伊織の出世ぶり

伊織は、慶長十七年（一六一二）、播磨守護職・赤松氏の末流・田原久光の次男として播州（兵庫県の大部）印南郡河南庄米田村に生まれた。

寛永三年（一六二六）、十五歳のとき明石藩主・小笠原忠真（十万石）の近習として仕え、のちに家老となったと伝えられている。

寛永九年、小笠原氏の豊前小倉転封（この年、加藤忠広の改易《かいえき》により、細川忠利が肥後熊本へ移封され、そのあとへ小笠原家が入封した）に従い二千五百石。天草・島原の乱に二十七歳で参陣後、加増されて四千石となった（『宮本家系語』）。

若くして重用され、四千石もの大身となった伊織は、相当にできた人物であったようだ。

事実、小倉藩の重臣・伊織は、故郷の米田村の泊神社社殿を、君主の家運を祈り、父祖の先志を慰めるために、家兄・田原吉久、舎弟の小原玄昌、同・田原正久とともに修復。棟札の奉納と合わせて、灯籠《とうろう》三基、三十六歌仙の額三十六面を寄進している。

武蔵の没後も、養父に配慮のあった肥後・熊本藩の重臣たちに、心からの感謝の意を書簡で送ったり、武蔵の伝書や遺品類が肥後から送られてきたのを、

「自身は宮本の養子だが、養父の兵法は相伝していない」

との理由をもって、これを武蔵のかつての高弟たちに送り返すなど、深慮ある人柄をうかがわせている。

こうした養子の伊織だけに、棟札や頌徳碑の記述に、何らかの恣意《しい》があろうとは到底思われないが、先祖や家柄を立派にみせて誇りたいのが武士の習性というもの――果たしてこの点、いかがであろうか。

「新免」は養子先か？

伊織の棟札がいうように、武蔵は真に新免家の養子であったか否かが、まずもって問題である。

諸書は武蔵の父を平田武仁とし、多くの文献・史料を渉猟《しょうりょう》して、新免無二斎と同一人物であ

ることを立証しようとする。

　これは武蔵の生国を、播磨か美作いずれかに決しようとする試みとしてなされているのだが、それというのも、棟札文や頌徳碑の中の〝新免〟や、『五輪書』にいうそれに拘泥《こうでい》するからである。

　そもそもが、平田将監・武仁を武蔵と結びつけようとするところに、ある種の作為すら感じられようというもの。

　すでに述べたように、将監が新免則重（一三四四～一四二〇）の家老で、新免氏の女を室としたというが、則重と将監（?～一五〇三）では没年だけでみても八十年の開きがあり、時代が合わない。

　さらに、将監と武仁にいたっては、将監の死後二十年以上を経て武仁が生まれることになり、武蔵との関係にしても、武仁の死後四年目に武蔵誕生というおかしなことになってしまう。

　ここは武蔵の名乗る〝新免〟を、伊織のいう養子先ととらえてみてはどうであろうか。

　その場合、新免宗貫の姓を継いだか、新免某のそれであったかは大きな問題ではあるまい。

　慶長五年（一六〇〇）の関ヶ原の合戦以後、宗貫ら新免氏一族が筑前に落ちのびたことだけは確かなのだから。

伊織を養子にした理由

　ところで、ふと思ったのが、宮本武蔵はなぜ、伊織を養子にしたのであろうか。

　小島礼重という人の書いた随筆『鵜之真似《うのまね》』には、島原の乱のおり、小笠原家にあって、士《さむらい》大将兼軍《いくさ》奉行をつとめ、平定後、二千五百石から四千石に加増された宮本伊織（貞次）の

ことを、繰り返し、

「不思議の人也」

と驚嘆を込めて述べていた。伊織にはある種の、超能力があったというのである。

たとえば、参勤交代の行列に従って江戸へ赴《おもむ》いたおり、品川で往来の人々の人相を垣間見《かいまみ》ただけでその夜に起きる大火事を予見したという。

あるいは、飯綱《いずな》使い（手品師）の名人が、伊織の見物している前では、ついにその術をやれず、拒んだという挿話もあった。

非凡な直感力、それを超えた〝不思議〟の力を秘めた伊織を、武蔵は認めて養子にしたのであろうか。

それにしては、伊織がいうごとく彼は養父の兵法を相伝《そうでん》していない。

——解せない点である。

ある系図には、村上天皇の皇子・具平親王から出た播磨守護・赤松則村の七世の孫・田原家貞には三子があったとし、長子を久光と言い、次子を玄信といった。玄信は天正十年（一五八二）に生まれ、同族の新免一真（無二之助）の養子になってのち、宮本氏を称したとあった。

久光はすでにみたごとく伊織の父である。

とすれば、武蔵は兄の子（甥）を己れの養子にしたということであろうか。

なぜ、「宮本」なのか？

それにしても不可解なのは、武蔵はなぜ、宮本姓に改めたのであろうか。

定説となりつつある、美作国吉野郡讃甘村宮本の生まれだからであったのだろうか。

古来、地名をもって姓とした例は多い。

だが、伝統＝由緒ある姓にもかかわらず改姓したのは、中央から地方へ遣《つか》わされた者が土着し、その地での有力者となった場合である。〝宮本（村）〟の〝武蔵〟＝宮本武蔵では、もともと姓を持たぬ（武士でない）出自だったことにもなりかねない。

いわんや、立派な〝新免〟姓を継ぎながら、改姓することにおいておや、と思えるのだ。

また、もし、平田武仁の子であれば、伝来の平田姓に改姓し（もどって）、名乗りとすべきではなかったろうか。「宮本」姓の名乗り――これほど矛盾《むじゅん》撞着《どうちゃく》したものもあるまい。

これまでの章でもみてきたように、武蔵は自己顕示欲の旺盛な武芸者であった。

『五輪書』の「序」の大仰さもそうだが、

「生国播磨の武士新免武蔵守藤原の玄信」

その名乗りにも、それは十分にうかがえる。

播磨の産とした（事実である）からには、毛並みを整え、より立派に名乗るために、かつての播磨の名門家（守護・赤松氏）につながる新免氏を使用したのではあるまいか。

ふと思うのだが、武蔵の出自はこれまで伝えられてきた、あらゆる史料（後世の作）とは異なり、実は武士層ではなかったのではあるまいか。地域に縁があっても、士族とは限るまい。別章でみた〝芸者〟の立場にたてば、自称は十二分に考えられる。

「宮本武蔵の碑」。承応３年、（1654）宮本武蔵の養子・伊織が小倉城下の手向山に建立した。ここは巌流島が見下ろせる地でもある。（北九州市小倉北区）

そのような目でみると、村上源氏の流れである赤松氏＝新免を称しながら、一方で藤原を称している矛盾も理解できるというもの。

源・平・藤・橘の四姓から、源氏と藤原氏を同時に名乗るなどは、本来は考えられない。

それを平然とやって乗けた神経は、出身の低さを語っているともいえなくはない。

養子の伊織にしても、養父の無茶な名乗りを無下《むげ》に抹消もできなかったのだろうか。

武蔵の養子たち

では、ほかの養子はどうであったろうか。

宮本武蔵には、伊織のほか二人の養子がいた。

二番目の養子ともいうべき宮本造酒之助《みきのすけ》は備後福山城主・水野勝成の家臣・中川志摩之助の孫であった。

姫路藩主・本多忠務大輔忠刻に仕えて三百石。忠刻が寛永三年（一六二六）五月に病没すると、殉死追腹をしてしまう。

『丹治峯均筆記』には、摂津西の宮で街道馬の口取りをしていた貧しい百姓の小倅と述べられているが、どうもそうではないらしい。

最後の養子は宮本九郎三郎《くろうさぶろう》――先の綿谷説によれば、武蔵玄信の義姉で衣笠九郎次に嫁いだ女性が生んだ牛尾与右衛門の子・太郎兵衛（九郎兵衛景貞）ではないか、という。

これはあくまで筆者の推論だが、宮本武蔵の出自についての決定的史料は、どうも筑前福岡藩黒田家の中にあるように思えてならない。

旧藩士の子孫宅や関連の神社仏閣から、しかるべきものが出てくるような気がしてならないのだが、読者諸氏の推考はいかに――。

第六章 日本武術・武道の変遷

本章では、〝二刀流〟（正しくは二天一流《にてんいちりゅう》）を開いた宮本武蔵の、剣の理合・技法について、いくつかの方向から眺《なが》めてみたい。

まず最初に、武術全体の歴史を論じることにする。

武術史の意義

武術とはいうまでもなく、人を殺傷するための技術であり、極限状態において工夫されたところの、生き残りの手段＝術であった。

この相手を殺傷する技術が、平安―鎌倉―室町の世を経て、打ちつづいた戦国乱世の中で特段の進歩を遂げ、江戸時代という泰平の世の中でどのように濾過《ろか》し、変質したのか、そして再び動乱の幕末維新を迎え、明治十年（一八七七）にまで及んだ内乱の中でどのような変貌を遂げ、明治―大正―昭和を経過し、平成の時代を迎えたのか。

一連の武術の変遷をたどることは、戦国末期から江戸初期という、いわば武術の一大変革期に遭遇した、稀代《きたい》の剣聖・剣豪たちの役割を明らかにするとともに、同時代の中で〝遅れてきた〟宮本武蔵の悲劇も見えてくるに違いない。

日本武術の特殊性

人を殺傷する技術＝武術は本来、それ以外のなにものでもなかったはずだ。

ところが、日本人は違っていた。

ひと度、武術の修行に入ると、そこに崇高な理想を抱くようになった。

ときには、〝術〟そのものをすら圧倒するように、神仏の存在を求めた。宗教家が悟りを開くように、芸術家が己れの作品に天性の声を聞くように、である。

日本の伝統的武術は、他人《ひと》を殺傷する技術を修得しながら、それに即して〝心〟を究めるという方向にすすみ、〝心技《しんぎ》一如《いちによ》〟の修行はさらなる境地へ踏み込み、ついには〝武〟自体を否定するという、まことに奇異な——見方によっては高次元な——境地へと到達した。

新陰《しんかげ》流兵法（俗にいう柳生《やぎゅう》新陰流）の「無刀取り」の術・理の完成、無住《むじゅう》心剣《しんけん》流の針ヶ谷夕雲のいう「相ぬけ」、一刀《いっとう》流を無刀《むとう》流と称した山岡鉄舟《やまおかてっしゅう》の心境——云々。

宮本武蔵とて同様である。この剣豪は、自らが開いた二天一流兵法の真髄《しんずい》を、

「是則空也《ぜそくくうなり》」

と説いていた。

単語こそ違え、悟りを開いた剣聖・剣豪は、〝不殺《ふさつ》〟こそが、武術の目標である、との彼岸《ひがん》に到達する。

世界でもおそらく稀有《けう》な思想の昇華、次元の高さといってよい。

さらに一歩すすめると、これこそが日本固有の文化そのものであった、ともいえそうだ。

武術から武道へ

己れの武術に生涯を賭した先人は、実用本位の殺傷性を強調する武術を、おりにふれ「武の道」と称するようになった。

これは殺傷のともなう技術を修得する心構えとして、〝死〟に対する覚悟を求められたのが端緒であったかと思われる。

こちらが人を殺傷しようとする場合、当然、相手は激しく抵抗するであろうし、返り討ちにあって、こちらが殺傷されることも十分考えられた。

こうした非常時においても、平常と変わらぬ心――生死を賭しての闘いの場でも、臆《おく》することなく、怯《ひる》まず、修行の成果を遺憾なく発揮できる方法（論）として、先人は神仏の加護を願ってみずからを力づけ、ときに自己暗示をかけてまで、仏教の悟り同様の平常心が得られるように努力した。

この〝心〟がやがて、生きる姿勢＝〝道〟へとひろめられていく。

他の芸道との違い

そのため、武術のなんたるかを知らない人は、日本伝来の武の道を、わび、さび、幽玄《ゆうげん》、高雅な華道や茶道、香道、または能、歌舞伎《かぶき》といったものと同一視してしまう。

確かに武術にも、伝統の「形」をもって継承され、これを繰り返し反復する、独自の稽古法は伝えられている。

だが、武術は仕合《しあい》（試合）や格闘、果ては暴力といった危機に対処すべき前提をもつ一点においてのみ、他の伝統芸道とは著しく異なっていた。

単に「形」のもつ華麗、精鋭、強靭《きょうじん》、豪壮《ごうそう》さを競うのではなく、それらの中に秘められた殺傷力——これがともなわなければ、武術は何の意味もなかった。

したがって、武術における「形」は、多くの殺傷技術＝術の中から選び抜かれた結晶であったといえる。

剣術流派の発生

前九年の役（一〇五一～六二）のころには、日本刀の原形とされる彎刀が実戦に使われるようになり、源平時代ともなるとほとんどの武士たちが、我々が今日知るところの一般的な日本刀を使っているが、当時の戦場での闘いの主体は騎射戦であり、刀はあくまで最終的な、補助的な手段にすぎなかった。

騎馬戦から歩兵戦へ戦闘形態の主流が移り、江戸時代以降は、剣術が一般に武術の代表として考えられるようになる。武蔵も『五輪書』の「地の巻」で、「太刀を振得たるものを兵法者と世に云伝へたり」と、剣術が武芸兵法の中心との考えを示していた。

弓馬術―薙刀―槍―剣・柔。

流派としての剣術は、南北朝に入ってから活発に勃した。中条兵庫頭長秀（?～一三八四）を流祖とする中条流や、念阿弥慈恩（一三五一～?）の念流。飯篠長威斎家直（一三八七～一四八八）の天真正伝香取神道流などが記録で確認できるものとしては最も古い部類に属する。

これらの流派や愛洲移香斎久忠（一四五二～一五三八）の陰流などの流儀から、のちに名流と称される分派が多数派生した。

そして剣術の黄金期、江戸時代には、流派は七百流以上を数えるにいたった(同名で体系の異なるものを含む)。

元来、剣術の修行方法は、防具も竹刀もない木剣による形の反復が主であったが、正徳年間から宝暦・明和年間（一七一一～七二）にかけて、防具を着用して、竹刀で自由に打ち合う稽古方法が広まり始める。

武芸十八般の成立

そもそも、源平合戦のころから少しずつ工夫され、オリジナリティをもちはじめた弓馬術、薙刀《なぎなた》、槍、刀剣の技法は、打ちつづく乱世の中で、当初は〝射《い》る〟〝乗る〟〝薙《な》ぐ〟〝突く〟〝斬《き》る〟といった機能が、個別に発展した。

そして戦国時代に鉄砲が伝来するにおよび、〝撃《う》つ〟が加わり、それらの応用として、武器をもたない鎧《よろい》討ちの〝組む〟〝投げる〟〝当てる〟〝抑《おさ》える〟などが発達。戦国時代から江戸時代初期にかけての武術は、これらをことごとく技法としてもち、入門するものには伝授する方針をとっていた。

この時期の武術の名人・達人と称せられる人々（多くは流派の開祖）は、剣のみならず槍も薙刀も使え、弓馬にも巧みであった。

兵法・武術を、

「武芸十八般」

などと称したのは、多種多様の戦闘術・格闘技をとりまとめて整理再編し、体系化したことのあらわれであったともいえる。

西洋では鉄砲・大砲が戦場に登場すると、集団戦法が大いに研究されるようになり、その分、個人の技法は顧みられることがなくなった。

この点でも、日本は稀有《けう》の国といってよい。

なぜ、日本だけが、特殊な行き方をしたのであろうか。

無事泰平の思想

十五世紀後半、日本の歴史は応仁の乱という十一年におよぶ内乱を経験して以来、断続的に戦乱の世が百四十年程も続いた。

ようやく、織田信長（一五三四〜八二）、豊臣秀吉（一五三六〜九八）、徳川家康（一五四二〜一六一六）の登場により、泰平の時代を迎えることができたが、もし、信長−秀吉−家康の順が、少しでも狂っていれば、おそらく日本は固有の武術を持たなかったかもしれない。

三天下人の最後に、家康が来たことが大きかった。兵法者の扱いについては、別章でふれた。

ここでは省略するが、重要なのは一点、最後の天下人となった家康が、再び乱世の来ない、日々、無事泰平の世を希求したところにあった。

この目的達成のために、乱世を逆戻りしかねない芽をことごとくつみとる政策を採用したのが徳川幕府であった。換言すれば、便利さを否定し、進歩を抑圧するということである。

たとえば、江戸時代に駕籠《かご》はあっても馬車はついぞ登場しなかった。利便性を考えれば、馬車は当然、使用されてしかるべきであったはず。事実、繰り返し馬車の使用許可を求めて、商人は町奉行所へおうかがいをたてている。

にもかかわらず、ついに明治の世を迎えるまで、馬車は認可されることがなかった。

なぜか。馬車が登場することで、大量の武器・弾薬が長距離に運ばれることが懸念されたからだ。人も馬車で、大量に輸送することができる。

——これは、明らかに泰平の危機であった。

大井川に橋が架けられず、渡しの人足が肩に客を乗せて川を渡ったのも同じ理屈である。

何事も無事泰平を第一と考えた徳川幕府にあっては、西洋風の利便性はことごとく否定され、決して追求されることはなかった。

この思潮は兵器の開発にも当然、およんだ。

同様の主旨から、技術開発は全面的にストップ。戦国末期には世界水準を大きく凌駕《りょうが》していた「火縄銃」も、二百五十年程はほとんど改良すらなされていない。大砲も同断であった。

幕府の徹底した政策は、四面海で囲まれた極東という地理にも助けられ、国内から乱世を遠ざけることに成功した。

江戸時代に入って、士農工商の身分制度が固定されると、合戦もなくなり、戦場での鎧兜《よろいかぶと》も不要となった。

泰平の世の武術

「武芸十八般」を誇ってきた日本武術は、ここ、にいたって再度、編成を余儀なくされる。

武具の多用さを求める道は徐々に閉ざされ、日常生活の武士の嗜《たしな》みとして、いつ何処《どこ》で、どのような攻撃に直面しようとも、武士たる者は臨機応変に対応すべきである、との考え方が一般に支持されるようになった。

「武芸十八般」は解体され、刀剣による〝突く〟〝斬る〟ためと、素手で対応できるところの、柔の〝組む〟〝投げる〟〝当てる〟〝抑える〟といった技法に、武術は大きく再編二分され、集約されることになった。

弓馬の術も残ったものの、その頻度数は激減。

自然体（あるいは無構《むがま》え）といわれるものが、重視されるようになったのも、このころのことである。

剣術においては居合《いあい》術（抜刀術）が研究されるようになり、柔術では坐り技（居捕り技）が、競って研鑽《けんさん》されるようになったのも同じ理由であった。

宮本武蔵の二天一流の伝承は、まさにこの時代に属していたといってよい。

「介者の武術」と「素肌の武術」

戦国期に発達した武術は「介者の武術」（甲冑武術）であり、戦乱が収まった江戸期には、これが「素肌の武術」に変わっていく。

前者は、姿勢が低いことに特徴があり、鎧の弱点を攻撃すること、自己の太刀で自らの鎧の隙を防ぐことなどが基本となっていた。

しかし、素肌武術では、姿勢は普通の立ち姿に近くなり、攻撃や防御に関しては、甲冑の装着を前提とすることがなくなった。

半身を取ることを重視してはいたのが、江戸後期に近づくにつれ、現代剣道の正眼の構えのような、正面を向いた構えが見られるようになっていくのも特徴の一つ。

宮本武蔵の生きた時代というのは、丁度その介者から素肌への過渡期であったといえる。

武蔵が二刀を勧めるのも、弓や槍などの他の武器を携えたまま、馬上で刀を使うには、片手で扱う方が合理的だと考えたからである。

武器によらない兵法

また、戦場では刃幅が広く、刃渡りが大きいものが好まれ、それを剛力で用いてきた。

そうした操法について、武蔵は『五輪書』で、

「世の中にいふ、『一寸手まさり』（少しでも刀や手が長い方が有利であるとする考え）とて、兵法を知らぬものの沙汰也」

と酷評している。

これは、武器の長大に頼らない、体の使い方、技法が兵法に含まれる、との考え方によるものであろう。

武蔵漂泊の理由

別章でもふれたが、巌流島の決闘以来、武蔵の消息はプッツリと跡絶え、その姿は歴史の舞台から二十八年間消え去っている。

この空白の歳月を、武蔵は何処で何をしていたのであろうか。

信頼にたる史料は、皆無である。

ただ明らかなのはこの間、武蔵が全国を歩き回っていたことであろう。

筑前福岡、小倉、肥後熊本、出雲、播州、大坂、京都、尾張、江戸、常陸、出羽――各地に武蔵の足取りを伝えるものが残されている。

空白の二十八年間、武蔵が仕官運動を展開していたことはすでに述べた。が、それだけではなかったようにも思われる。

日本の武術・武道の変遷――時代の大きな転換期からこの空白を考えると、まったく異なった武蔵の苦悩が見えてくる。

この空白の期間に、大坂の陣が勃発していた。戦国最期の、大会戦といってよい。

武蔵は大坂城内にあったとも、攻城方に属していたともいわれるが、いずれにせよ、この冬夏の二度に渡る戦いを目撃し、知らしめられた

ことが一つあった。従来の、武術の全面否定である。

一対一で斬り合いをする刀法自体が、すでに過去のものとなり、合戦は火力を総合しての集団戦＝近代戦へと突入したことを、大坂の陣は明解に示した。

これまでは生命を賭けて六十余度の死闘を演じてきた武蔵にすれば、大坂の陣の目撃、ないしは参加は、さぞショックであったろう。

「これまで自分がやってきたことは何だったのか――」

茫然自失しても、無理はなかった。

時代の転換がいかに激しいものであったか、おそらく武蔵同様に身をもって思い知らされた人物に、石川嘉右衛門（一五八三～一六七二）がいた。

石川丈山の転身

嘉右衛門は徳川譜代の三河武士で、武術衆に秀れた豪勇の人物として知られていた。

これまでも合戦における最大の名誉、「一番槍」、「一番首」をいく度かものにしている。

大坂夏の陣においても、最前線を突破し、単身、敵陣へ乗り込み、「一番槍」の「一番首」という、最大の名誉を二つとものにした。これはいくつもの記録が書き留めている。

ところが、この武人最大の名誉をあげた嘉右衛門は、その後、栄達したかといえばそうはならず、遂に牢人を余儀なくされてしまった。

なぜか。嘉右衛門の行為が、抜け駆け＝軍令違反と断じられたからである。

先駆け功名が戦国乱世の習いであったはずな

のに、このころ、それは全体の統制を乱す軍令違反に貶《おとし》められていたのだ。

蛇足ながら、徳川家を去った嘉右衛門はどうしたか。牢人するや、

「もはや、武辺の時代ではない」

と深く自らを反省し、知己であった幕府の儒学者・林羅山の紹介で、藤原惺窩の門に入って儒学を修め、のち老母を養うため広島の浅野家に再仕官している。号して丈山《じょうざん》。ちなみに、丈山は千石を拝領していた。

そういう時代に、なっていたのである。

剣は明らかに、儒学に差をつけられていた。

徳川二代将軍の秀忠に剣をもって仕えた、一刀流の小野次郎右衛門忠明（神子上典膳《みこかみてんぜん》）で最も多い時に六百石。尾張徳川家に仕えた柳生兵庫助で五百石。外様の雄藩・薩摩藩島津家に仕えた示現流の開祖・東郷重位《しげかた》で四百石。タイ捨流を興した丸目蔵人佐——師の上泉伊勢守から西国における新陰流の指南を任されたほどの剣豪——が、人吉藩相良家では百七十石でしかなかった。

そういう時勢になっていた。

〝遅れてきた〟と武蔵を繰り返し表するのは、まさにこの点においてであった。

以来、漂泊の中で武蔵は泰平の世に通用する己れの兵法を研鑽しつづけたのではあるまいか。

それが『五輪書』にみられる、一対多数——すなわち、軍略・兵法への昇華ではなかったか、とも思われてならない。

「武者修行」と「兵法修行」の違い

思いかえせば、織田信長の登場により、多量に鉄砲を使用する時代が渡来した。

それ以降、関ヶ原の合戦（慶長五年＝一六〇〇年）がおこなわれるまでの期間、天下六十余州に、

「武者修行」

が流行した。

これはより厳密に念を押せば、剣術を中心とした「兵法」「武芸」の修行とは、明らかに一線を画する別ものであったといってよい。

諸国を巡りつつ、各地のリアルタイム情報を仕入れ、城砦の位置や地形を実地に見聞し、己れが攻め手の将であれば、どのように攻めるかを考え、また逆に、守将であればどう死守するかを心中で深くシミュレーションし、あわせてしかるべき著名な人物を各地に訪ねては、その蘊蓄《うんちく》を聞き、人脈を広げ、己れの度量を高めるべく歩くのである。

かれら武者修行者はおおむね、しかるべき仕官先を求めているか、あるいは主家から暇をもらっての全国行脚であることが多かった。

新陰流兵法を世に知らしめた上泉伊勢守信綱は、もと箕輪城主の長野業盛《ながのなりもり》の重臣であり、主家の滅亡後、諸国を流浪している。

朝倉家の客将となり、十五代将軍・足利義昭の側近となって、やがて信長の家臣となる明智光秀も、筆者の調べたかぎりでは美濃出身の幕臣（足軽組）であった。

光秀は十三代将軍・足利義輝の弑逆《しいぎゃく》を機に、諸国へ「武者修行」に出、広く見聞を広めて後日に期したと考えられる。

その光秀の盟友ともいうべき細川藤孝（幽斎・肥後熊本藩細川家の藩祖）も、もとは幕臣（将軍側近）であった。義輝の横死後、諸国を巡り、義輝の実弟・義昭を擁立して、信長に仕え、秀吉―家康とつづく時代を見事に生き残った。

山中鹿之助の「武者修行」は、主家である尼《あま》子《ご》氏の再興がテーマであり、一族の尼子誠久《まさひさ》の子・勝久をかついでのお家再興の企ては、「武者修行」によって磨かれたものであったといえる。

こうしたスケールの大きい「武者修行」に比べ、「兵法修行」は〝芸者〟としての技量を磨いて、武芸をもって仕官を願うものであり、その志と内容に大きな差異が認められた。

この両者を区切る明解な線が、関ヶ原の合戦であった。

武蔵が後者であったことは紛れもない。が、さらに問題なのは、その「兵法修行」が大坂の陣より以前に一流を興すか、あるいは継承していた者と、それ以降の者とでは、処遇の面でかなりの差がついてしまったことであろう。

有り体にいえば、大坂の陣までに、すでに幕府も諸大名も兵法者を召し抱えていた。

しかも、大坂の陣で痛烈なまでの近代戦＝火力をみせつけられたうえで、さらに新規の兵法者を雇うかというと、まずこれはありえなかったのではあるまいか。

よほどの著名剣士で、しかも禄高が低くてよければ考える余地はあったろうが、兵法者があくまで高禄を主張して譲らねば、埒《らち》はあかなかったに違いない。

兵法者側は当然、売り手と買い手の市場が大きく変動したことを察知していたであろう。

では、この危機に彼らはどう対処したのか。

一つは先の石川丈山のように、方向を転換してしまう手があった。

しかし、これは今までの、己れの実績をすべて捨て去らねばできない。素地の問題もある。

次に考えられるのは、兵法の価値そのものを高める工夫であったはず。武蔵はこの第二の選択をしたのではあるまいか。

軍学と兵法

宮本武蔵が軍学者・北条安房守氏長と交流のあったことは、別章でわずかにふれた。

軍学については、すでに拙著『参謀学　戦略はいかにして創られるか』(時事通信社)にまとめたので、ここでは詳しく述べないが、煎じ詰めれば古代中国の古典――なかでも軍略・兵法書として名高い『孫子』『呉子』『尉繚子』『六韜』『三略』『司馬法』『李衛公問対』の七書＝〝武経七書〟の影響を色濃く受けたもの。

さらには、これらに日本の中世から近世にかけての戦国乱世の実戦を加味し、磨き、独自色――現実主義・合理主義――の色彩をより強く打ち出した、日本の戦争技術(戦略・戦術)論。大半は江戸時代に入って整理、再編された。

「平時に乱を忘れず」

と天下人の家康が、諸侯にあまねく奨励したことにより、一大ブームを巻きおこした。

なかでも家康本人は、武田家伝承の「甲州流」(別称に武田流、山本勘助流)を保護している。

家康が、「甲州流」をことのほか大切に扱ったのはなぜか。理由は明白であった。

「風林火山」の旗でも明らかなように、甲州武田軍の総帥・武田信玄は、『孫子』をはじめ〝武経七書〟を徹底して研究しており、この原理・原則を用いて〝無敵〟とまで称された甲州軍団を創りあげた。

信玄は軍事力を支える経済力において、地の利に恵まれず、世代も信長より一世代古く、結果として武田家は滅亡していくものの、その存命中はさしもの信長も勝てず、その率いた軍団の強さは戦国史上、最強であったといってよい。

家康は信玄の亡きあと、武田勝頼の率いる武田家を信長ともども滅ぼしたが、その後、甲斐国へ進駐すると、すぐさま旧武田の家臣団を、旧家の道具類を根こそぎまとめ買いするように召し抱え、即戦力化した。

そして、その力に助けられながら、ついに天下人の立場にたった。逆説的にいえば、家康がこの兵団を手に入れなければ、果たして天下統一が成し得たかどうか、難しいところであったろう。

『甲陽軍鑑』（全二十巻・五十九品）は、甲州軍学のテキストとして著名である。

この書には、信玄の家法や一代記、軍法のほかに裁判記録なども収録されていた。

信玄の部将であった高坂昌信の原著に、春日惣次郎が書き継ぎ、江戸時代に入って集大成されたといわれているが、現在の形に編集したのは、小幡景憲であろうといわれている。

景憲は徳川家康・秀忠の二代の将軍に仕え、武田家のゆかりの地を歴遊、二十年の歳月をかけて古記録を収集し、研究に打ち込み、独自の軍学をものにしたと伝えられている。

門人は二千余人を数え、印可（免許）を得た高弟に、北条氏長、上杉定勝、山鹿素行、杉山盛政、杉山定申など十五名がいたことが知られている。

北条流と武蔵

小幡景憲から印可を許された高弟の一人、それが相模・小田原の北条氏長であり、彼が新たに創始したのが、北条流軍学であった。

内容は甲州流の分派といってよい。氏長はこれに、若いころから打ち込んだ兵法を加味。さらに大・小筒と火薬の用法を考案。独自にオランダ人から攻城法を学んだほか、諸国の道路や城郭の絵図などを作成して独自色を出した。

北条流には奥秘皆伝書として、『乙中甲伝』『分度法』『大星伝』の三伝書が現在に伝えられている。それら三つを、〝三大奥秘〟と呼ぶが、これらは氏長の軍学の到達点、換言すれば甲州流から脱皮した画期的なものといえよう。

第一の奥秘『乙中甲伝』は人事の大事として、〝方円神心〟という独特な考え方が示されている。第二の『分度法』では、地理（実践）の大切さが説かれ、測地術・地理学に言及。第三の『大星伝』では、天理の大事として古伝の天文気象を取り上げ、それらを〝科学的〟軍学思想の基礎に据えていた。

北条氏長はついに、三代将軍家光の軍学師範となり、伝書の一つ『結要士鑑』の中の、治内・智外・応変・極意の四項を伝授する栄誉に浴する。

「これこそ、天下の士の学ぶべき道なり」

講義を受けた家光は、いたく感嘆したと伝えられている。

武蔵は空白の二十八年の一時期、間違いなく江戸にいた。前述の林羅山によれば、江戸で二刀流の道場を開いていたという。

「剣客新免《しんめん》玄信（宮本武蔵）、一手毎に一刀を持ち、称して二刀一流という。その撃つ所、又指す所は縦横抑揚、屈伸曲直、心にかない、手に応じ、撃てば砕き、攻めれば敗れてしまう」

（『羅山文集』より）

このころであるという、武蔵は北条氏長から軍学を学んだ。

「安房守殿（氏長）と武蔵は雙方よりの師弟にて、所謂《いわゆる》大兵法は安房守殿より武蔵へ伝授に相成、小の兵法は武蔵より安房守へ相伝へ申したる由にて」（荻角兵衛『武蔵論』より）

軍学を「大兵法」、剣術を「小の兵法」としているのが、興味深い。武蔵は剣のみの仕官が難しいことを悟り、軍学を加える工夫を積んでいたのではあるまいか。それもある程度、成功したといえるのではないか。

軍学の中で、大きな比重をもったものに築城術がある。一介の剣術使いに、城の縄張りや設計ができるはずもない。

ところが、武蔵が城下町の町割りをしたとの記録が現存していた。

――『赤石市中記』である。

赤石は明石のこと。明石の町年寄が記録したメモの中に、

「元和四年（一六一八）、小笠原右近大輔（忠真）様御家士、宮本武蔵といふ人、町割す。町並、裏行、十六間」

とあった。

武蔵が明石とかかわりを持っていたことは別章でもふれたが、大坂の陣から三年後、信州松本から加増され、明石十万石の藩主となった小笠原忠真のもとで、武蔵は新しい城下町建設に携わっていたというのだ。

具体的な、武蔵の町割りの資料は現存しないものの、その後の明石城をみると、外堀と内堀が厳しく区分されていることが知れる。

内堀の外側には侍屋敷がまとまって配置され、その外側を囲うように外堀がめぐらされていて、その先に町家が密集していた。

これは大坂城の町割りなどに比べ、より身分制が徹底されており、そのぶん、籠城戦は戦い

やすかったであろうことを思わせる。

あるいは武蔵は、軍学者としての道をも切り開こうとしていたのかもしれない。「小の兵法」と「大兵法」で三千石ならば、可能性はある、と値踏みしたのかも。

ただ、机上で展開される軍学と異なり、兵法は実践してこそのものであった。二つの間で武蔵がどのような答えを出したのか、われわれは『五輪書』を読みながら解釈する以外に方法を持たない。

いずれにせよ、泰平の世は続いた。

稽古法の本末顚倒

こうした泰平の世の、剣術や柔術の稽古は、すべて「形」稽古《けいこ》によっておこなわれた。

心・気・力を合一させ、臍下丹田《せいかたんでん》に一切を鎮《しず》めて気の充実をはかり、流派によって定められた「形」(型)を反復習練する。

この稽古を倦《う》むことなく、幾百幾千回とつづけ、応用動作を養い、反射行動がとれるようになる――この方法が、各流儀の手段として定着した。

ところが、江戸中期以降、これでは実際の役には立たないのではないか、との疑問の声が一部の流派、剣士たちの間から生じた。

「形」によって技法の手順を体得しても、現実に真剣で斬り合い、組み合った場合には、稽古した「形」のとおりにはいかないのではないか、というのである。

――一利はあった。

結果、ここに剣術における防具――籠手《こて》・面・胴――の開発や竹刀《しない》の登場、柔術における畳の定着化、畳上での〝乱取り〟がおこなわれるよ

郵　便　は　が　き

料金受取人払

神田局承認

1412

差出有効期間
平成14年5月
31日まで

101-8791

013

東京都千代田区
神田錦町3丁目7番地

東　京　堂　出　版　行

※本書以外の小社の出版物を購入申込みする場合に御使用下さい。

購入申込書	書名をご記入の上お買いつけの書店にお渡し下さい。	
〔書　名〕	部数	部
〔書　名〕	部数	部

◎書店様へ　取次番線をご記入の上ご投函下さい。

愛読者カード

本書の書名をご記入下さい。

(　　　　　　　　　　　　　　　　　　　　)

フリガナ ご芳名	年齢 歳	男 女

フリガナ
ご住所　　（郵便番号　　　　　　）

TEL　　（　　　）

ご職業	本書の発行を何でお知りになりましたか。 A書店店頭　B新聞・雑誌の広告　C弊社ご案内 D書評や紹介記事　E知人・先生の紹介　Fその他

本書のほかに弊社の出版物をお持ちでしたら、その書名をお書き下さい。

本書についてのご感想・ご希望

今後どのような図書の刊行をお望みですか。

御協力ありがとうございました。早速、愛読者名簿に登録し、新刊の御案内をさせていただきます。

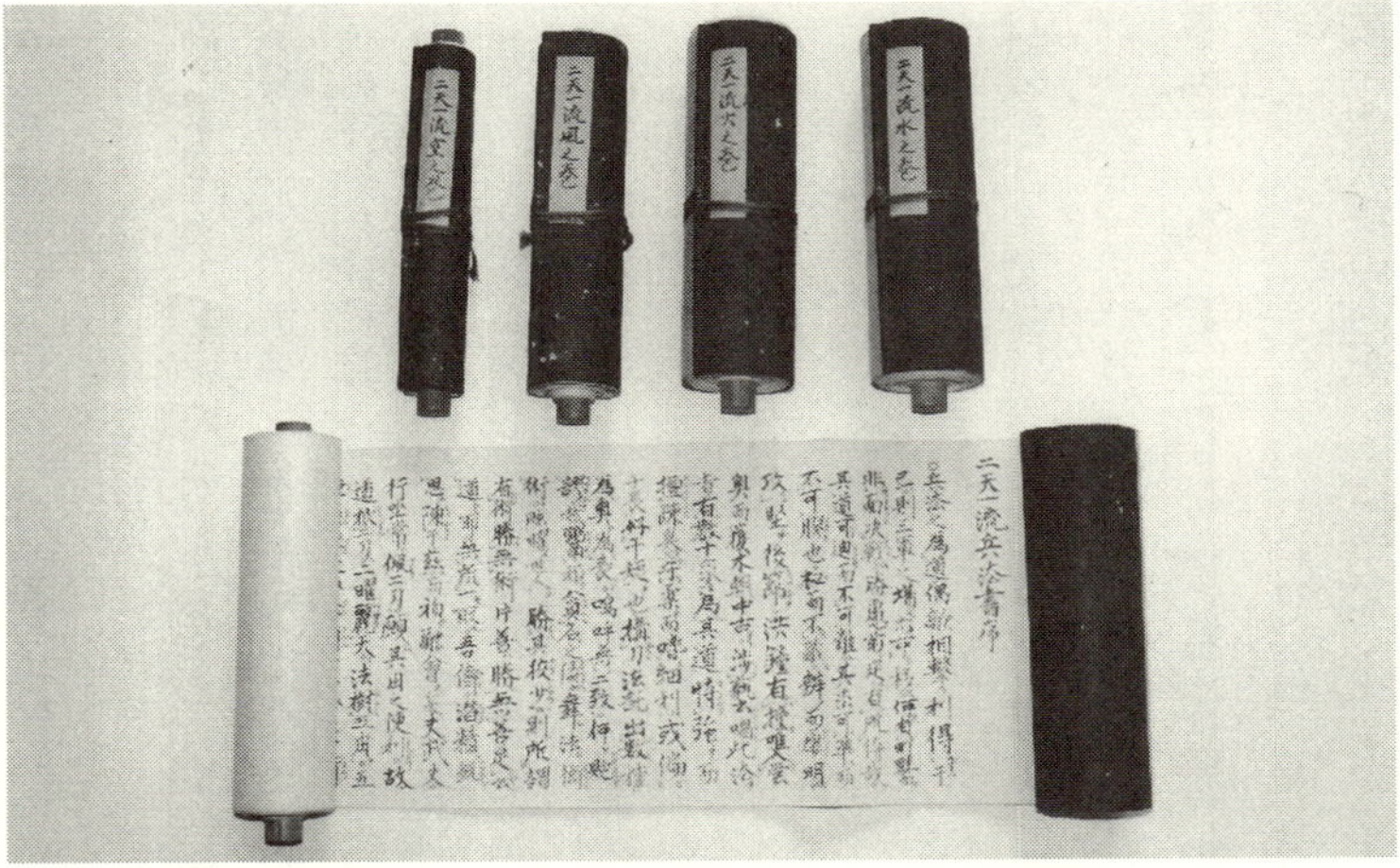

「地」「水」「火」「風」「空」の５巻からなる『五輪書』。

うになる。つまり、試合形式の誕生であった。

この延長線上にあるのが、今日の剣道であり、柔道であるといってよい。

防具、竹刀を使用する新興の流派が、古流名門を圧して流行した。が、己れの技量を客観的にみるべく試みられたはずの試合形式は、やがて、本末顚倒《てんとう》ともいえる、試合に勝利するためのルールを生み出すことにつながってしまう。

日本武道の、悲劇のはじまりであった。

たとえば、剣術は面・籠手・胴・突き以外は試合では認められなくなり、それゆえに、こうした箇所を打ち、突く、競技用の技法だけが発達した。首筋や脇、足を払うなどという実戦に有効な技法は衰えていった。

谷や川べりでの戦法、山道での刀法なども、板の間道場の普及で消滅していく。

構えもいつしか、中段（正眼）と上段のみが残った。

柔術とてしかり、である。

もともと、立・坐・前後・左右と、いずれにも偏《へん》しない対処法を無数に有していた技法の体系は、いつのまにか、己れの体格や好みに偏《かたよ》った技のみを練磨する方向へと転じ、力を抜いて施す護身の技法は影をひそめ、腕力・体力にのみものいわす、力技《ちからわざ》が横行するようになってしまう。

「形」稽古の名人

この方向は大勢であったとはいえ、正しかったのであろうか。

言い換えれば、武蔵の時代の技法＝「形」稽古だけでは、真に武術を体得し、強くはなれないのであろうか。

防具の着用による、竹刀の試合形式が隆盛を極《きわ》めた江戸末期、一刀流の中西忠兵衛子正《なかにしちゅうべえたねまさ》の門下に、寺田五右衛門《てらだごえもん》という剣士がいた。

寺田は構えた木刀の先から、火炎が吹き出すといわれたほど、厳しく激しい太刀筋の遣い手であったが、生涯、竹刀での稽古をおこなわず、ひたすら「形」稽古に終始した。

この寺田にある一日、数人の高弟が試合を所望したことがある。

寺田は応じた。

「拙者《せっしゃ》は試合そのものを好まない。しかし、強《た》ってというのであれば、是非《ぜひ》には及ばぬ。拙者は馴れた素面・素籠手で、木刀をもってお相手するから、お手前たちは面・籠手の防具に身をかため、当方に隙《すき》あらば少しの遠慮もいらぬ。顔なり、腹なり、勝手次第に存分に打ちすえ給《たま》え」

高弟たちはその広言に憤《いきどお》り、試合形式がいかに優《すぐ》れているか、寺田に目にものを見せてやろうと防具をつけ、竹刀を手にして立ち向かった。

かたや寺田は、二尺三寸五分の木刀を携《たずさ》えるのみである。

防具に身を固めた高弟の一番手は、足捌《さば》きも軽やかに、いまにも寺田の頭上に、一本を決めてやろうと打ち込む刹那《せつな》、

「面に打ってくれば、摺《す》り上げて胴を打つ」

と寺田の声。相手はハッとして、打ち込む気力を喪失してしまう。次の高弟が、寺田の籠手を狙《ねら》うと、

「籠手にくれば、斬り落として突く――」

と言う。

かわるがわる寺田に立ち向かったものの、高弟たちは誰一人として、寺田に一本も打ち込むことができなかった。

これは『撃剣叢談《げきけんそうだん》』が記すところだが、似かよった挿話は枚挙に遑《いとま》がない。

「形」稽古のみでも、名人・達人は生まれた。

なぜか、答えのすべては「形」の中にあったのである。

修行三過程

日本の伝統武道は、その修行の過程を〝守《しゅ》・破《は》・離《り》〟の三段階によって説明してきた。

すなわち、〝守〟とは代々の伝承されてきた「形」を、倦《う》まずたゆまず反復練習すること。

この段階では、稽古者は一切の疑問を差し挟んではならず、独自の工夫もしてはならない。

ただ師に教えられた通りの動きを、逐一、完璧なまでに模倣《もほう》することが重要である。これができれば、初伝クラス（流派によって呼び名は異なる）にいたった。

次が、〝破〟――。

頑《かたく》ななまでに「形」を反復するうちに、内面に育った個性が昇華され、同じ「形」を繰り返していても、独特の風格を帯《お》びるようになる。

そうなれば、今度は独自の工夫を試みなければならない。自己の体格や長所を活かして、それまで疑問であった点を考える。

つまり、師に与えられた殻《から》を破るわけだ。

そして、さらに精神修養を怠らず、客観的に己れの技をみることのできる境地へ到達する。

これが最後の、〝離〟の段階であった。

「形」にとらわれずして、「形」が崩れない。自由自在に技を駆使できる、先述の寺田五右衛門がまさしく、このレベルであった。

武術・武道の世界では、ここにいたってはじめて一流一派をなすことができた。

武蔵の不思議

見方をかえれば、宮本武蔵はこうした通常の修行段階を踏んでいない。その剣がきわめて特異とされるのは、このためでもあった。

別章でもふれたが、武蔵には武術の師と呼べる人がいなかった。否、現時点では確認されていない、というべきか。

わずかながら、その影響を考えていくと、武蔵の父・新免無二斎に行きつく。

この人物は、十手の兵法をもって一家をなしていた、と小倉の碑文などにもある。

おそらく、先にみた「武芸十八般」の一つ――手に持つ武器ではあったろうが、江戸時代に広まった捕物の十手とは、おそらく似て非なるものであったかと思われる。

また、無二斎は十五代将軍・足利義昭（一五三七～九七）の前で、名門の吉岡氏と試合したとも伝えられていた。

武蔵の〝守・破・離〟の〝守〟は、この父によってもたらされたのかもしれない。

が、十三歳にして新当流の有馬善兵衛を倒した（『五輪書』）というのが正しければ、このころ、すでに父の姿はその身辺からなくなっていた。

明治四十二年（一九〇九）に刊行された『宮本武蔵』（宮本武蔵遺蹟顕彰会編）に引かれた矢吹金一郎の「武蔵の生地及年齢考」には、

（無二斎は）元亀天正年間、宇喜多氏の驍将新免氏に属して各所に転戦し、功労ありしこと、又天正十七年宗貫の命を受け、無二斎、本位田《ほんいでん》外記之助《げきのすけ》を討取し時、吾年老又云々と述べし等参照すれば、老年ながら天正十七年まで生存せしこと疑《うたがい》なきが如し。

とある。

無二斎には天正《てんしょう》八年（一五八〇）死去の墓石があるものの、天正十八年（一五九〇）の誤りではないかと右の論考はいっていた。

武蔵は天正十二年（一五八四）三月の生まれと考えられているから、もし仮りに、右の論が正しいとして、天正十八年に父が死去したとすれば、この時点で武蔵は七歳であった。

いかに剣に天稟《てんぴん》があろうと、七歳で〝守・破・離〟の〝離〟には到底たどりつけまい。

武蔵の謎であり不思議さは、こういうところにもあった。

流派の伝承

書道に置き換えて、楷書《かいしょ》・行書《ぎょうしょ》・草書《そうしょ》の三段階と理解すれば、〝守・破・離〟はわかりやすいかもしれない。

今日、明治以降に編《あ》まれた剣道や柔道などと区分し、〝武術〟〝古武道〟と呼ばれるもの（流派）の多くは、こうした伝統の稽古法を堅実に守り抜いてきた。

新興の中でも、昭和に入って確立した合気道のように、形（型）稽古のみで成立している武道も、わずかながら存在している。

これら伝統の、稽古法の特徴の一つには、決まってその中心に、各流派の宗家《そうけ》ならびに師範家がいた事実である。

結果、「形」の継承は一子相伝、または唯授一人といった流儀の継承方法が採用され、流儀の尊厳、正統宗家や師範家の権威が成立したといってよい。

もし、宗家や師範家の存在がおびやかされるようなこと（宗家争いや偽宗家の登場などといった）にでもなれば、それは取りも直さず、その流儀の伝統を根こそぎ――ひいては日本固有の文化を――ゆるがす大事にも繫《つな》がりかねなかった。

ニセ宗家の横行

余談ながら、近年、名門流儀の世界に宗家を自称する輩を多数見かける。

宗家直流は、二つも三つも存在しない。

戦国末期に確立された武術の世界では、免許を得た者（守・破・離の離に達した者）は、独立に際して師家を憚《はばか》り、流名を変えるのが常識であった。

あるいは○○派と称して、独自性を出したものである。勝手に宗家を私称すれば、討たれて当然といわれた厳しい世界であった。

この厳しさがない昨今、寛容な宗家の態度をいいことに、いくつもの流儀を並行して宗家を称する者や、有名流儀で宗家の絶えたものを勝手に称する者は、決して少なくない。

該当者には、猛省を願うものである。

一面、こうした不祥事を許しておく宗家側にも責任の一端はあろう。

日本の伝統武道（いわゆる武術・古武道）は、記録されているだけでも、剣術が七百十八流、柔術百七十九流、槍術が百四十八流あったといわれている（今村嘉雄著『体育史資料年表』）。

だが、皮肉にも正統流儀の継承者の多くは、守・破・離の修行過程で、究極の理念である「無構え」＝「構え有りて、構え無し」（『五輪書』）の境地を身につけてしまった。

このことと、ニセ宗家の横行は無縁ではなさそうに思われる。

「無構え」は「無心」、すなわち、あらゆるものから執着心を取り去り、喜怒哀楽《きどあいらく》一切の感情を消去して〝明鏡止水〟の心をもたらす。

ゆえに、流派の継承・保存にも留意すること少なく、先人や自己が生命を賭けた流派の存続に関心を止めず、伝承のシステムが不十分なまま、消滅した流派も少なくない。

これからの課題

現在の流派数も、贋者が出る一方で全体としては激減の一途をたどっている。

蛇足ながら、古流武道のこれからの課題は、代々にわたって伝承されてきた「形」を、いかに後世におくり伝えるか。その方法（論）の確立とともに、正統な後継者の確保・育成をはかる一方で、流名の混乱（同一流儀に正統宗家を称する流れがいくつかあるようなもの）の解消を、厳しく詮議することが必要であろう。

そうしなければ、日本伝統の武道はその実戦的優位性を喪失し、単なる舞踊の世界に陥ってしまうに相違ない。

関係各位は、心すべきである。

第二部　現実の宮本武蔵

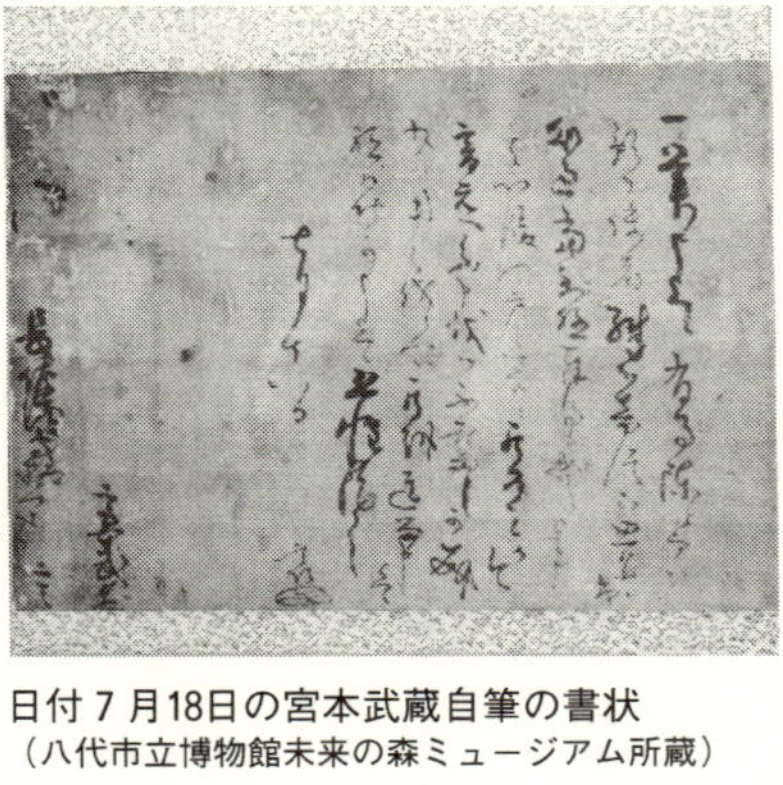

日付 7 月18日の宮本武蔵自筆の書状
（八代市立博物館未来の森ミュージアム所蔵）

第七章

円明流から二天一流への変遷の謎

古来より日本の兵法家・武芸者たちは、神仏を崇敬《すうけい》し、その加護《かご》によって極意《ごくい》に到達できたと語ってきた。

わけても、剣術の草創期に流祖と仰がれた人々は、神仏の霊威《れいい》によって、超人的な剣の技法、極意を開眼したとされている。

飯篠《いいざさ》長威斎家直《ちょういさいいえなお》（一三八七〜一四八八）の場合は、下総国《しもうさ》（千葉県）香取《かとり》明神の神護を祈って武の妙致を悟《さと》り、愛洲移香斎久忠《あいすいこうさいひさただ》（一四五二〜一五三八）は日向国《ひゅうが》（宮崎県）鵜戸《うど》権現の霊夢から啓示された。塚原卜伝高幹《つかはらぼくでんたかもと》（一四八九〜一五七一）が常陸《ひたち》（茨城県）鹿島《かしま》の神託をうけた——などは、その例であろう。

だが、ひとり宮本武蔵はこれを認めなかった。

神仏を頼まぬ剣

「仏神は貴（尊）し、仏神を頼まず」

との姿勢に徹したことは、すでにふれた。

これには、戦国時代も終わり徳川の幕藩体制が固まって、殺人のための剣が必要とされなくなり、超自然的な神霊などによる意味づけよりは、精神主義的側面をつよく求める傾向が生まれたことも、疑いなく作用している。

同時に、自己錬磨によって自らが悟る、といった現実的な態度に、世相全般も変わっていったからであろう。

さて、この章では、武蔵の兵法観が顕著に窺《うかが》える『五輪書』を中心に、武蔵の生涯――とりわけ、武蔵の創始になる〝二刀流〟の歩みを見ることにしたい。

古流剣術諸派の中には、二刀を遣《つか》う流儀はいくつかある。が、これらの多くは、応用技として二刀を用い、本体は一刀であった。

それではなぜ武蔵は、あえて二刀に拘泥《こうでい》したのであろうか。

晩年の著書とされる『五輪書』の「序」で「二天一流」を名乗った武蔵は、この書の「此一流二刀と名付る事」の中で、

「二刀を腰にさすのは、武士の道である。この二つの利をさとらせるために、二刀一流というのである」

と述べ、また、以下のように言及した。

「わが兵法は、初心のときから太刀と刀を両方もって修行する。戦って一命を捨てるときは、持てるかぎりの武器を残さず役立てたいものだ。武器をつかわずに腰にさしたまま死ぬのは、不本意といわねばならない。しかし、両方に刀をもつと、左右ともに、自由に動かすことはむずかしい。私が二刀をいうのは、片手でも太刀を使いこなせるようにするためである。（中略）両手で一本の太刀を構えるのは、実践的なやり方ではない。もしも、片手のみで斬り得ないときは、両手でしとめればよい。なんの手間もいらぬ。片手で自由に太刀を使いこなすために、二刀を持たせ、太刀を片手で振り覚えさせるのだ」

ここで注目すべきは、流名の由来《ゆらい》と、武蔵の

剣に対する考え方である。それにしても、『五輪書』の冒頭で武蔵は「二天一流」と号し、右の文中では「二刀一流」と称している。これはどういうことであろうか。

「二刀」と「二天」が示すもの

『五輪書』を著《あらわ》す以前、寛永《かんえい》十八年（一六四一）に、武蔵が肥後熊本の藩主・細川忠利に奉じた『兵法三十五箇条』では、

「兵法二刀の一流」

と称している。

おそらく、理合《りあい》において二刀も二天も、武蔵にとっては同じであったに違いない。

通説では、熊本にある泰勝院の禅僧・春山《しゅんざん》に、「二天道楽」の法号を授けられたのが縁で、二天一流を唱えるようになったとしている。

しかし、五十半《なか》ばにして熊本に来た武蔵に対して、春山はいまだ二十代前半の青年僧でしかなかった。別の説では、春山の師で、開山の大淵玄弘禅師に参学し、大淵から号を授かったともいう。どんなものであろうか。冒頭でも少し触れたように、武蔵は神仏にすがるようなことは生涯しなかった。

同様に、武蔵は臨済禅《りんざいぜん》のみならず、いかなる禅宗も本格的には学ばなかったのではないか、と著者は思っている。

——武蔵の、自画像を見るといい。

明らかにその姿は、勝負の世界に生きるなまの兵法家のそれで、孤独も郷愁《きょうしゅう》の念は鋭い気迫とともに伝わってくるものの、禅の修行をとおして悟ったような、枯淡の風味はいささかも感じられない。

細川家は大徳寺《だいとくじ》の臨済宗だが、武蔵の家系は

浄土宗《じょうど》の門徒であったとも伝えられている。

『独行道』をみると、このことはより判《わか》りやすいであろう。

正保《しょうほう》二年（一六四五）五月十二日、武蔵は己れの処世観を『独行道』二十一カ条にまとめ、高弟・寺《てら》尾《お》孫《まご》之丞《のじょう》勝信《かつのぶ》に与えた。

兵法者たる者はかくあるべし、との武蔵の矜《きょう》持《じ》が滲《にじ》み出ているもので、いわば遺言状に等しい。この絶筆の中にあってさえ、武蔵は、

「身を捨てても、名利は捨てず」

東の武蔵塚。宮本武蔵の遺体は、その遺言にしたがい、甲冑を帯して入棺された。（熊本市内）

と言い切り、

「仏神は貴（尊）し、仏神を頼《たの》まず」

そして、

「常に兵法の道を離れず」

と言い切っている。

禅僧の影響で「二天一流」を唱えるようになった、とはどうにも考えにくい。

細かく見ていくと、天と刀の使い方が混在している。この何処《いずこ》にも禅の思想はうかがい得ない。他の条々においても同断である。

二天一流を称するようになった『五輪書』においてさえ、一ヵ所ならず、火・風・空の各巻では、「二刀一流」と己れの流儀を呼称している。

武蔵にとっては、絶対不敗・必勝の己れの兵法を完成させることだけが、生涯を通じての目標であって、流儀名は他の諸流派と区別ができ

ればそれでよかったのかもしれない。

現に、武蔵には一度唱えた、「円明流《えんめい》」をあっさり捨て去った経緯もある。

捨て去った「円明流」の由来

「円明流」については、すでにふれた。

慶長《けいちょう》九年（一六〇四）、『兵道鏡』を著した武蔵が、二十三歳のころに名乗っていた流名である。その証左として慶長十一年四月、落合忠右衛門に与えた印可状を挙げ、この中の、

「円明一流の兵法」

と記した箇所も指摘した。

ほかにも、巌流島での決闘の四、五年前、つまり武蔵が二十四、五歳のころに、名古屋で円明流を創始したとする説もあった。

また、武蔵三十代の中ごろ、場所は明石《あかし》とするものや、所は明石であるが年代は元和《げんな》年間（一六一五〜二四）で、武蔵は三十代後半から四十代の初頭とするものなど、いくつかの説が唱えられてきたが、いまだ詳《つまび》らかにはされていない。

「円明流」の流名についても、仏典からの引用説もあれば、謡曲「源氏供養」や琴曲などで、

「四智円明の明石の浦」

とうたわれた明石の枕言葉に拠った、とする説などもある。

――いずれも、定かではない。

前述の森田栄所長は、流名の由来に関しては、『円明流兵法免許巻』に、
夫渾々沌々《それこんこんとんとん》循環無端可謂円也。赫々奕々《かくかくえきえき》霊不昧可謂明也。於是取両字之義号兵法曰《いわく》円明矣。

とあるのを挙げ、円明が明石の枕言葉だとしても、明石に拘泥して考える必要はない、と述べている（『日本剣道史』九号、十一号）。

疑念をもてば際限がないが、武蔵自身が命名したか否《いな》かも、明白ではなかった。

別な武蔵の開いた流儀？

とにかく、武蔵に関しては不明な点、謎が多過ぎる。

謎といえば、この「円明流」はその後、どういうわけか途絶《とだ》えて、ほとんど称されなくなった。その理由にしても、いまだに判然としていない。

そういえは、円明流には宮本武蔵守吉元《よしもと》と称する人物を開祖としたものもあった（『武芸流派大事典』）。こちらは、正しくは「鉄人実方流」と名乗り、その系譜を後世に伝えている。

さらには、宮本新右衛門朝了から、宮本武蔵守義貞（前名・岡本小四郎）の開祖、伝承による「円明流」もあった。

これぞ武蔵は二人いた、と主張した綿谷雪の研究による成果といってよい（詳しくは90ページを参照）。

宮本武蔵守義貞の「円明流」は鳥取藩に根づいたようで、井尻・鱸《すずき》・羽田・松井などの分派も生んでいる。

これらの流儀に出てくる宮本武蔵守と、武蔵はどのような関係にあったのか。まったくの別人なのか、それとも姻戚にあたるのか、あるいは同一人物であったのか。単に、武蔵の名声を借用した贋《にせ》武蔵であったのか。

こうした点も、今もって研究はすすんでいない。ただ、これらの武蔵はすべて、二刀を遣《つか》うのを本体としている。関わりが一切ないとは思えない。

このほか、「武蔵流」を称する流派の系統も、江戸時代にはわずかながら存在した。

楠田五郎左衛門好政を祖とする流派である。円石と号した好政は、武蔵の門人で同じく姫路藩士であった石川左京に学んだという。道統としてはニセ物の多い中で、この系統は武蔵直伝《じきでん》の正統といってよさそうだ。

由比正雪は武蔵の孫弟子だった?!

ついで檻記《かんき》すると、石川左京はのちに大和国《やまと》(奈良県)郡山藩に再仕官していた。

最後は再び浪々の身となってこの世を去ったものの、この間に、由比正雪《ゆいしょうせつ》(一六〇五~五一)に剣を教授したと伝えられている。

言うまでもないが、この正雪は、江戸幕府覆滅を図った慶安《けいあん》事件の首謀者であった。これが事実とすれば、正雪は武蔵の孫弟子となる。

先にふれた軍学との遭遇を考え合わせると、興味は尽きない。

楠田伝の「武蔵流」は、その後、三河(愛知県東部)岡崎藩を中心に伝承されたという(『武芸流派大事典』)。

このほか、武蔵の〝二刀流〟の俗称は、全国的に広まっている。

二天一流の道統

では、晩年の「二天一流」の道統はどうなったのであろうか。

肥後(熊本県)における「二天一流」の正式

な相伝者は、すでに述べたように三人いた。

熊本藩士・寺尾孫之丞勝信とその弟・求馬助信行。そして、古橋惣左衛門良政である。

寺尾孫之丞は知行千五十石、他の二人はともに二百石であったことは第一部でもみた。

三人の弟子のうち、寺尾孫之丞は武蔵が没したとされる年、三十五歳であり、『五輪書』を託されている。一の弟子といってよかろう。

二の弟子は『兵法三十五箇条』を託された、当時二十五歳の寺尾求馬助。

三の弟子たる古橋惣左衛門は、修行年数が短かったのであろうか、あるいは独自の武芸をすでに持っていたのかもしれない（詳しくは後項）。

二天一流の正統は寺尾兄弟によって伝承され、二代を寺尾求馬助が継承。三代はその六男である寺尾郷右衛門勝行が継ぎ、吉田喜右衛門正弘（四代）―山東彦左衛門清秀（五代）―山東半兵衛清明（六代）―山東新十郎清武（七代）と山東氏が三代にわたって継承した。そのため、この正統は「山東派」とも称せられた。

八代宗家は青木規矩夫《きくお》（久勝）。流儀中興の祖とも称された人物で、九代・清長忠直（政実）―十代＝現宗家・今井正之《まさゆき》（信勝）にいたる。この流統には代々、武蔵自作の「実相円満の太刀」が伝承されていた。

「兵法二天一流剣術」として、日本古武道協会の認定を受け、加盟しているのが、この流儀である（今井宗家へのインタビューは、第八章を参照）。

今一つ、日本古武道協会に加盟しているものに、「野田派二天一流剣術」がある。

同じく寺尾兄弟に端を発する流派で、別系統で流統を継承し、中興の祖・野田三郎兵衛（一渓・種信）以来、代々師範が野田派を称し、野田三郎八種次（十一代師範）―同辰三郎種養

（十二代）─加納軍次（十三代）─指田次郎（十四代）─古賀徳孝（十五代）─志岐太一郎（十六代）─一川格治（十七代）─神尾宗敬（十八代）と連綿継承して、現在が十九代の大浦辰男師範とつづいてきた。

なお、大浦師範の著作には『宮本武蔵の真髄五輪書と二天一流の極意』（マネジメント社）があり、野田派についての詳細は同書を一読されることをお薦めする。

「新二天一流」見参！

また、寺尾求馬助の四男・信盛は存命中、

〝武蔵の再来〟

とも呼ばれた使い手で、新免姓を受け継いで、新免弁助信森（盛）を称した。十人扶持二十石。弁助は元禄十四年（一七〇一）七月二十五日に三十六歳で没したと伝えられる（別に四十五歳説あり）。

この系統が「神免二刀流」を称し、その後、越後の藩へと伝承して、現在の千葉と長野県に伝播、五十嵐《いがらし》一隆《かずたか》・十七代宗家にいたった。

のちに昭和二十七年（一九五二）より五十嵐の門人となり、昭和三十三年からは野田派の流れを汲む松永展幸《てんこう》にも師事して二刀流を学んだ、荒関《あらぜき》富三郎《とみさぶろう》（二刀斎・大正七年＝一九一八年生まれ、現代剣道教士七段）がそれらの道統を継承し、昭和五十八年に、「新二天一流」（十三本の形）の宗家を名乗っている。

筆者は氏のインタビュー記事ではじめて、今日に伝承された新免二刀流には形稽古がなく、もっぱら竹刀を用いての修行であったことを知った。

二刀流の基本について、荒関宗家は語っている。

「小刀で受けて大刀で打つ、攻めて来た相手の竹刀を小刀で押さえて打つ、というのが基本ですが、それは『受けて、打つ』ではないんです。受けるのと打つのは同時、押さえるのと打つのは同時なんです。二刀を一刀に使う、ということですね。受けた時、自然に大刀が飛んでいる、間をおかない。そういうのが二刀流の原理です」（剣人インタビュー「荒関富三郎」『剣道日本』通巻二二九号より）

では、二刀と対戦するにはどうすればよいのか、についても、

「初めて対したらどこ打っていいかわからないですよね。だから経験のない人は必ず倒されます。よく、小刀に惑わされてはだめ、といいます。大刀だけ気をつけろ、と。

そうではないんですよ。二刀流で一番大事なのは小刀なんです。いかにして間にはいって小刀で相手の竹刀を押さえるか、払うか。その、間のかけひき、機会のとらえ方で勝負は決まってしまう。そのためムカデ足（含み足）なども使います。

だから一刀の立場でいえば、小刀がどこまで自分に迫っているかの間の判断で勝負しないと負けですね。小刀に押さえられたらもう勝負は決まっているんです。押さえるのと打ちが一緒ですから」（同右）

こちらは、伝統武術を現代剣道に取り入れている点に特長があり、別派も称さず流名もかえず、おこがましくも「二天一流」を名乗るニセ者の多い中にあって、一つの主張＝現代剣道での実践をしっかりと持ち独特の行きかたをしているところが、実にすがすがしく立派なことだと筆者は思ったものだ（荒関宗家は平成十二年六

月に他界)。

これらは伝承をみるかぎり、いずれもが宮本武蔵の道統であることは紛《まぎ》れもない。

武蔵は柔の達人?

ところで、筆者は武蔵晩年の高弟=三番弟子の古橋惣左衛門良政に、少なからず関心を寄せてきた。

この人物は熊本藩にあって祐筆《ゆうひつ》をつとめ、のちに江戸に出て「二天一流」兵法を教授したというが、注目すべき点は、武蔵がこの弟子に〝二天一流柔術〟ともいうべき技を伝えていた可能性のある点だ。

武蔵の剣の出発点が〝柔《やわら》〟であった、といっても誰も容易に納得してはくれまい。が、武蔵の父・無二斎(武仁)は十手術の大家であったと伝えられている。一説に「当理流」と称していたとも。二刀流の分派の中にある、〝実手〟は十手から来た語句とされている。

養子・伊織の〝武蔵墓誌〟にも、

武蔵、家業を受け朝《ちょう》鑽《けん》墓《ぼ》研《けん》、思惟《しい》考察《こうさつ》、もって一刀より十手が利すること倍《おお》くを知る。然《しか》れども甚《はなは》だもって十手は常用の器に非《あら》ず、二刀は是を腰間《ようかん》の具とす。二刀をもって十手の理を為《な》せば、其の徳は違いなし。故に十手を改め二刀の家と為す。誠に舞剣《ぶけん》の精選《せいせん》なり。

とある。

つまり、武蔵は父から十手術を学んだが、十手が常用に向かぬことから、大小の二刀に置きかえ、独自の刀術=二刀流を編み出したというのだ。

十手術はいうまでもなく、小具足（捕手、腰廻り）の一種である。矢尽き、刀折れ、それでもなお闘わねばならぬとき、折れた刀や縄などを用い、また、素手で闘ったのが柔の起源であった。柔は戦場でわが身を守り生命を完《まつと》うするため、工夫された「九死に一生」の、応変の武術であったといえる。

武蔵は『五輪書』の中で、武器は場所を考え、〝利〟をはかって使えと言っているが、この剣豪はきっと、柔も達者であったに違いない。

一説に、すでにみた武蔵ゆかりの竹山城の新免家へ、宇喜多家と戦い、一瀬城を追われた竹内久盛が一時、亡命していたというのがある。

久盛は柔術の源流ともいうべき竹内流の開祖であり、竹内家には武蔵の筆になる「竹内流掟《おきて》」の額が代々伝えられていた。

幼少のころ、武蔵は父・無二斎にともなわれて竹内家を訪問。その縁で後年、名を成してから再訪し、掟の額を奉納したのであろうか。

武蔵流柔術の伝承

もっと具体的に、武蔵が柔術をやっていたという史料もある。

幕末の国学者・喜多村節信《きたむらときのぶ》は、随筆『瓦礫《がれき》雑考』の中で、武蔵の柔術目録を紹介しているが、それには、「柔気」の語が用いられていた。

また、武蔵と親交のあった野村玄意は、武蔵を指して、

「理解ある柔術家なり」

と述べている。

いずれにしても、武蔵の剣の理合いには、広義の意味で〝柔〟が深いかかわりをもっていたといえそうだ。

絶筆ともいわれる武蔵の、『十智』の伝を与えられた三番弟子の惣左衛門は、一読の後、これを火中に投ぜよと武蔵に命ぜられていたが、さすがに師の書を焚《や》くことができずに秘蔵し、晩年になって尾張藩士・松井市正宗郷《いちのかみむねさと》に己れの流儀を伝授したおり、この『十智』をも授けたという。

市正宗郷はそれ以前にも、津田権之丞信之(一六五四〜九八)に貫《かん》流を学び、次いで神道流を修め、竹林流弓術、孔明《こうめい》派軍学なども修していたが、正徳《しょうとく》四年(一七一四)、『十智』を得たのを機に、己れの流儀を「十智流」と称して独立した。

のち、仏門に帰依《きえ》して慈雲《じうん》と号したが、十智流がいかなる柔術であったか、ぜひにも知りたいものである。

三刀流と平法術

余談ながら、正式な武士は、腰に大小を差すもの――との思い込みは、一般に強い。

だが、武士が二本差しとなったのは、存外、新しい時代であり、おおまかに言えば戦国時代も後半、織田信長(一五三四〜八二)が登場してから、というのが歴史学上で検証し得る範《はん》疇《ちゅう》であった。

信長より一世代前の武田信玄(一五二一〜七三)は、『武具要説』の中で、刀と脇差の得失を論じており、いまだこのころは、完全な形の二本差しは定着していなかったことをうかがわせている。

むしろ、日本も古来の様式は三本差しだった、といえば読者諸氏は納得していただけようか。

たとえば、『日本書紀』に素戔嗚尊《すさのおのみこと》が登場するところで、天照大神がその言動を危ぶんで、武神たちに「十握《とつか》の剣」「九握《ここのつか》の剣」「八握の剣」の三本を与えて腰に帯びさせ、また、「千箭靫《ちやゆき》」を背負わせ、肘《ひじ》には「稜威高鞆《みいずのたかとも》」を、手には「千握の弓箭《きゆうぜん》」を、ひしと握らせて対抗しようとしたことが描かれている。

「十握の剣」とは、一握を小指から人差指までの幅（八から十センチメートル）とする。約八十から百センチメートルの剣で、「九握の剣」「八握の剣」も同じ意の剣。「千箭靫」は千箭――すなわち、千本の矢をいい、靫はその矢を入れて背負う道具をさしている。

「稜威高鞆」は、聖にして清浄な力のある、矢を射るときに肘にはめる革の道具をいい。また、「千握の弓箭」は千握、つまり、長い矢のことをいった。

このように述べると、読者の中には、宮本武蔵の二刀流のイメージから、

「しかし、人間の手は二本しかない。三刀をたばさんでも意味があるまい」

と思われる方がいるかもしれない。

もとより、三刀を同時に使うのではなく、敵や獲物の寸法に応じて剣を使い分ける流儀は江戸時代にもいくつかあった。

なかでも、綿谷雪が紹介して知られるようになったのが、三刀流平法である。

「平法」は「兵法」のいいまわしだか、この場合の三刀流は、大太刀、中太刀、小太刀の技法を説いたものであった。

普通の剣術流儀では、すでに入門の際に流派の定めた刀の長さは明白になっている。

とりわけ、中条流系統の富田《とだ》流、東軍流、丹石流といった流儀は、小太刀にきわめて絶妙の

冴えをみせた。

しかし、三刀流は臨機応変に相手によって太刀の長さを変更し、場合によっては、柔で対処することもあった。

伊藤伴右衛門高豊《たかとよ》という人は、こうした柔術を「平法術」と称したようで、今日の空手道に近い型を考案していたようである。

また、三刀流平法には、忍術も独立した一教科となっていたようだが、残念ながら、その内容は皆目、今日には伝えられていない。

刀と太刀の差とは？

いずれにしても、三刀流の成立も徳川幕府創立以降で、おそらくは天下泰平においてのものであったかと思われる。

ついでながら、寛永時代（一六二四〜四四）において、太刀は三尺（約九十センチメートル）以上をいい、それ以下二尺（約六十センチメートル）以上を脇差と定めたが、やがて、刀の二尺以上二尺八寸以下が割り込んできて混乱が生じたようだ。

そのため、寛文二年（一六六二）には法令が出されたものの、町人や博徒の護身用の刀をめぐって、寸法の移動はとまらなかったという。

正徳二年（一七一二）には、一尺八寸（約五十五センチメートル）までを大脇差、二尺八寸九分（約八十七センチメートル）までを刀といい、二尺九寸以上を「太刀」と区分した。

それでも次第に、小脇差（九寸五分＝約三十センチメートル）、中脇差（一尺七寸＝約五十二センチメートル）、大脇差（一尺九寸）が氾濫したため、制定も事実上は意味をなさなくなってしまった。

武蔵が到達した境地

『五輪書』の「風の巻」に、およそ、次のような意味のことが述べられている。

「他流では数多くの太刀の使い方を人に伝えているが、これは兵法を売りものに仕立て、太刀数を多く知っていると初心者に感服させるためであろう。これは兵法では嫌うところである。なぜなら、人を斬る方法にいろいろあると思っては迷いが生じるからだ」

武蔵はつづけて言う。

「まず敵を斬ることが兵法の道であるから、その方法の多いわけがない」

と。しかしながら、場所により、事情によっては、〝五方〟といって五つの方法がある、とも述べた。武蔵はこの〝五方〟を、抜群の見切りと体当たりを加えて使用した。

さらには、その技法は先《せん》の先《せん》を制している。そして到達した境地が、「巌《いわお》の身」ではなかったろうか。

「兵法の道を心得ることによって、たちまち巌のようになり、いかなる打ち込みも当たらず、どのような攻撃にも動じないようになる」

いずれにせよ、二刀流は現在も多くの謎を秘めながら、伝承経路の異なる幾つかの技法＝〝勢法《せいほう》〟とともに、われわれの身近にある。

武蔵は左ききだった?!

蛇足ながら、ぜひにも述べておきたいことがある。これは長年の、武道取材を通じての確信といってもよい。

二天一流を称した武蔵は、右手に太刀を持ち、左手に小太刀を持ったが、二刀を扱う場合、左右の手のうち、ことに重要な役目を果たしたのが左手であったことは間違いない。

二刀の攻めは、小太刀で相手を迷わし、相手の太刀を受け、ときに小太刀を飛ばすことさえあった。大太刀はむしろ、とどめの役ともいえた。

別章で紹介した、新二刀流を称した荒関宗家の言を参照いただきたい。

筆者は武蔵が、左ききだったと推測する。

これまで武蔵の描いたとされる絵画を、筆者は細川家の好意でたびたびみてきたが、その筆使いは明らかに、左手によるものであった。武蔵の横への線はことごとく、右から左へと動いていた。

墨の専門家にいわせれば、武蔵の絵画の筆はことごとく右から左、下から上へと描き込まれているとのこと。

——実は、武蔵は左ききであったのだ。

そう考えると、左ききの右手の使いぶりが、右ききの左手の使いぶりに比べ、格段に優越していることを思い出す。このことは、武蔵の肖像（島田美術館所蔵）にも明らかであった。

小太刀をもつ武蔵の左手はあくまでも柔らかに握られており、大太刀を持つ右手は強く握りしめられた印象が強い。

武蔵は己れの左ききを、二刀流にも持ち込み、小太刀を持って相手を制する重要な役目をきき腕におわせたのではあるまいか。

だが、このことについて、武蔵は『五輪書』に何も語っていない。生涯の仕合についてもそうだが、武蔵には核心に迫るものをあえて外す性癖があったようだ。

それどころか『兵法三十五箇条』には、

「此道二刀として太刀を二つ持つ儀、左の手にさして心なし」

とくに意味はない、とのただし書きを述べていた。これをどう解釈するか。

武蔵は生涯の大半を諸国にくらし、つねに仕合を望み、望まれる立場に終始した。それゆえ、己れの最も重要なことは、終生、秘めつづけたとは考えられまいか。

筆者不詳の宮本武蔵肖像（島田美術館所蔵）

もし、武蔵が左ききであることを、レベルの高い兵法者に知られたらどうであろう。瞬発力にも恵まれた左手を封じる技法を、相手が用いたなら、武蔵は苦戦を強《し》いられることにもなりかねなかった。

だからこそ武蔵は、死ぬまでこのことを門人にも伝えなかったのではないか。

指南という点でも、この強さの秘密＝左ききを抜きに二天一流を教授したとしても、それほどの成果があがらなかったに違いない。

「武蔵にだけ使える剣」では剣術指南役にはなれない。武蔵の死後、この剣豪と並ぶ二刀流の使い手はついに現われていない。

この先、現われるならば、その人物はおそらく左ききに違いあるまい。

第八章

兵法二天一流剣術　十代宗家・今井正之氏に聞く

己れを知り、悟りを開くのが兵法の奥儀であるという。

確かに、宮本武蔵くらい有名にもかかわらず、その実態の不明な人物も少ない、とよくいわれる。

天正十年（一五八二）ないしは同十二年、美作国（岡山県北部）か播磨国（兵庫県）に生まれたと伝えられる武蔵は、『五輪書』を信じれば、十三歳のおりの初試合から、碑文などによると名高い巌流島での佐々木小次郎との果たし合いにいたるまで、六十余度を闘って、一度として負けたことがなかった、といわれてきた。

その武蔵が晩年にいたって、己れが求める剣の至極を悟って創始したのが、実相円満の兵法・

実相円満の太刀

「二天一流の祖・宮本武蔵玄信については、いろいろな説があるようですね。ですが、私は先代から〝実相円満の太刀〟とともに受け継いだ〝勢法〟を、次代へ正しく伝えることのみを使命だと考えております」

現宗家（十代）の今井正之氏は、微笑しつつ、きっぱりと言った。

二天一流であった。

そこでまず、この章の冒頭の語の意味から説明をしてもらった。〝実相円満の太刀〟とは、二天一流の歴代宗家が、相伝の印としてきたものだという。

「これは武蔵自作の太刀で、もちろん、これで稽古もし、試合もしたと聞き及んでいます。表に〝寒流帯月澄如鏡〟、裏に〝実相円満之兵法〟と武蔵が自ら刻んでいます」

宗家の言によれば、〝実相円満〟とは「観の目」「実相を見出す目」などと同義だとか。

つまり、波と水があり、嵐に波が荒れ狂っているとする。確かに変化はあるが、冷静に見ると、やはり水に変わりはないわけだ。波という現象からは、生滅起伏もあるが、水という本質そのものには何の変化もない。

勢法について

そうした境地を開くため、武蔵は〝鍛練〟を強調した。

「武蔵の『五輪書』の中に、千日の稽古を鍛といい、万日の稽古を練というとあります。すなわち、千日とは三年、万日とは三十年ですよね。

二天一流10代宗家・今井正之氏。

三年でも三十年でも、一生をかけてよくよく稽古せよとの意でしょう」

と今井宗家。

この武蔵の理合を実践するのが、〝勢法〟であった。〝勢法〟とは形のことだが、なぜ、あえて〝勢法〟としたのであろうか。

「それはですね、形を法への勢い、すなわち、力、はたらきかけ、法力と教えているのです。また、勢法の一本一本が終わったとき、打太刀が構えを解いている姿は、座禅において警策を奉持する禅僧の心であり、姿そのままです。

打太刀の心は、仕太刀の心の中に投入して一体となります。そして共に、己れもまた柔軟な心を持ち、剛強、悪の我見、我意の自己主張、自己顕示を戒めます。

勢法は一切無物、我もなく、敵もなし、太刀をひっ下げ、天地の間にすっくと立つ万理一空の姿であるわけです」

そして、いざ戦うとなるや、武蔵の〝勢法〟は凄まじい威力を発揮した。

柳生新陰流『兵法家伝書』との一致

我、三十を越へて跡をおもひみるに、兵法至極してかつにはあらず、をのづから道の器用有りて、天理をはなれざる故か。又は他流の兵法、不足なる所にや。其の後なほもふかき道理を得んと、朝鍛夕錬してみれば、をのづから兵法の道にあふ事、我五十歳の比也。

右は『五輪書』からの引用だが、今井宗家はつねづね、武蔵のこの書と柳生宗矩の『兵法家伝書』をつき合わせて、双方がピタリと符合する剣の奥義について、深い考察を加えている。

今井正之氏による二天一流の演武。(「月刊剣道日本」提供)

「そうなんです。武蔵が五十歳で悟ったのと同様に、柳生宗矩も同じ年ごろで徳川家の兵法指南となり、徳川秀忠・家光の二人の将軍に新陰流を伝授していますね。剣にもやはり、悟りの境地に入る年齢というものがあるのでしょうか……」

宗家によると、『五輪書』に書かれてあることは、柳生新陰流の『兵法家伝書』にすべて述べられているという。

わが国を代表する剣豪・宮本武蔵は、昭和七年(一九三二)、大衆文壇の花形作家・菊池寛、直木三十五が『文藝春秋』誌上で戦わせた剣豪論争や、吉川英治の新聞連載(昭和十年)に始まる小説『宮本武蔵』によって、その名声を不動のものとした。が、武蔵の伝記史料となると、『五輪書』序文のほかは、養子・伊織による「墓碑銘」など、わずかなものに限られてしまう。

それを今井宗家は、『五輪書』の冒頭部分のみで、流祖の経歴を推し量ってきたという。

「三十歳のとき、武蔵は大きな世界に出たのだなァ、と『五輪書』を繰り返し熟読すると、しみじみそう思います。若いころから数度の勝負をおこなって〝勝利を得ざるという事もなし〟といい、諸国をめぐって、〝六十余度迄勝負すといへども一度も利を失しなはず〟と言いながら、武蔵は〝至極〟によって勝ったのではなく、ただ、運が良かったからに過ぎないとも言っています。そして三十を越えて二十年、やがて五十歳で〝兵法の道にあふ事〟……すなわち、兵法の真髄を自得したわけです」

では、武蔵の言う〝兵法の道にあふ事〟というのは、一体どのような境地であったのだろうか。

今井宗家は『五輪書』を読んで、よくよく味わってほしいところとして、次の「地の巻」の箇所を挙げている。

漢土・和朝までも、此道をおこなふ者を、兵法の達者といひ伝へたり。武士として此法を学ばずといふ事あるべからず。近代、兵法者といひて世に渡るもの、是は剣術一通りの事也。常陸国鹿島・香取の社人共、明神の伝へとして流々をたてて、国々を廻り、人につたゆる事、ちかき比の義也。古しへより、十能・七芸を有るうちに、利方といひて、芸にわたるといへども、利方と云出すより、剣術一通にかぎるべからず。剣術一ぺんの利まで

己自身を知り、悟りを開く

にては、剣術もしりがたし、勿論、兵の法には叶ぶべからず。

「ふつうは、文中の〝利方〟については、役に立つ、利益をもたらす方法とか、勝利をもたらすものと訳されていますが、私は悟りとして利することと理解すべきだと思います。

つまり、剣術が単に強くなるのが修行の目的ではなく、己れ自身を知り、悟りを開いてこそ、〝兵法の道にあふ事〟に繋がるのではないでしょうか」

二天一流十代宗家・今井正之氏の言葉は、一つ一つが自身の修行の中で体得してきたものだけに、圧倒されるような説得力に満ちていた。

〈『兵法家伝書』〉

柳生宗矩がこの書を完成したのが、寛永九年（一六三二）、武蔵が『五輪書』を著したのは寛永二十年（一六四三）であり、ほぼ同時代である。

〈観の目〉

『五輪書』の「水の巻」の中で「目付け」を説くくだりに、「観見二ツの見様　観の目つよく、見の目よわく見るべし」とある。一方、柳生新陰流の『兵法家伝書』では、「目に見るるを見と言ひ、心に見るを観と言ふ」とある。

第九章 武蔵はどのような時代を生きたのか

ここまで、宮本武蔵の兵法について述べてきた。

しかし、剣に対するその厳しい姿勢が明確になればなるほど、武蔵の生きた時代と重ね合わせた時に、その悲劇性が浮かび上がってくる。

まず、簡単に、彼の生涯を振り返ってみることにする。

徐々に狭まる仕官口

宮本武蔵が生まれたとされる天正《てんしょう》十二年（一五八四）は、織田信長《おだのぶなが》が明智光秀《あけちみつひで》によって本能寺で横死してから、ほぼ二年目にあたった。

前年には賤《しず》ヶ岳《だけ》の合戦があり、織田家では筆頭家老であった柴田勝家《しばたかついえ》を、越前《えちぜん》（福井県北部）北ノ庄で自刃《じじん》させた羽柴《はしば》（豊臣）秀吉《ひでよし》は、この勝利で名実ともに信長の後継者の座を摑んだ。

この秀吉によって、相模《さがみ》（神奈川県）小田原《おだわら》の北条氏が滅ぼされ、ついに天下統一が達成される。ときに、天正十八年。武蔵生誕六年目のことであった。

しかし、戦国時代は一応の終止符を打ったとはいえ、その余燼《よじん》はいまだ冷めやらず、慶長《けいちょう》三年（一五九八）八月、天下人の秀吉が没すると同五年九月に、関ヶ原の合戦が起こる。

当時十七歳であった武蔵は、この戦いに参加したという。ことの詳細は不明だが、武蔵の生地とのかかわりからみて、領主・宇喜多秀家《うきたひでいえ》の属した西軍にでも身を置いたのであろうか。

関ヶ原の合戦以後、天下は一変した。

わけても慶長十九年から二十年にかけての、大坂の陣後は、武士が戦陣の功名《こうみょう》を争い、実力ある牢人が新しい主君にすぐさま仕える機会に恵まれる、といったそれまでの時代は終わりを告げる。

仕官のラスト・チャンス

言うまでもないことだが、大坂の陣で豊臣方が徳川方の予想を裏切って善戦したのは、関ヶ原の合戦以後、巷《ちまた》に溢《あふ》れていた多くの牢人を、豊臣方が受け入れたことが大きかった。

彼ら牢人たちは、この戦いでめざましい活躍をし、ぜひとも豊臣家に、召し抱えられるべく、必死の思いで参戦した。

むろん、反対陣営の攻城方にあっても、牢人の心情は変わらない。

つまり、牢人にとっては仕官のために残された、最後の機会こそが大坂の陣であったと言える。

しかし、陣場借りをした牢人の多くは、雑用係との大差はなく、いざ合戦ともなれば弾よけに使われるというのが実態であった。

とはいえ、一攫千金《いっかくせんきん》の可能性はゼロではなかったろう。が、この好機も豊臣家の滅亡で終了。

さらに追い打ちをかけるように、諸大名に強硬策をもって臨んだ徳川幕府は、その初期政策において、大名家を次々と取りつぶし、牢人は以前にもまして増加の一途をたどった。

こうした中、風雲に乗じて槍一筋による、一国一城の主《あるじ》への夢は消え去ったものの、自らが得意とする武芸で、身を立てようとする者は相変わらず、少なくなかった。

武芸で一廉《ひとかど》の名を挙げることは、仕官のために重要な表看板となっていたからである。

江戸初期、兵法と総称されていた各々の武芸が細分化され、あるいは統合されて新しい武技が創始されて、多くの流派が新たに生まれた。

こうした過程で一流の武芸者たちは、幕府や諸藩のお抱え指南役となるべく奔走した。

それでも、運よく召し抱えられる者はきわめて稀《まれ》で、徳川幕府も三代将軍・家光治世下の後半ともなると、ほとんどといっていいほど、仕官の望みが持てなくなってしまう。

空きがなくなってしまったのだ。

焦燥《しょうそう》する牢人の不安心理、それが形となって現われたのが、寛永十四年（一六三七）の天草・島原の乱と、つづく慶安四年（一六五一）の由比正雪の乱であった。

剣豪将軍家康

天下泰平の時代に、名だたる剣豪をすすんで召し抱えようとした大名は、いるにはいた。

多くは自身が剣を学び、上達することに熱心な大名であったとの共通点がある。

その頂天が、天下人の徳川家康であった。

家康といえば堅実なだけが取り柄《え》、といった印象が深く、とても兵法と関わりがあるとは思えないが、若き日に奥山流の剣術を学び、有馬大膳について新当流（有馬流）も修め、五十三歳にして七十歳の柳生石舟斎の門人となっている。おそらく、相当な腕前であったろう。

あるとき、家康は上泉《かみいずみ》伊勢守信綱《のぶつな》の高弟・疋田豊五郎《ひきたぶんごろう》を召して、剣についていろいろ訊《たず》ねたことがあった。

そして疋田を引きとらせてのち、家康は、

「疋田は名人かもしれぬが、剣技に種類のあることを知らぬ」

と寸評している。これなどは兵法について、一廉の見識がなければ言えぬことであろう。

のちに、二代将軍秀忠が剣法を学ぶときにも、家康は先輩としての注意を忘れない。

「大将たる者は、自分の手で人を斬る必要はない。大将が剣法を習うのは、万一の危機をのがれるためだ。天下の主《あるじ》や大名たる者は、瞬時の危機さえのがれることができれば、あとは家臣たちが敵を討ってくれるものだ。大将自ら刀を振るわねばならぬようでは負け戦だ」

天下人として、家康は己れの兵法がいかなるものかを十二分に弁《わきま》えていた。

剣を好んだ大名たち

御三家の一、尾張（愛知県西半部）の藩祖・徳川義直（家康の九男）も、父ゆずりの剣術好みであった。

近松茂矩《しげのり》の『昔咄《むかしばなし》』によれば、

源敬公（義直）、昼御寝なりしに、よく御寝入りなされても、御目は開かせ給ひ、（中略）その節、御脇指《わきざし》を前にさしおかせ給ひしに、御寝返りのたびにまず御脇指をふりかへ前におかれて、御寝なりしとぞ。

とある。これは修羅の巷《ちまた》をくぐり抜けてきた兵法者の心構えと、少しも変わらない。

また、同じ『昔咄』は、尾張二代藩主・徳川光友についても、次のような記述がある。

瑞龍院様（光友）、連也《れんや》（柳生兵庫助《ひょうごのすけ》子・連也斎）とたびたび御仕合《しあい》ありしが、後々は同格のことなりし。故《ゆえ》に互ひにしなひを取って御立合《たちあい》あり。（中略）なかなか御しなひを御打合はせありしことは、なかりし由《よし》。

両者とも、なかなか打ち合わなかったほど、光友は剣の達人であったというのだ。

尾張藩では藩主と柳生家が交互に宗家を伝承する仕組みであったことは、すでに述べている。

光友は尾張柳生の祖・兵庫助に手ほどきを受け、のちに兵庫助の子・利方《としかた》、連也兄弟に教え、自らも学び、新陰流の腕を磨いたのであろう。

このほか、肥前（佐賀県・長崎県）の小城《おぎ》藩主である鍋島元茂《なべしまもとしげ》（一六〇二〜五四）や、津軽中興の藩主と称される津軽信政《のぶまさ》（一六四六〜一七一〇）も、剣の達人であった。

前者は柳生新陰流を、後者は小野派一刀流の遣い手として知られた大名である。

さらに、宮本武蔵を客分として招聘《しょうへい》した、肥後（熊本県）の藩主・細川忠利はそれ以前、二階堂流の極意を得ていた。

剣豪たちの自己宣伝法

戦国末期から江戸初期にかけて、諸国の剣豪たちが夢見たものは、己れの武技によって大名家に召し抱えられることであった。

そのために、売り込みも一段と派手になっている。よく知られているように、塚原卜伝《つかはらぼくでん》は各地を「武者修行」で廻国するおり、八十人もの門弟を引きつれ、大鷹を三羽こぶしにすえ、乗り替え馬を三頭も曳《ひ》かせて行列した。これは売り込みのための、方便であったかもしれない。

また、剣に自信のある者は、所々に「天下一」の高札を掲げ、腕に覚えのある挑戦者を迎え討ったが、これも、己れの剣の技量をためすと同時に、天下の耳目を自分へ集めるPRの手段であったといえる。

こうして苦労に苦労を重ねても、仕官のかなう武芸者はごく限られていた。

衆目を集めた塚原卜伝にしても、あるいは十三代将軍・足利義輝の御前で剣技を披露し、

「古今比類なし」

と称讃された上泉信綱などは、例外中の例外。彼らは仕官を求めるというよりは、自らの武芸を伝道して諸国をめぐっていた印象が強い。

時代そのものが、武芸の勃興期に当たっていた幸運も大きい。時代のくだった、武蔵のころはどうであったか。

武蔵自身、その言動にはつねに大仰な宣伝色がつきまとったが、晩年、細川家の客分となったことを除けは、ついぞ就職運動には成功していない。

例外の成功者

生涯にわたって、仕官の望みを抱きながらも、死ぬまで目的を達成できなかった武芸者の多かった中で、それに成功したのは、柳生家や小野《おの》忠明《ただあき》などごく少数の〝例外〟であった。

柳生家の場合は、柳生宗厳《むねよし》がたまたま、徳川家康に無刀取りの術を披露するチャンスに恵まれ、師範役を命ぜられたが、その石高は三百石にすぎなかった。

のちに柳生家が家康の天下取りに働いて、ようやく但馬守宗矩が一万二千五百石を食《は》む大名にまで列したものの、同じ将軍家指南役とはいえ、一介の牢人あがりの一刀流の小野忠明などは、わずかに三百石でしかなかった（のちに六百石）。

世渡りの上手・下手ということもあろうが、ようやく仕官がかなえられても、その処遇は千差万別――しかしながら、おおむね〝天下の将軍家指南役〟でもこの程度のものであった。

衆に抜きんでた個性や才能を持ちながらも、遊民、芸者として生きてきた剣豪たちにとっては、まことに住みづらい世の中になったものである。

氏素姓が明らかな剣客たちの収入

「兵法者の待遇は……」

という話題になった時、きまって挙げられるのが、前項の将軍家指南役・柳生但馬守宗矩《たじまのかみむねのり》の一万二千五百石である。

しかし、この禄高には、父・石舟斎宗厳《むねよし》の代からの軍功（関ヶ原の合戦など）により得た分が基礎になっている。

柳生家が純粋に兵法師範として禄を食《は》んだのは、文禄《ぶんろく》三年（一五九四）、宗厳に与えられた二百石が最初である。以後、二代将軍秀忠《ひでただ》、三代将軍家光《いえみつ》と仕え、おいおい加増されて寛永九年（一六三二）、はじめて一万石の大台に乗り、大名の仲間入りを果たした。

柳生家の場合は、政治にも参画、大目付の役職にもあったことを見落としてはならない。

剣一本での禄とみれば高禄だが、このころまでの著名な剣士たちは、多くの場合、氏素姓《うじすじょう》が明らかで、大半は主家持ちであり、ある大名家の家臣が、たまたま剣客として名を成した、というのがほとんどであった。

たとえば、上泉伊勢守信綱の弟・上泉主水《もんど》は、家柄も加味されて会津上杉家に召し抱えられたとき三千石。富田《とだ》流の富田景政《かげまさ》はもともと加賀前田家の家臣で四千石。養子の重政は前田利家《としいえ》から利常《としつね》の三代に仕えて、柳生家を凌《しの》ぐ一万三千石を拝領したが、それだけの格式をもともと持つ豪族の出自であった。

また、元和年間（一六一五～二四）には居合の田宮長勝《たみやながかつ》（重政の子）が紀州徳川家に仕えて八百石。尾州徳川家の師範・柳生兵庫助は五百石で、薩摩の島津家指南役・東郷重位《とうごうしげたか》は四百石であったというが、事情は前出の如くであった。

こうした条件が伴わないと、値打ちは急落する。剣豪武蔵の三百俵十七人扶持は少ない、とされるわけだが、出自・門地を考えれば、それでも待遇はましなほうであったろう。

一流の達人といわれる人でも、百石を切るケースはけっして稀《まれ》ではなかったのである。

武蔵の年収

俸禄の話が出たので、いわゆる〝石高制〟なるものについて、ここで少しふれておきたい。

豊臣秀吉の太閤検地が実施されるようになって、それまでの〝貫高制〟が、石高制に統一されていったのだが、江戸時代に入ってこの制度は、より整備されていった。

したがって、江戸初期の俸禄＝石高制といっても、幕府が安泰となった寛永以降とでは、その緻密さにおいていささか異なる。が、大雑把に述べれば次の如《ごと》し。

俸禄は、はじめは家禄のみが与えられていたが、幕府・大名家が整備され、体制が確立されていくにしたがい、役職に付随して役高、役料といった職禄が生まれた。

　とはいっても、やはり基本はあくまでも家禄であり、各々の大名から（旗本は将軍から）与えられた。

　通常、俸禄は知行地として貰うが、石高の低い場合（旗本であれば、二百石以下）は、〝蔵米取り〟と称して米の現物が支給された。そのために知行取りを〝石〟で表わすのに対して、蔵米取りは〝俵〟で表わす。

　知行取りは年貢を取り立てて俸禄とするが、地頭たる武士は「四公六民」で年貢を分けねばならないから、実質収入は石高の四割程度である。

　これは蔵米取りも、実質上は同様なのである。

　つまり、知行取りは一石に対し実収は四斗《と》しかない。蔵米取りの一俵は四斗だから、双方は同額となるので、二百石取りと二百俵取りは手取りは同じ八十石となった。

　ただし、相異する点もなくはない。

　知行取りは年貢米のほかに、知行地から米以外の産物に税がかけられ、人夫の徴用も可能であった。すなわち、額面以上の収入があったのである。

　いまひとつ異なるのが、〝扶持米〟である。戦国時代の名残りともいえるこの俸禄は、だいたいは下級武士に支給されたもの。

　最低の武士を〝サンピン〟と呼ぶのは、三両の給金と一人扶持を指したためだが、その一人扶持は、一人一日五合の米を基準とした年額（一年三百六十日とし、一石八斗）をいった。

　武蔵の三百俵十七人扶持を、三百石取りとす

西の武蔵塚。（熊本市内）

座禅石。宮本武蔵はここで座禅を組んだ。（熊本市内）

る向きがある。実質上は同一であっても、右に述べたように三百俵＝蔵米取りは知行地をもたないという点において、正しい表現とはいえない。

兵法の三大源流

読者諸氏の中には、俸禄もいいが、結局、どの流儀が一番強かったのか、といったことに関心をお持ちの方もいるだろう。

今度は剣の技法についてみてみる。

剣術はもともと、戦国時代の戦場で磨かれた戦いの技術であった。

しかし、〝剣〟を主要な武器として使用するようになるのは、江戸時代に入ってからであることは、すでにふれている。

それまで――戦国乱世において――は、太刀や刀のみならず、槍・薙刀《なぎなた》などによる闘いとその技術を総称して兵法といった。

つまり、武芸十八般のすべてを指して兵法と称していたのである。

たとえば、日本兵法の源流の一つとも、近世剣法の三大始祖の一人にも数えられる中条流《ちゅうじょう》の富田五郎左衛門勢源《とだごろうざえもんせいげん》、塚原卜伝高幹、あるいは上泉伊勢守信綱ら剣術の流祖とされている人々のほとんどは、同時に槍術や薙刀術の創始者でもあった。

だが、合戦の時代が終わって、世の中が平穏に向かうにつれ、甲冑《かっちゅう》は無論のこと、大太刀や薙刀、果ては槍までもが無用の長物とされるようになる。

わけても、大坂の陣以降（元和元年＝一六一五年）になると、これらを持ち歩くことさえはばかられるようになった。

そうした時代の変化を受けて、にわかに主要な武器として脚光を浴びるようになったのが、刀剣であったといってよい。

江戸期の武士は、大小の刀を腰にたばさみ、唯一、護身のための武器とするようになった。

江戸初期、兵法流派の主流といえば、飯篠《いいざさ》長威斎家直《ちょういさいいえなお》を流祖とする神道《しんとう》流（正しくは天真正伝香取神道流）系、愛洲移香斎久忠《あいすいこうさいひさただ》を始祖とする陰流系、それに先の中条流（始祖・中条兵《ひょう》庫頭長秀《このかみながひで》）系と、三つの系統に大別された。

もっとも、これらの兵法が俗にいう、武芸十八般の総合武術であったことはいうまでもない。

剣のみの兵法

やがて、剣の時代が主流となるにしたがい、右の兵法の中から——たとえば、中条流の門流から外他《とだ》流の鐘捲自斎道家《かねまきじさいみちいえ》や東軍流の川崎鑰之《かわさきかぎの》助《すけ》が出て、自斎の門下から一刀流を称した伊東《いとう》（藤）一刀斎景久《いっとうさいかげひさ》や巌流の佐々木小次郎が出たように——剣技のみを昇華させる試みがなされるようになった。

そして剣技に秀でた武芸者が、ぞくぞくと世に現われるようになる。

すなわち、二天一流の宮本武蔵をはじめ、タイ捨流の丸目蔵人佐《まるめくらんどのすけ》、示現《じげん》流の東郷重位《とうごうしげたか》、夕雲流の針ヶ谷夕雲、馬庭念《まにわねん》流の樋口定次《ひぐちさだつぐ》らの名が、世に出たのは慶長期（一五九六〜一六一五）から数十年ほどの間のことであった。

神道流系について

流派について述べたので、ついでながら、剣の三大源流のことについて、少しふれておきたい。

まずは、神道流系についてである。

奈良時代、東国の防人《さきもり》たちは、鎮西の防備に赴くにあたって、鹿島に集結し、長途の安全を祈願するとともに、〝鹿島の剣〟を学んで、俗にいう〝鹿島立ち〟をした。

『本朝武芸小伝』によれば、

「常陸《ひたち》（茨城県）鹿島の神人、その長じたる者七人、刀術をもって業となす」

とある。

鹿島の神官は代々、その祭祀を司るとともに武術の修練にも精励し、兵法の勃興期とされる室町時代の初期、〝京八流〟とならんで〝関東七流〟の中核となった。

この鹿島（神宮）と一対《いっつい》とされた香取（神宮）においても、同様に、神官たちにより武術は発展している。なかでも、最も先駆的役割を果たしたのが、前述の飯篠長威斎家直で、『本朝武芸小伝』にも前述につづいて、

「飯篠、天真正《てんしんしょう》の術を得て、刀槍の術が大いに興《おこ》った」

と、記されている。

長威斎は幼少のころから、刀槍の術を好み、兵書・軍学に親しみ、壮年になってからは数度の合戦にも臨んでいる。

その都度、武名をあらわしたものの、主家の千葉氏が滅亡するに及び、深く感じるところがあって、香取神宮に参籠《さんろう》して修行し、槍刀の術について自得したといわれている。が、一説には、長威斎は鹿伏菟刑部《かぶとぎょうぶ》から剣を学んだともいう。

長威斎の高弟中、きわめて優れていたのが、松本備前守政信《まつもとびぜんのかみまさのぶ》と、塚原卜伝高幹の養父・土佐守安幹《やすもと》。前者は、卜伝の実家・吉川家と同じ

鹿島の祝部《はふりべ》で、政信は鹿島神流を興し、卜伝は新当流を創始した。

長威斎の門流からは、十瀬与三衛門長宗（天真正自顕《じげん》流）にはじまる薩摩示現流（東郷藤兵衛重位）が、のちに出ている。

また、塚原卜伝の流からは、一羽《いっぱ》流（師岡一羽《もろおかいっぱ》）、天《てん》流（斎藤伝鬼坊《さいとうでんきぼう》）、霞《かすみ》流（真壁暗夜軒《まかべあんやけん》）などが出た。

中条流系について

次は、中条《ちゅうじょう》流系である。

中条流の祖は中条兵庫頭長秀《ひょうごのかみながひで》だが、中条家には長秀より以前に、家伝として中条家平法と称する刀槍術があったと伝えられている。

中条氏は八田知家《ともいえ》（源頼朝の八男といわれる）が祖。中条家平法は知家の養子で、鎌倉幕府の評定《ひょうじょう》衆であった出羽守家長に伝えられたという。祖父・伊豆守長家、父・出羽守景長は三河（愛知県東部）高橋庄の地頭で、ともに武勇をもって知られたが、長秀はこの父に従って家業の剣を学び、のちに己れの工夫を加味して中条流を興した。

ところで、日本兵法の源流の一つといわれる中条流は、長秀の後、その門から派生した流派・剣客の名によって、天下に広まったともいえる。

すなわち、中条流の嫡伝（富田《とだ》派）を嗣《つ》いだ富田九郎左衛門長家は中条流を北国へ伝え、三代の孫・五郎右衛門（勢源）からは、外他《とだ》流（鐘捲自斎《かねまきじさい》）東軍《とうぐん》流（川崎鑰之助《かわさきかぎのすけ》）が興った。

勢源の実弟・治部左衛門景政の門からは、世に〝名人越後〟と謳われた富田越後守重政《しげまさ》（旧名は山崎六左衛門）が誕生、心極流（長谷川宗喜）も出ている。

さらに分派の自斎の門からは、中条流の道統上、最大にして最高の所産である、一刀流（伊東一刀斎景久）が興った。先にふれた小野次郎右衛門忠明は一刀斎の愛弟子である。巌流の佐々木小次郎は一刀斎と同門であった。

陰流系について

三大源流の、最後が陰流系である。流祖とされる愛洲移香斎久忠は、伊勢（三重県）の豪族であったという。が、いささか素姓が不確かなうえ、

「九州鵜戸《うと》の岩屋に参籠し、霊夢を得て……」

といった伝説から、その実在を疑問視するむきもなくはない。

この流系中、なんといっても有名なのが新陰流であろう。流祖・上泉伊勢守信綱と陰流との邂逅《かいこう》については詳《つまび》らかではない。が、信綱の伝書によれば、

「予（信綱）は諸流の奥源を極め、陰流において別に奇妙を抽出して、新陰流を号す」

とあるから、陰流に大きく触れる機会があったのは確かなようだ。

信綱の創始になる新陰流の門からは、柳生新陰流（柳生石舟斎宗厳）、疋田《ひきた》陰流（疋田豊五郎《ぶんごろう》景兼《かげやす》）、タイ捨流（丸目蔵人佐長恵《ながよし》）が、さらに神陰流（奥山《おくやま》休賀斎《きゅうがさい》公重《きみしげ》）からは、真新陰流（小笠原《おがさわら》玄信斎長治《ながはる》）が出た。

このように見てくると、武蔵が生きた時代には、右の道統とは直接かかわらない、独立系の流派も、ぞくぞくと登場し、剣術の流派数はかなりの数にのぼっていたと考えられる。

こうした中で、どの流儀が最強であったか、一つを選ぶのは難しい。

やはり、使い手個人の力量による、ということになろうか。

奥儀相伝の実態

室町時代末期から江戸時代にかけて派生した各流派は、その道統を〝一子相伝〟によって維持することを原則としていた。

己れが生命がけで得た特技である。他人には洩らさずに、家伝としたいのは人情であろう。

だが、流派の極意はともかく、それに準ずる奥儀《おうぎ》となれば各流儀によって、さまざまに異なる。

奥儀は門弟中の優秀者に授けられたが、これとても「一代免許」が一般的で、稀《まれ》に「永代《えいたい》免許」といって末代まで通用するものもあったが、余人がいくら奥儀を認められようとも、技量が備わっていなければ何の足しにもならない。

免許にあたっては、およそは書伝だが、とくに秘伝とする技や、勘どころについては、口伝《くでん》とする場合が多かった。

印可状を授かるためには、まず、師に対して起請文を入れた。いうまでもないことだが、奥儀を他人に洩らさないこと、当流の名誉を傷つけざること、などを神に誓って宣誓したわけだ。

ついでながら、「印可」の印は信用で、可は許可の意である。

さて、極意相伝である。

これは〝秘伝〟とされ、かなり厳しいものであった。伝上泉伊勢守信綱とされる『悒貫書《ゆうかんしょ》』によれば、

「――兵法秘すべきこと、我兵法の仕覚えたるところをば、一子にもその者の心持ちを見届けざる以前は、相伝あるべからず」

というのがある。わが子といえども、容易には与えられなかったようだ。

これについては、真偽のほどは別にして、塚原卜伝が死に臨んで、わが子（養子）彦四郎幹秀を呼び、新当流の唯授一人の秘伝、〝一《ひとつ》の太刀〟は、伊勢（三重県）の国司・北畠具教《もとのり》卿に伝えてあるので、汝《なんじ》は伊勢にてその伝授を受けるがよい、と言ったという話もある。

柳生の極意

第七章でも少し述べたように、室町初期以降、戦乱がやや治まるまでの時代の兵法は、多くが神仏の霊感や加護により、超人的エネルギーや神妙の技を得たとしてきた。

しかし、それら呪術的迷信も、やがては合理的な面が強調され、さらには、精神主義的に変貌していく。

つまり、霊威によって開眼するのではなく、厳しい自己練磨によって自得するといった、現実主義的な態度が生まれてきたということだ。

その代表格といえば、柳生新陰流であろう。柳生宗矩《むねのり》は上泉伊勢守信綱と、父・石舟斎宗厳から伝えられた新陰流を、心技の両面にわたってさらに深め、体系化していった。

わけても彼が傾倒した沢庵《たくあん》禅師の教えによって、禅の哲学を武芸に導入し、〝剣禅一如《けんぜんいちにょ》〟の境地を切りひらいたことは特筆に価《あたい》する。

宗矩はその著『兵法家伝書』の中で、剣の極意を次のように記した。


兵法の仏法にかなひ、禅に通ずること多し。中に殊更着《ことさらちゃく》（執着）をきらひ、物ごとにとどまる事をきらふ。（中略）如何様《いかよう》の秘伝を得て、手をつかふとも、其の手に心がとどまらば、兵法は負《まく》べし。敵のはたらきにも、きっても突いても其の所々にとどまらぬ心の稽古専用なり。

すべての執着を捨てて、悟達して無心の境地に立て、と宗矩はいうのだ。すると剣も体も、自然に動いて神技を発揮するという。

精神主義の剣

こうした精神主義的な傾向は、ひとり柳生新陰流＝宗矩のみならず、この時代の大勢を占めつつあった。

夕雲流（無住心剣流）の針ヶ谷夕雲も、剣の境地を、

「およそ太刀をとって敵に向かうというも、別の事はさらになく、その間《ま》遠くば太刀のあたる所まで行くべし」

と言い、何の思惟《しい》も入るべからずという。運を天に任せて、ただ、前面の敵を討つのみ――それは臨済禅にいう〝無依《むい》〟の境地にほかならない。

この境地はまた、無外《むがい》流（辻月丹《つじげつたん》資茂）の〝剣禅一知〟でもあった。月丹はこれを、「万法帰一刀」と表現している。

すなわち、万法あるも帰するところは一、剣技もまた千変万化といえど、真の理《ことわり》は唯《ただ》一刀に帰す。さらに参ぜよ三十年。（『無外真伝剣法訣』）。

合理主義の剣

このような精神性に、いささか偏重気味であった流派の時代的な傾向に、やや水を差すがごとき合理的、現実重視の剣として現われたのが、二天一流（宮本武蔵玄信）であり、小野派一刀流（小野次郎右衛門忠明）であった、といえるかもしれない。

武蔵は『五輪書』の中で、

「とにかく兵法は勝つことである。遮二無二敵を倒すことでしか、武士道の義は全《まっと》うされない」

と言い、小野次郎右衛門も、

「一人を多数の敵が囲んだとしても、八方で八人が限度である。この八人も時間に遅速、距離に遠近があるから同時にはかかれない」

と合理性に満ちた極意を語っている。

もっとも、この二人が〝剣禅一如〟から完全に抜け出ていたかといえば、そうではない。このことは、何よりもそれらの伝書が雄弁に物語っていたといえよう。

袋竹刀の出現

ところで、兵法者の悟りに、その修行時代の防具や得物《えもの》（武器）はどのように関係したのであろうか。

当時、剣の練習には、木刀か刃引《はび》きの真剣を使うのが一般的であった。それは、練習といっても組太刀《くみだち》＝型が主であって、相手の身体に剣が触れる寸前で止めることになっていたからである。

しかし、他流試合ともなると、双方ともに己れの名誉を背負っているから、そのような斟《しん》酌《しゃく》はしなかった。そのため、負傷することもしばしばで、運が悪ければ試合で絶命してしまうことも珍しくはなかった。

宮本武蔵が京の吉岡《よしおか》一門とおこなった試合などは、その好例であろう。

試合の結果、吉岡清十郎《せいじゅうろう》は負傷したばかりか、剣の道を放棄せねばならぬ身体となり、弟の吉岡伝七郎《でんしちろう》は武蔵の一撃によって絶命したと伝えられている（詳しくは次章参照）。

それだけに、試合にあたっては当事者双方が、

「試合後は決して遺恨《いこん》を残さない。死傷しても構わない」

そういった旨《むね》の一札を、互いに交わして試合に臨んだ。

とはいえ、できれば死傷者が出るのは避けたい。また、組太刀＝型稽古のほかにも、より実戦的練習をしたいということから考案されたのが、袋竹刀である。

最もはやく、この袋竹刀を考案し、使用したのが新陰流の流祖・上泉伊勢守信綱であった。

信綱の袋竹刀は、真っすぐな破竹（竹の一種）を八ツ割り、もしくは、それ以上に割って革袋に入れたもので、定尺三尺二寸（約九十七センチ、うち七寸＝約二十一センチが柄《つか》）――革袋に漆《うるし》を塗ると、蟇《ひきがえる》の肌に似ているところから、〝蟇膚竹刀《ひきはだしない》〟とも呼ばれた。

京都に在った伊勢守信綱は、永禄五年（一五六二）、一度は故郷・上州（群馬県）に帰ったものの、中央での剣名高揚の気持ち断ちがたく、二度目の上洛を思い立ち、旅の途中、大和国（奈良県）柳生庄に立ち寄り、柳生石舟斎宗厳と試合をした。

このおりのエピソードはよく知られている。

石舟斎宗厳は三度立ち合ったものの、三度と

も惨敗した。が、この試合でも信綱が袋竹刀を使用したからこそ、宗厳の身体は無事であったといえる。

この袋竹刀は柳生新陰流に伝えられたが、同流が大いに発展し、広く天下に人気を集めた理由の一つは、この袋竹刀による練習法にあった。

筆者も以前、剣道雑誌の取材で、袋竹刀を使わしてもらったことがあるが、素面、素手であっても負傷することはなかった。画期的な発明といってよい。

なお剣術において、面・籠手《こて》などの防具が考案されるのは、信綱から約百五十年ものちの、正徳年間（一七一一～一六）、直心影《じきしんかげ》流の長沼四《ながぬまし》郎左衛門国郷《ろうざえもんくにさと》の工夫によるといわれている（一刀流にも別の防具の工夫あり）。

武蔵はどんな剣を使っていたか

得物の話題が出たついでに、宮本武蔵がどのような刀を使っていたか検証してみよう。『独行道』の一条に、次のようにある。

一、兵具は格別、余の道具たしなまず

兵法を能《よ》くする者の習いではある。が、武蔵はとりわけて刀剣には関心が深く、いまも武蔵ゆかりの刀としては、了戒、伯耆《ほうき》安綱、上総介《かずさのすけ》兼重、相州正宗《まさむね》などが知られている。

了戒は、死を目前にした武蔵が、門人で世話になった沢村友好（家老・沢村大学の養子）に形見として贈ったといわれるもの。

この刀には、

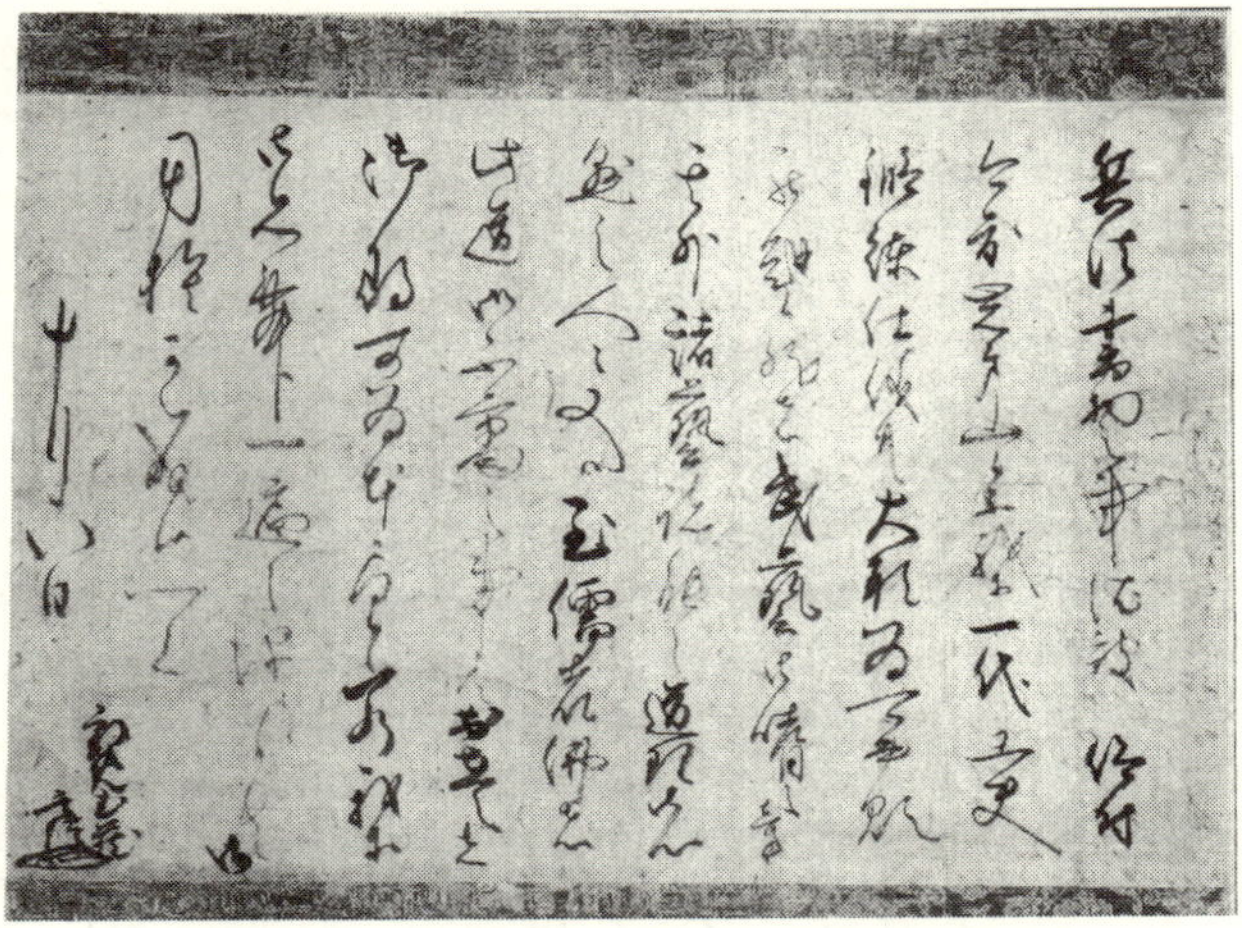

日付10月 8 日の覚え書。宛て名は不明（島田美術館所蔵）

「持する人、万事を謹むべし、戒め破らば、横死せん、家内を浄め、納めおかば、一家一族の守り神とならん」

とのいわれがあったとか。

武蔵もこの了戒によって、勝運を展《ひら》いてきたのかもしれない。

伯耆安綱の刀については、『二天記』に、

「――此のとき帯せし刀三尺余、大原真守の作、今沢村家に伝《つたわ》れり」(大原真守一本作伯耆安綱)

とあり、やはり沢村友好に贈られたようである。

上総介兼重は、晩年の武蔵が帯びていた差し料で、高弟(二番弟子)の寺尾求馬助信行に『兵法三十五箇条』とともに贈られたといわれている。

相州正宗については、武蔵がこれを所持したことから、〝武蔵正宗〟とも称された。

八代将軍・徳川吉宗《よしむね》が蒐集《しゅうしゅう》し、江戸開城のおりに十五代将軍・徳川慶喜《よしのぶ》が山岡鉄舟《やまおかてっしゅう》に与え、その後、鉄舟はこれを岩倉具視《いわくらともみ》に献上したという。

名流の価値

諸国をめぐる修行には、歴史的に二通りあることはすでにみた。すなわち、武者修行と兵法修行である。兵法修行は武芸修行ともいった。

前者は戦国時代にもっぱらおこなわれ、天下が泰平となった徳川初期以降は、後者であったことも述べた通りである。

両者を区別するものは、前者が一軍の将たるべく、武術はむろんのこと、諸国の地勢、要害や兵力、交通など、あらゆる戦略的知識の吸収につとめたのに対して、後者は、手軽に専門の武芸だけを身につけるべく修行して廻った点が異なっていた。

しかし、ことの真偽、正否はともかく、両者が共通しているのは究極の目的が仕官であり、それらの修行はあくまで、相手を納得させるための実績づくりであったという点である。

見方を変えれば、仕官競争が激化するにつけ、いきおい、自己宣伝が必要になった。廻国修行は、その宣伝手段におあつらえ向きだったともいえる。

上泉伊勢守信綱といえは、前身は上野国《こうずけ》（群馬県）大胡《おおご》城主。上州を支配下に置いていた長野業盛の家臣で、〝上野国一本槍〟とも称されたほどの武人であった。

この毛並みのよい兵法者は、永禄六年（一五六三）二月に長野氏が滅亡すると、甲斐国（山梨県）の武田信玄に仕えたものの、己れの兵法を完成すべく、許しを得て廻国修行に出た。途次、京の権大納言・山科言継《やましなことつぐ》（一五〇七～七九）と二カ年余も交わったという。

元亀元年（一五七〇）六月、その武技を、ときの正親町《おおぎまち》天皇の天覧に供して従四位下に叙され、昇殿を許されて武蔵守を名乗った。

一兵法者にしてこれほどの高位についた者は、伊勢守をおいて他にいない。

何がいいたいのか。

伊勢守信綱の高弟・柳生宗厳・宗矩親子が好例だが、疋田陰流《ひきたかげ》の疋田豊五郎《ぶんごろう》にしても、著名な師の余影やつよい推挙によって世に出た。

やはり、一介の兵法者が仕官にありつくことは至難の業であったのだ。

第十章　壮絶！　吉岡一門との戦い

剣豪・武蔵はどれほど強かったのか、どのように戦ったのか。多くの対戦相手の中で、もっとも強かったのは誰か。

武蔵を語る際に、避けて通れないこの魅力的な問題について、『五輪書』や『小倉碑文』などの諸書を通じて考えてみたい。

二説あった武蔵のデビュー戦

武蔵の試合の中で、有名な相手といえば、やはり佐々木小次郎であろう（第十一章参照）。

そして、その数年前に京都で戦った吉岡一門。ところが彼らの名前は、武蔵自身が書いたとされる『五輪書』には皆目、出てこない。

本章では、京で恐れられていた吉岡清十郎とその一門たちについて述べるが、その前に、『五輪書』に出てくる試合について、簡単に触れておくことにする。

まずは、武蔵のデビュー戦――有馬喜兵衛《ありまきへえ》との試合について。

宮本武蔵は『五輪書』の「序」に、

「我若年のむかしより兵法の道に心をかけ、十三歳にして初而《はじめて》勝負をす。其《その》あいて、新当流有馬喜兵衛といふ兵法者に打勝ち……」

と記している。

武蔵が述べるごとく、この有馬喜兵衛との試合が、その六十余度にわたったという勝負の、最初であったかと思われる。

いわば華々しい剣史のデビュー戦だが、その内容については二説あった。

そのひとつは、『丹治峯均筆記』が詳しく述べるところで、それによれば、播州（兵庫県の大部）佐用郡での出来事であったという。

武蔵が十三歳のときというから、慶長《けいちょう》元年（一五九六）のこと——有馬喜兵衛が播州に来て、

『元祖新免辨之助像』椿椿山筆。13歳の宮本武蔵が有馬喜兵衛と試合して勝ったころの姿を描いたもの。（島田美術館所蔵）

とある浜辺に竹矢来《たけやらい》を結び、

「試合望み次第致すべし」

と他流試合の相手を求める高札を立てた。

おりしも手習いから帰る途中の武蔵（幼名・弁之助）はこれを見て、高札に墨を塗ると、

「弁之助、明日見参」

と書いて帰った。

その日の夕刻、武蔵との試合を承諾した喜兵衛に、武蔵を預かる僧庵の住職は大いに驚いた。そして喜兵衛の投宿先に赴《おもむ》くと、幼年者のいたずらゆえと許しを乞《こ》うた。

喜兵衛は納得したものの、自身の面目《めんぼく》もある。そこで翌日、試合場で衆人を前に住職に謝ってもらうことを条件とした。

ところが、当の武蔵はおさまらない。

「喜兵衛とはその方か、いざ参る！」

と声をかけ、準備していた六尺棒で打ちかかっ

たのであった。喜兵衛もすかさず立ち上がり、抜き打ちざまに斬りつけた。

かくして数合《ごう》ののち武蔵は、突如、六尺棒を捨てて組みつき、喜兵衛を頭上高くさし上げるや、真っ逆さまに投げ落とす。そして再び六尺棒を手にすると、倒れた喜兵衛を滅多打ちにして絶命させたのであった。

このあと、『丹治峯均筆記』は、

武蔵ここに於《おい》ておもへらく、我が命を捨て て踏込《ふみこ》んで打《うち》つくれば、敵に勝たざることはなしと。程なく庵を去りて武者修行に出《い》でゆけり。


と記述する。

有馬喜兵衛については、詳細は不明であるが、室町時代末期に盛んであった、廻国修行者の一人という。

今一つの説は、兵庫県佐用郡発行(大正十五年＝一九二六年)の『佐用郡誌』が記すところである。

「平福《ひらふく》に博徒をもって、暴行至らざるなき有馬喜兵衛なる者あり。神(新)当流の達人とはいえども、村内にて蛇蝎《だかつ》(蛇とサソリ)のごとく忌《い》み嫌われしかば……」

とあって、あるとき、武蔵と口論し、松原で立ち合ったが一刀のもとに喜兵衛を斬り伏せ、「その身はところさだめず、行方をくらましたり」

とある。いずれにしろ、新当流の名手といわれたほどの男を、十三歳にして倒すとは驚くほかはない。

が、まんざらあり得ぬ話でもなかった。

武蔵よりやや先に世に出た伊東《いとう》(藤)一刀斎《いっとうさい》

景久《かげひさ》も、弥五郎と称していた少年時代（十四歳であったといわれる）、富田《とだ》流の遣い手・富田一《いっ》放《ぽう》と試合をして勝ったと伝えられている。

謎に包まれた剣士・秋山

『五輪書』に二番目に出てくる試合の相手が、〝秋山某《なにがし》〟である。

「十六歳にして但馬国（兵庫県北部）秋山といふ強力の兵法者に打勝つ……」

とあるのがそれだ。

この大力の兵法者・秋山某についても詳《つまび》らかではない。春山《しゅんざん》和尚が撰した『小倉碑文』に、次のようなくだりがあるだけだ。

大力量の兵術人、秋山と名づくる者あり。また、勝負を決し、掌《てのひら》を反へす間に其人を打殺し、芳声、街に満てり。

六十余度もの試合をした中で、武蔵がわざわざ『五輪書』に記したほどの試合である。かなり印象の、強烈に残る勝負であったかと思われるのだが、皆目、詳細を伝えるものがないのはいささか腑《ふ》に落ちない。

剣の名門・吉岡一門の発祥

承応三年（一六五四）、武蔵の養子・伊織《いおり》の建《こん》立《りゅう》になる武蔵の「頌徳碑《しょうとくひ》」（『小倉碑文』）が伝えるところによれば、武蔵は京・吉岡一門の清《せい》十郎《じゅうろう》と試合い、木刀でもって一撃のもとにこれを倒したとある。

武蔵は『五輪書』の序文で、十六歳のとき秋山某を倒したあと、さらに各地を兵法修行したのであろう。やがて京都に上ったようだ。

ときに、二十一歳であったという。そして吉岡一門とは三度にわたって決闘した。清十郎との勝負がその最初であったようだ。おそらくそのことであろう。

「——都へ上り、天下の兵法者に逢ひ、数度の勝負を決すると雖《いえど》も、勝利得ざると云事《いうこと》なし」と言っている（『五輪書』）。

この清十郎との試合を、『二天記』は慶長九年（一六〇四）春のこととしている。

ところで、吉岡家は代々が鬼一法眼《きいちほうがん》に発する、〝京八流〟の流れを汲む一流の宗家といわれてきた。名門といっていい。

この流派は、世に吉岡流で通用した。時代柄、武芸十八般が建て前ではあったが、兵法としては剣術が中心であったようだ。

遠祖・鬼一法眼は、いくつもの伝説に登場するものの、その正体はいまだに不詳である。むろんのことだが、源九郎義経に兵法を教授したというのも、伝奇の世界でのこと。

吉岡流の技法

江戸期に広く流布された、鬼一法眼流（別称・鬼一流）の伝書によると、太刀筋はおおむね中条流《ちゅうじょう》かと思われる。

太刀そのものが短く、相手の懐《ふところ》深く入り込む、入り身の技法に特徴があった。

もっとも吉岡流については、一説に、太刀筋は先にみた神道流系（天真正伝香取神道流や鹿島新当流など）ではなかったか、ともいわれている。元禄二年（一六八九）の水戸彰考館本『剣術系図』（間喜兵衛著）では、

「吉岡流は新当流の末流」

としていた。

残念ながら、この流儀は現存していないため、直接、技法を確認するすべがない。

ただ、時代背景からは、中条流系の技法が戦国末期の、比較的泰平に近づきつつあったころ、神道流系と交流をもち、独自の進歩を遂げたことは十分に考えられる。

そして、織豊《しょくほう》期を一つの境界として、剣術の技法は、鎧冑《よろいかぶと》を着用してのものから、平服姿へと転化していく。

技法的には、それまでは甲冑《かっちゅう》の隙間をついて小手や首筋の頸動脈《けいどうみゃく》を斬るのに主眼がおかれていたものが、あらゆる人体のポイントを、斬刺できるようになった。

——なかでも判りやすいのが、斬り方であろう。

室町中期以前に発祥した多くの流派は、甲冑を着用して太刀を振るうため、どうしても振り幅がせばまり、大きく振りかぶれなかった。

そこで眼前の位置からの袈裟《けさ》斬り——甲冑の縫い目や継ぎ目を狙ったもの——となる（真っすぐに斬りつけても、甲冑には刃がたたない）。

また、練習用として、真剣の刃引きの使用が、木刀へと変わる過渡期でもあった。

憲法三代の華麗な経歴

吉岡憲法——ほかにも兼房・建法・拳法と種々の当て字が用いられているが、そもそもこの〝憲法〟は、天文《てんぶん》年間（一五三二～五五）、室町幕府の十二代将軍・足利義晴《よしはる》に仕え、軍功のあった吉岡直元《なおもと》をもって初代としていた。
二代目は直元の嫡子《ちゃくし》ではなく、実弟の直光《なおみつ》である。武勇で立つ家の宿命といっていい、直光

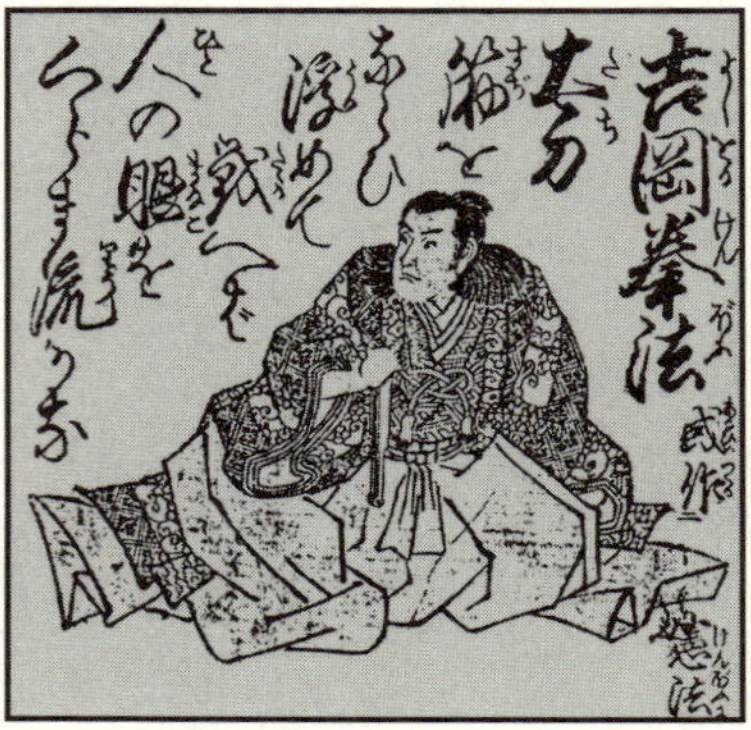

吉岡憲法
（「武芸百人一首」より）

もやはり憲法を称し、足利将軍家の兵法師範をつとめたという。

次の三代目・又三郎直賢《なおかた》（直光の子）が、十五代将軍・足利義昭《よしあき》の師範であったというから、年譜をたどって考察すると、たぶん先代の直光は、義昭の実兄で世に〝剣豪将軍〟の異名《いみょう》を残した十三代将軍・足利義輝《よしてる》を教えたことになる。

将軍義輝は、塚原卜伝や新陰流の開祖・上泉伊勢守信綱を招聘《しょうへい》して、ひたすら剣技を高めたとされる人物である。

このころ、室町幕府はすでに名のみとなり、将軍とはいえ、衣食のための所領すら大半を失い、諸国の兵馬の権を一手に握る地位にありながら、自身の近衛軍《このえぐん》（親衛隊）さえ、危《あや》うくなりつつあった。

そのため将軍義輝は、自身を己れで護《まも》る必要に迫られ、当時、流行しつつあった兵法（剣術）を習得しはじめたのである。

これはそれまでの剣術史上、画期的な出来事であった。

足利将軍家とともに

第一部でも述べたが、刀術のごときは、しょせん、歩卒の技術としかみられていなかった時代、名目だけの将軍とはいえ、天下人が自らこれを熱心に学んだのである。

しかも、永禄八年（一五六五）五月十九日、義輝は二条第《にじょうだい》（城）において、寄せくる三好《みよし》三人衆や松永久秀《まつながひさひで》らの軍勢を相手に、剣鬼と化しての奮戦をおこなっていた。

歴代の征夷大将軍の中で、これほど剣を実戦に使用し、かつ、成果を挙げた人物もいまい。

しかし、将軍義輝は戦い疲れたところを、背後から足を払われて転倒し、討たれてしまう。一説には、鉄砲で撃たれたともいわれている。

将軍に殉じて討ち死にした近臣は、六十余名に達した。吉岡直光もあるいはこのとき、この世を去ったのかもしれない。

足利政権は一時期、三好三人衆らの傀儡《かいらい》であった足利義栄《よしひで》を十四代将軍としたが、まもなく織田信長によって覆《くつがえ》り、結局、足利義昭が最後の将軍（十五代）となった。

この将軍義昭の剣術師範が吉岡直賢であったのだから、やはり、足利家と吉岡一門はなんらかの縁があったのであろう。

直光の代に京都・今出川《いまでがわ》に住し、「兵法所」を開設したとも伝えられる。俗説で、武蔵の父・新免無二斎《しんめんむにさい》と試合をした、とされるのは直賢である。

吉岡家が京において、どのような立場にあったかは詳《つまび》らかではない。が、少なくとも、将軍義昭を追放した信長に、再仕官した形跡はない。

そして、直賢の長子・清十郎が憲法を世襲する。

〝一の太刀〟を自得していた清十郎

吉岡流四代宗家となった清十郎は、精神修養の一環として、深夜、人目を避けて郊外の森に赴いては、〝止観《しかん》〟の修行につとめたという。

この精神統一法は、本来、密教の行法である。心の中を〝空〟にすべく鍛錬する座禅とは異なり、逆に、心を一つの対象に集中させることによって他の雑念を払拭《ふっしょく》し、心を研《と》ぎすませて気を充実させ、心胆を錬磨する心法であった。

先に、吉岡流が新当流の末流の可能性もあると記したが、かの塚原卜伝高幹《たかもと》の流れを汲んでいたとすれば、当然ながら、〝一《ひとつ》の太刀〟の秘伝も、吉岡家に伝えられていたに違いない。

〝一の太刀〟については、これが広く世に知られているだけに、誤解しているむきも多いようだが、これは特定の刀法＝技法を指すのではなく、己れの全身全霊を込めて、ただ一太刀にすべてを託すという心構え・心法であって、けっして二の太刀は遣《つか》わないという必殺の心胆をいった。

〝一の太刀〟を外《はず》されれば、再び、新たなる気持ちで〝一の太刀〟を振るうというのが、卜伝の到達した剣の極意であったといえる。

この極意をきわめるには、何ものをも恐れず、動揺せぬ心を鍛錬せねばならない。

清十郎はまさしく、〝止観〟によって、名人卜伝の境地に到達しようとしていた。

その想念を統一した力がどれほど凄まじいものであったか、森の梢《こずえ》の小鳥に想念すると、数百羽が一斉に飛び立ったと伝えられている。

よほど純度の高い精神統一を、清十郎は身につけていたのであろう。

何説かある「武蔵敗北説」

この吉岡清十郎と対決した武蔵は、清十郎の頭を強打して勝利したという。

敗れた清十郎は死に至らず、門人たちによって板に乗せられて帰宅。あれこれと手を尽くしたので回復はしたものの、ついには剣を捨てて仏門に入ったというのが、『二天記』のあらすじであった。

通説ではこのように、武蔵の一方的勝利となっているのだが、武蔵の負けとする説や、相打ち説などもないわけではない。

貞享《じようきよう》元年（一六八四）に世に出た『吉岡伝』によれば、武蔵を越前少将（松平忠直《まつだいらただなお》）の家臣とし、二刀をよくする無敵流の遣い手として登場させ、吉岡源左衛門直綱（清十郎）・又市直重（伝七郎）兄弟と対決させている。

直綱と武蔵の勝負は、武蔵が眉間を打たれて出血して終わる。が、直綱の勝ちとする判決と、相打ちとする両判定が出たため、直綱が激怒し、再度の試合を申し入れる。

それに対して武蔵は、

「直綱どのとの勝負は決した。ゆえに次は、直重どのとの試合を所望したい」

と答えた。

しかし、試合当日になっても武蔵が姿をみせなかったので、世間では、直重は座して勝ちを得たと噂をしあったという。もちろんこういう記録は、たぶんに身贔屓《みびいき》やはったりが付きものである。

真実は不明ではあるが、武蔵が引き分けたとする史料はあった。

『古老茶話』によれば、京都北野の七本松で戦った両者は、武蔵が刻限どおりに来た兼房《けんぼう》（清十郎）を、わざと待たせて己れは遅参。兼房が木刀、武蔵は竹刀で闘ったが勝負は相打ちであったと記している。

兼房は鉢巻の左の小鬢《こびん》を打たれ、武蔵は左肩のやや後方を打たれたという。

相打ちとした記録は、他にもあった。

正徳四年（一七一四）、天道流の遣い手と称された日夏弥助繁高が著《あらわ》した『本朝武芸小伝』によれは、吉岡は平安城（京）の人で刀術にすぐれ、室町家（足利将軍家）の師範をつとめて「兵法所」を称していた。

剣を祇園藤次に学んでその妙を継承したが、一説には、鬼一法眼流で〝京八流〟の末であるとしたうえで、吉岡と武蔵の勝負は引き分けたとしている。

柿手拭で鉢巻をした武蔵と白手拭の鉢巻姿の吉岡憲法が闘い、ともに額に相手の太刀を受けたが、白手拭の憲法のほうが血の流れが早く鮮明になったとある。あるいは、憲法が武蔵の鉢巻を斬り落とした刹那《せつな》、武蔵は憲法の袴《はかま》を斬っていたという話もあった。

全体の印象からすれば、吉岡清十郎の技量と武蔵のそれは伯仲していたか、やや清十郎の側に分《ぶ》があるように思えるのだが、いかがなものであろうか。

もっとも、武蔵は『五輪書』においても、「吉岡清十郎に勝利した」とは一言もいっていない。

二番目の刺客・吉岡伝七郎との試合

吉岡伝七郎は、清十郎の弟である。

この伝七郎との対決が、武蔵の吉岡一門との試合＝二番目のものとなったと『二天記』はいう。

先にも述べたが、兄の清十郎は武蔵との闘いで倒され、門弟に助けられて帰宅後に回復したものの、その後、兵法を捨てて剃髪した。

『二天記』によれば、

「其後、弟・伝七郎と洛外に出て勝負を決す」

とある。伝七郎は兄・清十郎の仇を討つべく、武蔵との試合に臨んだのであった。場所は洛外とあるだけで、定かではない。

伝七郎は豪の者であったらしく、五尺余（約一・五メートル）もの太刀をもって挑んだ。が、武蔵にその太刀を奪われ、逆に、一撃のもとに打ちのめされてしまったばかりか、あえなく絶命してしまったという。

この両者の試合の異説が、先にみた『吉岡伝』である。

それによると、武蔵自身が又市直重との試合を望んでおきながら、臆したためか、試合の当日になっても姿を現わさなかったという。

意表を衝いた武蔵の作戦

伝えられる吉岡一門との最後の戦いは、吉岡又七郎《またしちろう》とのものである。

又七郎は、吉岡清十郎の嗣子《しし》。先の伝でいけば五代宗家ともなるべき人物である。試合は、清十郎、伝七郎兄弟を倒された吉岡一門が、尋常な勝負では勝てないと密《ひそ》かに談合した結果、多数の門弟が加勢して闘うことに決し、武蔵に申し入れたものという。

吉岡方は清十郎の子・又七郎を名目人に、洛外の一乗寺《いちじょうじ》村藪《やぶ》ノ郷《ごう》下り松を試合場所と定めた。当日、門弟数百人は、かねての手筈《てはず》どおりに弓矢をはじめ、各々、得物《えもの》を手にして武蔵を待ち受けた。

これに対し、武蔵の門弟たちも加勢したいと

願い出たが、武蔵は、

「それでは徒党を組んでの戦いとなる。それは法度《はっと》を犯すことになるので慎まねばならぬ。もし、一人でも加勢することは、我を罪に陥《おとしい》れることとなろう」

そう言って門弟たちの助太刀を断わり、一人で試合の場に臨んだ（『二天記』）。

武蔵は、清十郎や伝七郎との試合のときは、わざと約束の刻限に遅れていった。

しかし今度は、相手の意表を衝《つ》いて先回りして待機する作戦に出た。『二天記』は次のように記している。

「鶏鳴より独歩し、洛（京都）を出る路《みち》に八幡の社あり、因《よっ》て思ふ〝我幸《さいわい》に神前に来《きた》れり、まさに勝利を祈るべし〟と。社壇に至りて慎みて鰐口《わにぐち》の紐を把《と》りて将《まさ》に打鳴さんとす」

——しかし、武蔵は祈願するのをやめた。

自分はつね日ごろ、神仏は尊崇しているものの、信仰はしていない。にもかかわらず、困難に直面して、今まさに神に加護を祈ろうとしている。そうした己れに恥じて神壇を降りたという、有名な場面である。

予定どおりに、夜明け前に下り松に到着した武蔵は、松の木陰に一人静かに佇《たたず》んで、吉岡一門の来るのを待った。やがて、又七郎が数十人の門人たちに囲まれてやって来る。

吉岡方が、

「定めし武蔵は、いつもどおり刻限に遅れてくるであろう」

と話し合っているところに、武蔵は「待ったか」と声高に叫びながら斬り込んでいった。

ふいを衝《つ》かれた吉岡一門は、周章狼狽。武蔵はついに又七郎を一刀のもとに斬り伏せ、一気呵成《かせい》に囲みを斬り破るや、いちはやくその場を離れ去ったのであった。

この又七郎＝吉岡一門との試合の模様については、『頌徳碑』碑文にもかなり詳しく述べられてある。が、右の八幡社での一件については、まったく触れられてはいない。おそらく、後世の付会であろう。

ここまで吉岡一門との戦いについて述べてきたが、意外なことが判明した。名門・吉岡流がにわかに世の耳目を集めたのは、実は武蔵との決闘によるものではなかった、ということだ。

吉岡家の名を、その剣技を、世に知らしめたのはほかでもない、「ドびっこい」性格の、源左衛門直綱（清十郎）と又市直重の弟・吉岡清《せい》次郎《じろう》の蛮勇であった。

ドびっこい男・吉岡清次郎

上方に「ひつこい」という言葉がある。「しつこい」の転訛《てんか》で、執拗なさまをいう。

歌舞伎狂言「男競《おとこくらべ》三国湊《みくにのみなと》」（奈河八十助作）の大詰に、

「エヽ、ひっこい、厭《いや》でござんすわいなァ」

というのがそれだ。

執拗さを嫌う雰囲気がよく出ているが、この「ひっこい」――度をこすと接頭語の〝ド〟がついて、「ドびっこい」と言われた。

この語意には、あからさまな毛嫌いに加えて、恐怖をともなう響きがあったようだ。

慶長年間（一五九六～一六一五）、まさに京都の人々に「ドびっこい」と恐れられ、敬遠されていた人物に吉岡清次郎がいた。いささか重複するが、三代宗家・吉岡直賢の三男である。

京の人々から、「けんぽうの家」と呼ばれた吉岡家には、それまでにも名人・達人と称される剣士が輩出していた。そのことも、微妙に清次郎の人間性に影を落としていたかとも思われる。

清次郎には、剣に優れた二人の兄がいた。

一説には、清次郎を二人の従兄弟《いとこ》とするものもあるが、後述する事件の経過からして、やはり兄弟とみるほうが妥当であろう。

吉岡一門は初代の直元から四代目の清十郎まで、まるで事績《じせき》を意図的にかき消したかのごとく、今なお謎につつまれている。

逆説的な言い方が許されるとすれば、清次郎が起こした事件は当の吉岡家にとって、きわめて迷惑なことではなかったろうか。

清次郎は直賢の子でありながら、諱《いみな》の一字も継承していない。もしかすれば、猶子《ゆうし》や養子であったかもしれないし、また、事件の引き金となった清次郎の鬱屈《うつくつ》と微妙に関わっていた可能性もある。

禁裏での惨劇

——事件は、慶長十九年（一六一四）の六月二十二日に起こった。

この日、秀吉の忘れ形見で右大臣の位にあった豊臣秀頼《ひでより》が、東山《ひがしやま》に大仏殿の建立《こんりゅう》を終え、その祝賀の宴が禁裏《きんり》（御所）で催された。

今日の感覚では信じられないことだが、当時は庶民の拝観も許される場合があり、このおりもとりわけ能（または猿楽《さるがく》）興行には、多くの人々が禁裏に詰めかけて見物したという。

『古老茶話』には、慶長十六年六月二日としているが、事件後の吉岡家の行動などから見て、いささか腑《ふ》におちない。同様に『常山紀談』では慶長七年としているが、秀頼が右大臣になったのは慶長十年四月である。朝廷が独自に祝宴を催し、庶民に開放したとするのも、やはり無理があろう。

まずは、慶長十九年六月二十二日に、間違いはなさそうである。ちょうど、武蔵と吉岡一門の決闘から十年後のことになる。

当日、清次郎も群衆に交じって能の見物に出かけたが、出向く前から機嫌はあまりよくなかったようだ。

見物は多分、立ち見であったろうし、虫の居所が悪いうえに、大衆の群がる様が癇《かん》にさわっていたのであろう。

諸書に「雑色《ぞうしき》」（蔵人《くろうど》所《どころ》や院の御所で雑役をする者の職名）とある。その者がどうやら、手にしていた杖を誤って清次郎に当てたらしい（『本朝武芸小伝』）。

『古老茶話』によれば、

「頭《ず》がたかい」

と言って、金棒で清次郎の頭を叩《たた》いたというが、清次郎ほどの技量の持ち主を、雑色ごときが叩き得たとは思えない。

文中に、町人のくせに剣術に秀で、名声のあるのを快《こころよ》く思わなかった、という雑色の心情が語られているが、吉岡家が町人＝染物屋になるのは後のことで、このときの吉岡家は歴《れき》とした武家であった。

ともあれ、雑色が不注意に——それも「ドびっこい」男とは知らずに——手にしていた杖を、清次郎の身体のどこかに当てたのであろう。

ここで雑色が陳謝すれば、あるいは、斬殺の憂《う》き目はなかったかもしれない。だが、雑色は詫び言をいわなかったか、顔付きが心底、そうではなかったのだろう。

否、当時の雑色のことだ、酒でも入っていれば、恫喝《どうかつ》がましい声を挙げたとも考えられる。両者は一言、二言ぐらいは言い合ったに違いない。が、売り言葉に買い言葉である。

「よし、参れ！」

清次郎が怒号した刹那《せつな》、刃唸《はうな》りする太刀が雑色を襲った。

剣を構えたまま、清次郎は心気を鎮《しず》めようとした。だが、場所がわる過ぎた。禁裏の中であり、口論を見物していた人々も多かった。

すぐさま、雑色の仲間たちが清次郎を取り囲んだ。

清次郎は動揺などしない。なにしろ、性格は執拗にできている。背後に人がまわり込まぬよう注意しながら、徐々に、目前の相手との間合いを詰めた。

待てばよかった。必要以上に、前に出るのは危険である。死角が生じれば、突かれぬとも限らない。

激しい気合いとともに、雑色の仲間が耐えきれなくなって、次々と斬りかかった。

清次郎は身体をかわし、間に合わぬところは剣を撥《は》ねあげ、相手と交錯する一瞬の隙《すき》に、その内懐《うちぶところ》に入った。

『本朝武芸小伝』に、舞台に上がって気息を整え、飛び下りては斬り、また舞台の上の人となり、輪を縮めるべく相手が迫ると、再び飛び下りて斬ったとある。

清次郎の死がもたらしたもの

この場面を、吉岡一門の幾人かが遠巻きに見ていたというが、清次郎に加勢もせず、さりとて乱闘を仲裁するでもなく、手を拱《こまぬ》いて見ていたのはなぜであったのか。

清次郎の「ドびっこい」性格を慮《おもんぱか》ってか、その腕に余程の信頼をおいていたからであろうか。

禁裏内での騒動は、たちまち京都所司代・板《いた》倉《くら》伊賀守勝重《かつしげ》のもとに伝えられた。もちろん、放置してはおけない。

『常山紀談』によれば、勝重自身が〝眉尖刀《なぎなた》〟を取って清次郎に向かったとあるが、これは筆の走り過ぎというもの。六十代を半ばも過ぎた勝重には荷が重い。家臣の太田忠兵衛を向かわせた、とするのが正しいであろう。

忠兵衛は諱《いみな》を兼氏《かねうじ》といった。号は龍影である。近江《おうみ》国（滋賀県）花輪村の出身で、柳生新陰流の遣《つか》い手であった。清次郎の剣が中条流系か神道流系の流れで、これに立ち向かった忠兵衛がわが国剣術の三大源流の一つ、陰流系であったのは甚《はなは》だ興味深い。


——双方の、腕のほどは互角。

しばし、勝負の行方は見えなかった。

ところが斬り結ぶうち、どうした弾《はず》みか清次郎が足を滑らせてしまう。『本朝武芸小伝』は、袴《はかま》の紐《ひも》が解けて、つまずき倒れたと述べ、『撃剣叢談』では仰向けに倒れたと記している。

忠兵衛はその姿に、声をかけた。

「倒れた者を斬るは、武士の恥。立って尋常《じんじょう》に勝負せよ」

清次郎はこの言葉を、真《ま》に受けた。

心得たとばかりに足を踏み直し、半ば起き上がったところを忠兵衛に、一刀のもとに斬殺されてしまった。

見物人たちは、敵を起こしてから斬った忠兵衛を誉めそやした。が、主人の勝重は、倒れたのに斬らなかったのは驕《おご》りだと言う。

忠兵衛はかすかな笑《え》みを浮かべて、返答している。

「このような場合、倒れた者をそのまま斬ろうとすれば、わが身に隙ができ、かえって当方が斬られることがあります。倒れようにも虚《きょ》と実《じつ》があり、吉岡が倒れたのは虚かもしれず、また、実で倒れたのかもしれませんが、いずれにしろ、容易に斬れる相手ではありませぬ。

倒れたときは、身をかばおうとして虚のように見えたが、次の瞬間には近寄る私を斬る心持ち（実）でした。しかし、虚であれ実であろうとも、倒れた者が起きぬことはありませぬ。この起き上がる刹那こそが、無防備の虚となります。そこで私は、ここを頼りに仕止めたのです」

清次郎の死は、確実に二つのことを吉岡家にもたらした。

宗家の当主でもない者（清次郎）が、あれほどにも遣えるのであれば、当主はいかに腕達者かと噂が飛び交い、吉岡流の名声は一挙に天下に鳴り響く。

今一つ、ひそやかに京都で息づいていた足利将軍家ゆかりの吉岡家に、徳川幕府の監視の目が光るようになった。

この年、吉岡一門は御宿越前守政友のすすめにより、大坂冬の陣に参戦。講和となったおり、〝兵法〟に見切りをつけて看板を下ろしたという。

吉岡流はその後も、一門の者によって細々ながら伝えられ、尾張藩士・近松彦之進茂矩《しげのり》の随想『昔咄』には、吉岡加兵衛という遣い手が後年になって記録されている。

それにしても、不可解な一門があったものだ。

第十一章

〝巌流島の決闘〟の真相

其後国々所々に至り、諸流の兵法者に行合ひ、六十余度迄勝負すといへども、一度も其利をうしなはず。其程、年十三より二十八、九迄の事也。

武蔵は『五輪書』の「序」で、京都での勝負のあとを、右のように記しているが、六十数度の勝負の内容については、具体的に述べていない。

しかし、史実としてもあまりにも有名な〝巌《がん》流《りゅう》島の決闘〟が、その最後に控えていたはずだ。

小次郎は七十歳近かった？

これは諸々の記録に、明らかなところだが、なかでも内実はともかく、決闘のあったことを記したものとしては、『小倉碑文』がもっとも古いのではなかろうか。

『小倉碑文』は、この決闘の模様を次のように記している。

爰《ここ》に兵術達人あり巌《がん》流《りゅう》と名づく。彼と雌《し》雄《ゆう》を決せんことを求めしに、巌流曰《いわ》く、真剣をもって勝負を決したしと。武蔵答へて曰く、汝《なんじ》が白刃を揮《ふる》って其妙を尽くせ、吾は木戟《ぼくげき》を提げて此秘を顕《あら》はさんと。堅く漆約を結べり。長門《ながと》（山口県東部）と豊前《ぶぜん》（福岡県東半部と大分県北部）の際、海中に島あり、舟《ふな》島といふ。両雄、同時に相会す。巌流、三尺余の白刃を手にして来《きた》り、命を顧《かえり》みずして術を尽くす。武蔵、木刀の一撃をもってこれを殺す。電光なお遅きがごとし。故《ゆえ》に俗に船島を改めて巌流島といふ。

これによると武蔵は、巷間《こうかん》いわれているところの、遅参戦法をとらずに試合場に臨んだことになる。三尺余の太刀を手にした巌流すなわち佐々木小次郎に、木刀をもって立ち向かい、一撃のもとに殺害したとある。

この巌流島での勝負は、『二天記』によれば、「（佐々木小次郎は）十八歳のよしなり。英雄豪傑の人なりとて、武蔵もこれを惜しみしとなり」とあって、ときは慶長十七年（一六一二）四月十三日であったとしている。

しかし、小次郎の十八歳説については、多くの異説があった。

第一、『二天記』自体が小次郎十八歳としていながら、はなはだしく矛盾する記事になっていた。というのも、小次郎を「富田勢源《とだせいげん》の弟子で打太刀をつとめた」と記しているのである。

勢源については、これまでもたびたびみてきた。『本朝武芸小伝』によれば、永禄三年（一五六〇）七月、美濃《みの》（岐阜県）国主・斎藤義龍《さいとうよしたつ》の命により、剣法指南役の梅津《うめづ》某と試合して勝っている。

仮りに、小次郎が十五歳でこのころに弟子になっていたとすれば、巌流島で武蔵と闘ったと

現在の巌流島（山口県下関市）

き、彼は七十歳近くになっている計算になりかねない。

小次郎、必殺の剣

このように、巌流《がんりゅう》＝佐々木小次郎は詳細不明の人物であった。『二天記』によれば、越前《えちぜん》（福井県）宇坂庄浄教寺生まれ。富田勢源の弟・治部左衛門景政《かげまさ》を破って出奔し、その後の試合で一度として負けたことはなかったとか。

勢源は中条流小太刀の名手であったが、小次郎はその打太刀をつとめているうちに、大太刀の妙法を得て巌（岸）流を創始したとされている。

備前岡山藩の剣術指南役であった源徳修の『撃剣叢談』によれば、巌流を岸流とし、此流に一心一刀と云ふ事有り。是は大太刀を真向におがみ打ちする様に構へて、つかつかと進み、敵の鼻先を目付にして矢庭《やにわ》に平地まで打込む也。打つなりにかがみ居て、上より打つ処をかつぎ上げて勝つ也。

と書き止めている。相当に激しい刀法を使ったようだ。

武蔵、巌流で二刀を使う?

この『撃剣叢談』は、『砕玉話』(『武将感状記』)に出ている話として、

「岸流といふ者と仕合せる時、棹郎《せんどう》に篙《こう》(船棹《さお》)を乞ひて二刀とし、岸流は真剣にて勝負し、終《つい》に武蔵勝ちて岸流を撃殺せし事……」

と紹介している。

これによれば諸書が著すところの一刀説ではなく、武蔵は二本の木刀によって小次郎を撃殺したことになる。

ところで、小次郎に敗れたとされる景政は、文禄二年(一五九三)、七十歳で没していた(『加賀藩史稿』)。船島での決闘のあった年(慶長十七年=一六一二年)、『二天記』が記すように小次郎十八歳とすれば、景政は小次郎の出生前に死んでいることになる。

また一説に、小次郎は富田流の高弟・鐘捲自《かねまきじ》斎通家《さいみちいえ》の門人であったともいう。

自斎も大いに疑問のある人物だが、もし、『二天記』の記す小次郎十八歳説をとると、小次郎の自斎門下説のほうがまだしも年齢的には近づけるだろう。すなわち、自斎は富田景政に学んで、山崎左近将監《さこんしょうげん》、長谷川宗喜とならび、〝富田三家〟と謳《うた》われたとされているからだ。

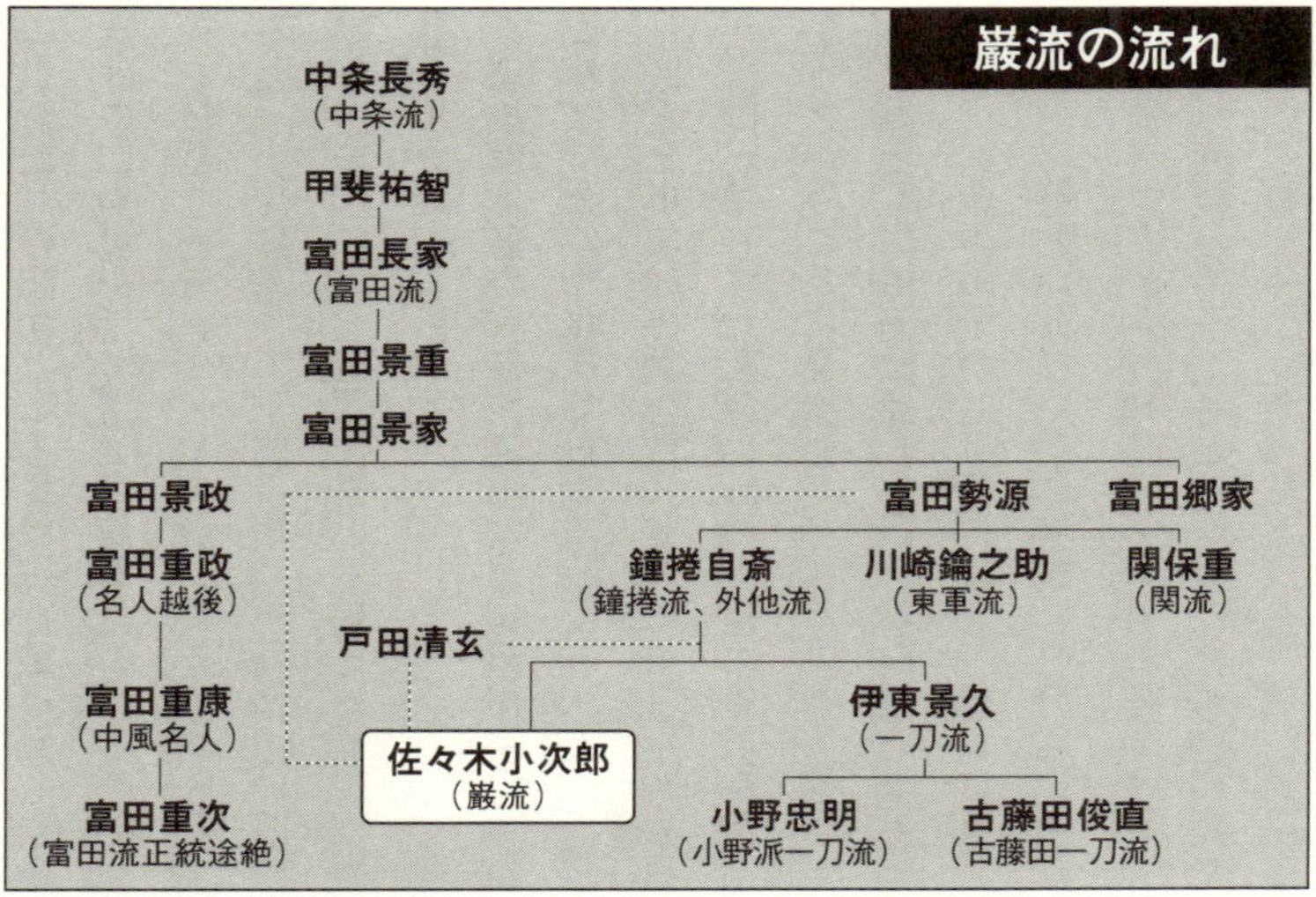

小次郎の息の根を止めた意外な人物

『小倉碑文』の文言からは、船島での勝負は武蔵が望んだごとく受けとれる。

だが、享保元年（一七一六）刊行の『武将感状記』によれば、

「二刀流の名人・宮本武蔵が、肥後熊本の藩主・細川越中守忠利《ほそかわえっちゅうのかみただとし》の家臣になり、京都から九州へ下るとき、巌流という剣術者から、試合《たたか》いたい、船島で待っている、と言ってきた。船島は長門《ながと》の国下関の沖合い……」

というように、武蔵ではなく、小次郎が試合を望んだことになっている。

さて、『小倉碑文』の言うように、対峙した武蔵と小次郎の勝負は、結局は武蔵の一撃によって決せられた。

『二天記』の記すところでは、武蔵は倒した小次郎の口や鼻を手で覆い、顔を近づけてその生死を確認したうえで、検死係に向かって一礼すると、小舟に乗って下関に素早く帰っている。が、これにも、奇想天外ともいえる異説が残されていた。

肥後熊本藩の家老・沼田《ぬまた》家の『沼田家記』によれば、次のとおりである。

武蔵と小次郎の試合は、双方の弟子たちの兵法自慢が昂じて、互いの師の兵法の優劣を決しようということに発展した。

双方ともに弟子は連れていかない定めであったが、武蔵の弟子たちは約に反し、船島に渡り隠れていたという。やがて、試合ののち、倒れていた小次郎が息を吹き返したが、それを、目撃した武蔵の弟子たちが、今度は打ちかかって殺してしまったというのだ。

事情を知った小次郎の弟子たちが、次には、武蔵を殺すべし、と大挙して船島に渡る。

窮した武蔵は、門司《もじ》城代であった沼田延元に救いを求め、城中にしばらく匿《かくま》ってもらったのちに、沼田家の家来に鉄砲組をつけて警固してもらいながら、豊後（大分県の大部）に送られたというのだ。

右の記録が真実であれば、小次郎を打ち殺したのは武蔵の弟子たちということになる。

また、武蔵は小次郎の死活を確かめぬまま、逃走したにも等しい結果となってしまう。

小次郎を感激させた船頭の言葉

『二天記』によれば、巌流島での武蔵と佐々木小次郎の対決は、非公開であったとある。

だが、『本朝武芸百人一首』所収の談話には、当日、島に渡る人が多かったと記されていた。

当の小次郎も、島へ渡る人の多いのに驚き、小舟の渡し守（船頭）に理由を訊ねている。挙げ句、小次郎は己れの名まで告げた。

すると渡し守は、

「あなたが巌流（小次郎）なら、この舟は他所へつけましょう。はやく他国へ去ったほうがよい。武蔵は仲間を多勢連れている。生きて帰るのはむずかしいでしょう」

と言った。

しかし小次郎は、死は覚悟のうえだと言い、感謝の気持ちを渡し守に贈り、めざす島へ乗り込んだとある。

先にみたように、巌流島の対決を武蔵と小次郎の弟子たちの争い、ととらえた記事も少なくないから（『沼田家記』他）、右のような挿話によく似た場面もあったのかもしれない。

巌流島以降、武蔵は木下家へ仕官していた？

さて、沼田家の家臣に警固されながら、豊後に逃れたという武蔵は、その後、どこに向かったのであろうか。

寛永十一年（一六三四）、小倉・小笠原《おがさわら》家で客分として遇されるまで、きわめて不明確である。が、ここに一つ、はなはだ興味をひく記録があった。

豊後日出《ひじ》藩主・木下延俊《きのしたのぶとし》の「日記」（『木下延俊慶長日次記《ひつぎき》』二木謙一・荘美知子校訂）である。

木下延俊は、豊臣秀吉の正室・於ね（北政所）の兄・木下家定《いえさだ》の子（三男）である。

慶長六年（一六〇一）四月、豊後国速見郡三万石を与えられて入封。室が細川藤孝《ふじたか》（幽斎《ゆうさい》）の女《むすめ》・加賀であったこともあって、藤孝の孫にあたる肥後熊本藩主・細川忠利《ただとし》（当時は豊前小倉藩主）とは、いたって仲が良かった。

この延俊の「日記」に、頻繁に〝無二〟なる兵法者が登場した。無二の姓名は不詳であるが、宝暦元年（一七五一）、日出藩家老・菅沼政常が著した『平姓杉原氏御系図附言』の延俊の項には、

「剣術は宮本無二斎の流派を伝えたまふ……」

とあるので、おそらく、その人物と同一であろうかと思われる。

延俊の「日記」を翻刻した二木謙一《にきけんいち》氏の『慶長大名物語』によれば、

「この無二は、もしかしたらあの剣客として名高い宮本武蔵のことかもしれない。それは武蔵を召し抱えたといわれている細川忠利と、延俊との関係の深さからの推測である。

『日次記《ひつぎき》』にみえる〈無二〉を、『平姓杉原氏御系図附言』のいう〈宮本無二斎〉と同一人物と考えると、宮本武蔵の実父あるいは養父とされる無二（無二斎）の存在が連想される」

としたうえで、しかし、無二を武蔵の父または養父とすると、延俊の相手としてはいささか年齢的に問題があるように思われ、初めての出仕という「日記」（慶長十八年五月一日条）の記述からも不自然だ、と述べ、

「そこで考えられるのが、この〈無二〉を武蔵その人とする見方である。このとき武蔵は、天正十二年（一五八四）生まれという通説に従えば、当年三十歳であった。もちろん武蔵が無二を称したという確証はないが、当時、父子が通称を同じにする例が多いから、まったくあり得ない想像ではない」

と結んでいる。

この「日記」が慶長十八年（一六一三）のも

「佐々木小次郎の碑」。1952年、村上元三氏が手向山公園に建立。（北九州市小倉北区）

のであるから、五月に召し抱えられた「無二」なる兵法者が武蔵であれば、巌流島での決闘の翌年であり、また、慶長五年以来、忠利は杵築《きつき》六万石（日出藩の隣接領）をも領していたから、可能性としては考えられなくもない。

ただ、その場合、二木氏のいう疑問点を明確化する必要がある。

さらに、「日記」の五月五日条に、「五つ時〈午前八時〉、無二給地御礼に参られ候。無二に御帷子《かたびら》二つ遣はされ候」とあるように、給地まで得て念願の仕官を果たしながら、のちに小笠原家や細川家の食客となったのはなぜか、という疑問を解明せねばなるまい。

巌流との勝負にこだわる武蔵？

――一つの挿話がある。

志水伯耆《しみずほうき》という、細川家の大組頭が登場するもので、ある年の正月三日のことという。

細川家の花畑の邸で謡い初《ぞ》めがあった。その式のはじまる前のことだ。伯耆が居合わせた武蔵に向かって、次のように質《ただ》した。

「先年、巌流（佐々木小次郎）と試合したとき、巌流が先に打ったとの風説があるそうだが……」

すると武蔵は、つと立って燭台《しょくだい》を取り、伯耆の膝元に座って、

「我、幼少のころ、腫《は》れ物ができてその痕《あと》があり、したがって月代《さかやき》ができないので惣髪《そうはつ》にしている。巌流と勝負のときは、彼は真剣で我は木刀。もし、先に打たれていれば疵跡《きずあと》が残るはずだ。よくよくご覧あるべし」

と惣髪を掻きわけ、頭を伯耆につきつけた。

その凄まじさに、伯耆は辟易《へきえき》して、

「わかった。疵は見え申さぬ」

と言い、話を切り上げようとすると、

「わかっておらぬ。しかとご覧なされ」

と、武蔵はぐいぐい頭を突きつけた。

生涯、風呂に入らなかったといわれる武蔵である。ずいぶん異臭も鼻をついたことであろう。

伯耆は、

「なるほど、とくと見届け申した」

と、ついには卒爾《そつじ》を謝して、ようやく許してもらったとある。

兵法者にとって、過去の試合は名誉である。が、武蔵のこの頑冥《がんめい》と執拗《しつよう》さは常人以上といわねばなるまい。

ただ一言でいい、

「打たれてなどおらぬ。頭に傷などない」

そう言うほうが、いかにも毅然《きぜん》たる態度のように思うのだが。

第十二章 武蔵と戦った武芸者たちの実力

武蔵のデビュー戦、吉岡一門との戦い、そして巌流島の戦いと見てきたわけだが、武蔵の相手はこれ以外にも、まだまだ多数残っている。『二天記』の記述によって、武蔵の戦ったとされる全試合を検証してみたい。

槍術の達人・奥蔵院

まず、奥蔵院《おうぞういん》との戦いである。

同年南都宝蔵院覚禅坊法胤《なんとほうぞういんかくぜんぼう》（印）胤栄《いんえい》の弟子に、奥蔵院《おうぞういん》と云日蓮《にちれん》の僧あり。槍術の達者也。

同年とあるのは、慶長九年（一六〇四）、武蔵二十一歳の年を指している。

この年の春に武蔵は京へ上り、天下の兵法者・吉岡憲法の嫡子《ちゃくし》・清十郎と洛外の蓮台野で雌雄を決し、のちにその弟・伝七郎、さらには清十郎の子・又七郎らと闘ったことは第十章にみたとおりである。

武蔵が南都（奈良）へ立ち寄ったのは、おそらく、そのあとのことであろう。

奥蔵院は、奈良興福寺塔頭《たっちゅう》の一つ宝蔵院《ほうぞういん》に

はじまる宝蔵院流槍術――その始祖・覚禅坊《かくぜんぼう》法印胤栄《いんえい》の弟子。

宝蔵院胤栄は戦国乱世の最中《さなか》に生まれ（大永《おおえい》元年＝一五二一年）、はじめは直槍を大膳大夫《だいぜんたいぶ》盛《しげ》忠《ただ》という兵法者に学び、のちに上泉伊勢守信綱の門に入り、柳生宗厳《むねよし》、穴沢浄賢《あなざわきよたか》（薙刀《なぎなた》の達人）らとともに刀槍の秘伝を会得《えとく》した人物である。胤栄が得意とした鎌槍は、奥蔵院に直伝され、奥蔵院はこれを宝蔵院流二代目を継承した禅栄坊胤舜《いんしゅん》に伝えたという。

武蔵は奈良に入ると、有名な奥蔵院に会って試合を申し入れた。受けて立った奥蔵院は鎌槍で、武蔵は短い木刀を手にして立ち合う。が、

「両度勝負を為《な》すに僧《そう》利なし」

とあるから、武蔵の技量が勝《まさ》っていたということであろうか。

奥蔵院は武蔵の技術の優れているのに感嘆し、武蔵を院に泊めて饗応すると、武芸談に花を咲かせて夜の明けるのも知らなかったという。

二刀流開眼か――鎖鎌との対決

宍戸《ししど》某との試合が、いつおこなわれたのかは定かではない。『二天記』には、次のように記述されている。奈良の宝蔵院を立ち去った後のことであろう。

武蔵、伊賀国（三重県北西部）にて宍戸何《なに》某《がし》と云者《いうもの》、鎖鎌の上手也。野外に出て勝負を決す。宍戸鎌を振出《ふりだ》す所を、武蔵短刀を抜き、宍戸が胸を打貫《うちぬき》、立所《たちどころ》に斃《たお》れしを進んで討《うち》果《はた》す。宍戸が門弟等抜連《ぬきつ》れ各《おのおの》斬《きっ》て懸《かか》る。武蔵直ちに大勢を追崩せば、四方に逃走す。武蔵、悠然として引去《ひきさ》る。

この試合は、武蔵がこれまでに闘ってきた剣や槍とは異なり、鎖鎌というまったく異色の武器との勝負であった。

それだけに、「武蔵短刀を抜き……」とあるように、武蔵の闘い方も常とは異なっていた。

有名な吉川英治の小説『宮本武蔵』では、このおり、武蔵は二刀をもって対峙したとしているが、〝二刀流開眼〟については、これ以外にもいくつかの異説があった。

大瀬戸隼人・辻風某との試合

武蔵は、鎖鎌の名手・宍戸某との勝負の後、廻国して江戸に出たようだ。『二天記』によれば、氏井弥四郎の話として、大瀬戸隼人《おおせどはやと》・辻風《つじかぜ》某両人との試合を伝えている。

もっとも、場所は「江戸に在りしとき」のみで、試合の年月等はまったく不明であった。

両人はともに、柳生家の士であったようだ。

大瀬戸隼人と辻風某は、剣名の高い武蔵が江戸に来たのを知って、これを訪ねて試合を申し入れた。応じた武蔵は、まず大瀬戸と立ち合う。

「大瀬戸、進んで打《うた》んとす。武蔵、其先《そのせん》を撃《うつ》、大瀬戸立所《たちどころ》に倒る」（『二天記』）

つぎに、辻風某が立ち合った。

この辻風は疾駆する馬に素手で走りかかり、その平首を抱えて止めてしまうほどの豪の者。辻風は勢い込んで打ちかかったものの、

「如何《いか》に為《なし》けん、辻風後ろに斃《たお》れ、縁の先なる石の手水鉢《ちょうずばち》にて背骨を打《うつ》て気絶す。其後病《やまい》て遂に死すとなり」（前掲書）

と無惨な結果となった。

ちなみに、武蔵の江戸滞在中の試合は、この

大瀬戸・辻風のほかは、次の夢想権之助《むそうごんのすけ》との勝負が伝えられているのみである。

一の太刀の極意──夢想権之助

夢想権之助。諱《いみな》は勝吉。常陸《ひたち》国（茨城県）真《ま》壁《かべ》城主である真壁暗夜軒《あんやけん》の家臣・桜井大隅守《おおすみのかみ》吉勝に学び、神道流の奥儀を究《きわ》め、さらに鹿島神流の〝一《ひとつ》の太刀〟の極意も授かったと伝えられる。

『本朝武芸小伝』によれば、権之助は大きな朱の日の丸の紋印をつけ、また、肩先から金色の大文字で、

「兵法天下一、日本《ひのもと》開山、無双《ママ》権之助」

と書いた羽織を着て廻国していたとある。

慶長年間（一五九六～一六一五）、江戸に出て著名な剣士と数多くの試合をし、一度も敗れたことがなかった。

ある日、大木刀を持って武蔵に勝負を挑む。が、武蔵の極意の〝十字留〟にかかり、進むことも退《ひ》くこともできずに敗れた。

『二天記』は、

「折しも武蔵は楊弓《ようきゅう》の細工をしていたが、直《ただ》ちに割木を以って立ち向ひ、一撃のもとに打ち倒したので（権之助は）閉口して去った」

と記している。

『二天記』によれば、

「武蔵、江府（江戸）に在りしとき」

とあるが、寛文六年（一六六六）に著された『海上物語』はこの試合を、武蔵の播州（兵庫県の大部）明石滞在中のこととしている。

いずれにしても傍証がないので、場所もさることながら、試合のおこなわれた年月にしても定かにはならない。

武蔵に敗れた権之助は、筑前（福岡県の大部）宝満山に参籠して祈願、満願の夜、夢中に、

「丸木をもって水月を知れ」

との神託を得る。

かくして権之助は創始した杖《じょう》術をもって、筑前福岡藩黒田家に仕えたと伝えられている。

そして、ついにこれによって宿敵の武蔵を打ち破ったという（『日本伝承武芸流派読本』）。

権之助の創始になる杖術は、当初、〝真道夢想流〟と称されたが、のちに〝神道夢想流〟と改められ、今日になお、日本剣道連盟の杖道部ほかにおいて、継承されている。

二刀をひっ下げた武蔵の鬼気

武蔵と三宅軍兵衛《みやけぐんべえ》の試合は、『尾参宝鑑』の記すところである。

三宅軍兵衛は姫路城主・本多政朝の家臣で、藩内随一の剣客といわれていた。

軍兵衛は戦場往来の勇士で、剣は川崎鑰《かわさきかぎ》之《の》助《すけ》が創始した東軍流を能《よ》くし、また、荒木流捕手術にも優れていたという。

この軍兵衛が、姫路に来た武蔵を訪ね、試合を申し込んだのである。この時、武蔵はめずらしく二刀を用いたという。

長短二振りの木を手にもって現われ、軍兵衛に対峙すると、軍兵衛は直ちに木刀を上段に構えた。武蔵はゆっくりと、長短二刀を十字に結んで構える。

息詰まる一瞬であった。やがて、武蔵が徐々に間合いをつめるとみるや、軍兵衛は武蔵の頭上めがけて木刀を拝み打ち——ところが、武蔵は十字に組んだ二刀を分けて、軍兵衛の一撃をはずした。

軍兵衛はすかさず、太刀を振りかぶって、またもや一刀両断とばかりに打ちおろす。

二度、三度と繰り返すうちに、武蔵は次第に後ろに退《さが》り、戸口を背にしてもはや退く余地がなくなってしまった。

心得えた軍兵衛は、とっさに、それまでの上段を青眼《せいがん》に構えなおすと、電光石火《でんこうせっか》の突きを入れた。

その刹那《せつな》である。武蔵は鋭く声を発すると、左手にした小太刀で、軍兵衛の木刀を撥《は》ねあげるなり右手の太刀で突きを入れた。

いうまでもなく、武蔵の勝利であった。

この軍兵衛は後日、生涯に恐ろしいと思ったことが二度あったと述懐している。

その一つは、大坂夏の陣で両軍がジリジリと接近し、槍先を揃えて殺気に満ちたまま静まり返ったとき。

二度目は、武蔵とはじめて会ったおりの、二刀を下げて現われた瞬間の姿を見たときだった、という。

ことの真偽はともかく、この軍兵衛との試合は、武蔵の数少ない二刀流の操法を語っていて興味が尽きない。

負けを認めた高田又兵衛

高田又兵衛、諱《いみな》を吉次という人物がいた。天正十八年（一五九〇）、伊賀国（三重県北西部）で生まれている。

播州明石藩の時代から小笠原家に仕えて、寛永九年（一六三二）の移封後も主家に従い、豊前小倉に在った。

この人物と武蔵との試合は、すでに養子の伊織について述べた『鵜之真似《うのまね》』の記すところである。

又兵衛は主君・小笠原忠真《おがさわらただざね》の命によって、小倉に来た武蔵と試合をしたという。

小倉に武蔵が現われたのは、養子・伊織《いおり》を頼ってのことであったろうか。寛永十一年というから、武蔵が五十一歳のころのことになる。

又兵衛は宝蔵院《ほうぞういん》流槍術の遣い手で、兵法を好む主君忠真に、槍術の指南をしていたという。

又兵衛は武蔵と立ち合ったものの、三合ばかり打ち合った後、突如、槍を投げ出してしまった。そして、武蔵に「参った」と声をかけた。

不審に思った忠真が、又兵衛に問いかけている。

「勝敗はまだ決してはおらぬではないか。なぜ、槍を捨てたのか」

これに対して又兵衛は、槍は長くて剣には七分の利がある。それにもかかわらず、三合して勝てなかったのは、長い得物をもって闘った当方の負けと同じだ、と答えたという。

氏井弥四郎との三本勝負

熊本藩士・塩田浜之助との試合は、武蔵が寛永十七年（一六四〇）、肥後熊本藩主・細川忠利《ほそかわただとし》の客分となって、はじめてにして最後の試合となったもの。

もっとも、武蔵は熊本に来てから藩主忠利の命で、柳生新陰流の名手・氏井弥四郎と立ち合ったとの証言もある（『二天記』）。

が、このおりは忠利の御前で技比べをした程度であり、双方共に勝負の批判もしない約束であったというから、試合と称するほどではなかったのかもしれない。

武蔵、肥後に来る以前に、氏井弥四郎と云者、柳生家の頼《ねがい》にて肥後に来る。

『二天記』の記すところによれば、氏井弥四郎は柳生新陰流の遣い手であった。武蔵が肥後に来る以前から、しばしば細川家に出入りしていたようだ。

藩主忠利も、柳生新陰流を柳生但馬守宗矩《たじまのかみむねのり》に学び、この弥四郎とはよく剣術の稽古をしていた。そこへ武蔵が小倉から同家にやって来る。ある日、忠利はひそかに二人に立ち合うよう命じた。

両人は木刀をもって三度立ち合ったものの、弥四郎はついに一度も勝つことができなかった。

そこで藩主忠利も工夫をこらし、武蔵と立ち合ってみたが、一向に勝てなかったので、それからは忠利も、二天一流の稽古をはじめたという。

最後の試合・塩田浜之助

さて、熊本藩士・塩田浜之助についてである。

塩田浜之助と云者、棒捕手の上手也。忠興《ただおき》公より五人扶持十五石賜り、諸士に指南す。

熊本藩士・塩田浜之助。松斎と号した。細川家には二代忠興《ただおき》の丹後（京都府北部）宮津城主の時代に仕え、以来、豊前《ぶぜん》中津―同小倉、そして肥後熊本に細川家が移封される間を、忠興―忠利―光尚《みつひさ》の三代に勤仕。慶安元年（一六四八）六月、七十余歳で没したと伝えられる。

浜之助は棒捕手の術に優れ、藩士たちに指南していたが、六尺八寸（約二メートル）の棒をもって、武蔵と対峙したという。これに対して武蔵は、短刀をもって立ち向かった。浜之助は隙をみては棒を繰り出すが、そのつど、棒の出頭を押さえられて身動きがとれない。

そこで武蔵が言う。

「我《われ》、無手にて居るべし。我の間の内（一間＝約二メートル以内）に足踏み入れば浜之助可《かちと》レ為《なす》レ勝《べし》」（『二天記』）

当然のことながら、浜之助は大いに怒り、棒を捨てて、武蔵を手捕りにしようとした。

なにしろ、浜之助は〝棒捕手〟の名手なのである。が、武蔵は浜之助を突き倒して、ついに一間から内には一寸たりとも入れなかった。

「依って浜之助拝伏し、流を改め（武蔵の）門弟と成らんことを願ふ」（『二天記』）

とある。

浜之助は敗れたため、改めて武蔵の門人になった。武蔵は浜之助の棒捕手術がきわめて秀《ひい》でていることから、これを門弟たちにも学ばせたので、のちのちまでも武蔵流棒捕手として世に伝わったが、これすなわち塩田流棒捕手のことであるという。

ところで、この浜之助、先にもふれたが、慶安元年に、七十余歳で没したといわれている。

もし、この試合が寛永十七年のことであったとすれば、慶安元年はその八年後であり、浜之助は武蔵より十歳以上も年長の六十代後半であったことになる。いささか信じ難い話ではある。

あるいは、『二天記』に「忠興公より――」とあるのは、「忠利」の間違いではあるまいか。

第十三章 武蔵伝説の名脇役

別章では、宮本武蔵の生涯を、試合を通して眺めてみた。

しかし、言うまでもないことだが、武蔵の波《は》瀾《らん》に富んだ人生は、試合だけで語り尽くせるものではない。

武蔵の仕官先の大名は？　知人にはどんな人物がいたのか。あるいは、武蔵の弟子には今までみた以外にどんな人物がいたのか。

この章では、そういった武蔵の周辺人物にスポットを当ててみたい。

武蔵を雇った最初の大名

まず、小笠原忠真《おがさわらただざね》である。

小笠原氏は、清知源氏《せいわげんじ》の出自。源　義家《みなもとのよしいえ》の弟・新羅《しんら》三郎義光《よしみつ》を、甲斐守《かいのかみ》として甲斐（山梨県）に入国させたのにはじまっている。

三代の遠光《よりみつ》の二男・長清《ながきよ》が小笠原の館に拠《よ》り、高倉《たかくら》天皇（在位・一一六八〜八〇）の代に奏請して小笠原氏を称した。南北朝のおりには足利尊《あしかがたか》氏《うじ》に仕えて、当主・小笠原長住が活躍している。

小笠原忠真は、父・秀政と兄の忠脩《ただなか》が大坂夏の陣で戦死したため、元和三年（一六一七）信濃《しなの》（長野県）松本から明石へ転封のとき、二万石の加増をうけて十万石を領する分限となった。

武蔵は三十歳半ばから四十歳前後まで、明石の小笠原忠真の客分として仕えていた形跡がある。

しかし、小笠原家が小倉移封になったのを嫌ったようで、名古屋や江戸を転々とすることになった。

が、結局、仕官の志《こころざし》は達成できず、数年後、小笠原家に仕える養子・伊織《いおり》を頼って小倉に赴《おもむ》く。

そして、島原の乱に親子で従軍したことは、すでに述べた通りである。

ちなみに、忠真の母は、徳川家康の長男・信康《のぶやす》の長女、つまり、家康の孫娘にあたる。妻は本多忠勝《ほんだただかつ》（徳川四天王の一）の孫娘。

また、忠真の妹（千代姫・家康の曾孫にあたる）は、二代将軍・徳川秀忠《ひでただ》の養女として、細川忠利《ただとし》（熊本五十四万石初代藩主）に嫁していた。

つまり、のちに武蔵を客分として迎える細川忠利とこの忠真は、義理の兄弟ということになる。

寛永九年（一六三二）、忠真は豊前小倉に移封となって、豊前（福岡県東半部と大分県北部）六郡内に十五万石を領した。

寛文七年（一六六七）十一月三日に病没。享年は六十二であった。

武蔵を理解していた大名

細川忠利はすでにみたように、細川藤孝《ふじたか》（幽斎）の孫にあたる。肥後熊本藩（五十四万石）初代の藩主となった人物。

天正十四年（一五八六）十月、のちに小倉藩主（三十九万石）となる細川忠興《ただおき》を父に、明智光秀の女・玉子（ガラシャ）を母に、その三男として生まれている。

長兄の忠興は前田利家の女を妻としていたことで、やがて廃嫡となり、次兄の興秋は大坂の陣に豊臣方へ走って戦後、自刃させられた（表むきの処置、実は存命）。

そうしたことから忠利は、三男ながら、慶長九年（一六〇四）、父・忠興の希望で嫡子となり、元和六年（一六二〇）、家督を相続して小倉藩主となった。寛永九年（一六三二）、肥後熊本に移封されている。

『細川家年譜』によれば、

「忠利公は文武兼備の名将にて、六芸に御達しましまし……」

とあり、柳生但馬守宗矩《むねのり》や沢庵《たくあん》禅師などとも親交が深かったようだ。

また、母方の縁戚として大奥の実力者・春日局とも昵懇《じっこん》であったという。

武芸に理解のあった藩主忠利が、武蔵を招いて客分とし、十七人扶持三百俵を与えたことは前述している。寛永十八年四月二十六日に病没。ときに忠利、五十六歳であった。

武蔵が示した四つの条件

――『二天記』に、次のような記述がある。

武蔵、肥後（熊本県）に逗留すべきことにつき、忠利公より岩間六兵衛《いわまろくべえ》を以って御尋《おたずね》あり。

岩間六兵衛は、肥後熊本藩主・細川忠利の家

霊巌洞。雲巌禅寺の奥の院であり、宮本武蔵はここにこもって『五輪書』を執筆した。（熊本市内）

臣である。忠利は武蔵を自藩に招《しょう》聘《へい》するにあたり、六兵衛を武蔵の許に遣《つか》わして、待遇などの望みを聞かせた。

これに対して武蔵が、坂崎内膳《さかざきないぜん》を経由し、忠利に提出した口上書は、およそ次のようなものであったという。ときに寛永十七年（一六四〇）二月、武蔵は五十七歳であった。

一、我等事只今迄奉公人と申候て居候処は、
一家中も無之《これなく》候。（中略）妻子迚《とて》も無之、
老体に相成候へは、居宅家材（財）等の
事思ひもよらず候。

一、若年より軍場へ出候事、以上六度にて候。
其内四度は其場におひて拙者より先を懸《かけ》
候者一人も無之候。（下略）

一、武具の拵様《こしらえよう》、軍陣におひて夫々《それぞれ》に応じ
便利成《なる》事。

一、時により国の治様。
　右者《は》若年より心に懸《かけ》、数年致鍛錬候《たんれんいたしそうろう》
　間《あいだ》、御尋におひては可申上《もうしあぐる》候《べく》。以上

要するに、格別の望みはないが、世話になるのであれば、ご出陣のおりに、乗り換え馬の一頭もひくような身分で、と前置きし、自身の今までの活躍ぶりを披露して、もし、お尋ねがあれば武具の工夫や戦場での扱いよう、ときによっては国の治め方などを申し上げたい、と言っているわけだ。

いささか、大言壮語《だいげんそうご》の感がなくもない。

わけても、六度の軍陣となると、関ヶ原の合戦以降は（同合戦に関連した長谷堂城、浅井畷《なわて》、安《あ》濃津《のつ》、石垣原《いしがきばる》の戦いを除けば）、大坂の陣と島原の乱しかない。武蔵はこれらについては、

「あまねく何《いず》れも存《ぞん》ずる事にて――」

と言っているが、「一番槍」や「一番首」をあげた者に、かならず出される感状を武蔵は持っていなかった。

四度の戦場で、自分より前を駆ける者はいなかった、といわれても事の真相は、忠利にしても確認のしようがなかったに違いない。

長岡佐渡の親身

ところで、武蔵の最晩年の世話をした人物に松井興長《おきなが》がいる。

興長の祖父・松井廣之《ひろゆき》は、室町幕府の足利義《よし》晴《はる》・義輝《よしてる》の二将軍に仕えた幕臣である。父の康之《やすゆき》は細川藤孝とその後継者・忠興に仕え、家中に重きをなした。

康之の長男・興之は戦死。そのため二男の興長が家督を継承し、夫人に忠興の二女を迎え、

また、忠興の六男・寄之《よりゆき》を養子にしている。したがって、主家の細川家とは、きわめて濃厚な血縁関係であったといっていい。吉川英治の小説では別称の「長岡佐渡」で知られている。藩主・細川光尚《みつひさ》（四代）の時世の正保《しょうほう》二年（一六四五）、興長は三万石をもって八代《やつしろ》城代となった。

興長は養子の寄之とともに、最晩年の武蔵の世話を担当している。霊巌洞《れいがんどう》内での明け暮れが、武蔵の老体によくないと憂慮した松井父子は、医者を派遣して薬を投与し、養生に専念するよう武蔵に勧告もしていた。

武蔵がなかなか承服しないので、やむなく興長は、藩主光尚の命令ということで、半ば強制的に屋敷へ連れ戻したとも。

また、千葉城跡の居宅に連れ帰った武蔵には、藩主光尚からは寺尾求馬助《てらおくまのすけ》を、松井家からは中西孫之允を付き添わせて、看護に当たらせたりもしている。

武蔵が晩年、著述に専念できたのはこうした環境あればこそであった、といえそうだ。

晩年の親友・春山和尚

禅と二刀流との関係で、すでに少しふれた春山和尚は、細川家の菩提寺《ぼだいじ》である泰勝院《たいしょういん》二世の住職であった。

武蔵の養子・伊織が、承応《じょうおう》三年（一六五四）、小倉・手向山に建立《こんりゅう》した武蔵の「頌徳碑」の碑文（『小倉碑文』）を、春山和尚が撰したことはつとに知られている。

通説では、武蔵晩年の親友であったといわれ、武蔵の「二天道楽」の法号も、この春山和尚が与えたと伝えられてきた。

が、前述したように、二人の間には年齢差の問題があった。武蔵が細川家に客分となったのは寛永十七年(一六四〇)のこと。

当時、二十三歳であった春山と五十七歳の武蔵では、師事するにしても年齢があまりにも離れすぎている。親交があったのは、開祖の大淵和尚であったのかもしれない。

最初の弟子・波多野二郎左衛門

江戸に出たのがいつのころかは判然としないが、武蔵が最初に弟子としたのは、波多野二郎左衛門であったらしい。

二郎左衛門ははじめ、一伝流の遣い手であったが、武蔵の教えを得てから「一転流」を称するようになる。

『二天記』には、

武蔵、江戸に至りし時、一伝流丸目主水《まるめもんど》が伝に波多野二郎左衛門と云人あり。

とある。

一伝流の丸目主水は、『本朝武芸小伝』によれば抜刀術(居合)に優れ、彼の右に出る者はいなかったという。この流儀は流祖の主水から、国家《くにいえ》弥右衛門—朝(浅)山内蔵助《くらのすけ》—海野一郎右衛門尚久(隆)—金田源兵衛正利《まさとし》—日夏弥助能忠《よしただ》と伝えられた。

また、丸目主水は浅山一伝流の流祖としても登場している。こちらは丸目主水正《もんどのしょう》則吉(幼名は三之助)、上州碓氷の郷士と伝えられており、右の国家から浅山一伝斎へと道統が流れていた。

タイ捨流の丸目蔵人佐とは別人というが、気になる剣客である。

引導石。春山和尚は、この石の上に武蔵の遺体の入った棺を置き、引導をわたした。（熊本市内）

波多野二郎左衛門も、〝遣い手〟とあるが、どの程度の剣士であったのだろうか。技量卓絶して世にその名が高まり、門弟が多かったというが、一転流のその後の流名は聞こえず、この点ははなはだ疑問視せざるを得ない。

二郎左衛門はのちに、入道して宗件と号したという。

江戸の弟子・石川左京

石川左京《さきょう》と云人、武蔵に因《より》て道を学ぶ。武蔵、江府を別るる時、像を画して是を信仰す。

（『二天記』）

石川左京。諱《いみな》は清宣《きよのぶ》。播磨《はりま》姫路藩主・本多因《いな》幡守《ばのかみ》政勝の家臣で、武蔵の江戸における弟子であるという。

不動剣・金剛剣といった極意を編み、これを加えて武蔵流を称したといわれている。「像を画して――」とあるのは、武蔵が江戸を去るとき、左京は武蔵の肖像を描かせて林道《はやしどう》春《しゅん》（羅山《らざん》）に賛《さん》を書いてもらい、これを崇拝していたことを指す。

左京が勤仕したという本多政勝は、姫路三代藩主・本多政朝《まさとも》の嗣子だが、政朝が藩主となったのは寛永八年（一六三一）のこと。同十五年に政朝がこの世を去って、翌十六年に、政勝は大和郡山に移封されている。

こうしたことから考えると、武蔵が江戸を離れたのは五十歳前後ということになろうか。

しかし、『二天記』の記述からは、この話、巌流島の決闘以前としか読めない。

晩年の二人の弟子

武蔵晩年の第一の弟子といわれている寺尾孫《てらおまご》之丞《のじょう》については、いく度かふれてきた。熊本藩士（千五十石）である。

正保二年（一六四五）五月十二日、つまり、武蔵の死の七日前に『五輪書』を相伝されたが、このとき孫之丞は三十五歳であったという。

孫之丞は剣にすぐれ、多くの門弟もいたようだが、なぜかその系統は一代で終わっている。

肥後熊本における武蔵の道統は、第七章でみたように、武蔵から『兵法三十五箇条』を相伝された、弟の求馬助《くまのすけ》の子孫や門弟たちによって継承されている。

孫之丞は寛文十二年（一六七二）、六十歳でこの世を去った。

宮本武蔵の供養塔と、武蔵の晩年の親友・春山和尚の墓。(熊本市内)

寺尾孫之丞の弟である求馬助は、藩主光尚《みつひさ》の命により、最晩年の武蔵を看護したばかりか、最期をみとどけた一人である。ときに、二十五歳。

兄・孫之丞とともに武蔵の高弟で、『兵法三十五箇条』を相伝されている。

この求馬助については、有名なエピソードが残されていた。

ある日、藩主光尚が武蔵に対して、「いわお(巌)の身」について訊ねた。

「〝いわおの身〟ということが、『兵法三十五箇条』の終わり近くに書いてあるが、わかりやすく説明してほしい」

武蔵は大きくうなずくと、すぐさま求馬助を呼び、

「藩公からただ今、切腹を仰せ付けられた」

と言い、直ちに支度するよう申し渡した。

武蔵の言葉を承った求馬助は、何の質問も発せず、顔色一つ変えることなく、泰然自若《たいぜんじじゃく》、切腹の座につく。

それを見とどけた武蔵は、これこそが、「いわおの身」というものです、と藩主光尚に説明したというのである。

求馬助は小姓出身で寛文七年（一六六七）に鉄砲二十梃頭となり、その後、三十梃頭まで出世して、元禄元年（一六八八）、六十八歳で没した。戒名は妙音信行居士。

さすがに、武蔵晩年の弟子の名に恥じない。

第三部

戦国乱世から泰平の世へ

――戦いつづけた剣聖・剣豪たち

宮本武蔵
（「武芸百人一首」より）

第十四章

飯篠長威斎家直（天真正伝香取神道流）

第三部では、宮本武蔵に影響を与えた、あるいは日本剣術・兵法に多大な足跡を残した、剣聖・剣豪をみてみたい。

彼らは日本史上屈指の使い手であり、相互に、また間接的にふれ合う部分をもっていた。

〝香取の鋒〟

天真正伝《てんしんしょうでん》香取《かとり》神道流《しんとうりゅう》は、かつては天真正伝神道流、神慮神道流、新当流などともよばれ、江戸末期には神刀流とも称された道統である。

開祖の飯篠《いいざさ》伊賀守家直《いえなお》（号して長威《ちょうい》斎《さい》といった）は、下総《しもうさ》国（千葉県）香取郡飯篠（香取郡多古町）に出生した郷士であった。

幼少のころから武技を好み、香取神宮（千葉県佐原市香取）に参籠して修行し、槍刀の術について自得した。

古来、鹿島の神宝は太刀、香取のそれは鋒《ほこさき》（刃物の先のとがった部分）と伝えられ、したがって、鹿島では刀術が、香取においては槍術が起こったといわれている。

家直が槍術から入ったのも、この時代の戦場が、主として槍を武器としていたからであろうか。

このころの家直は、はじめは同郡丁字《ちようじ》（香取神宮の北東に隣接する地）に居を構え、日々、自習をしていたが、やがて香取神宮の境内・梅木山に移って、ひたすら香取明神の神護を祈り、日夜、槍刀をとって庭先の立木を相手に修練を怠らなかった。

この天真正伝香取神道流が後世の剣、槍、薙刀などの諸流中の、最も根幹を成す一つとなったことは周知のとおりである。

一説に、この時期の家直は、鹿伏兎刑部少輔を師としたとも伝えられるが、刑部少輔については詳《つまび》らかではない。

開眼

ときは、まさに乱世であった。

主家の千葉家が滅亡し、一族の離散も重なって、世のはかなさを感じていた家直は、梅木山での荒修行に打ち込んだ。

かくして三年、家直はみずから武の妙致を悟り、一流を開創すると、天真正伝香取神道流と称した。このとき家直は六十余歳というから、たいへんな精進《しようじん》と努力といわねばならない。

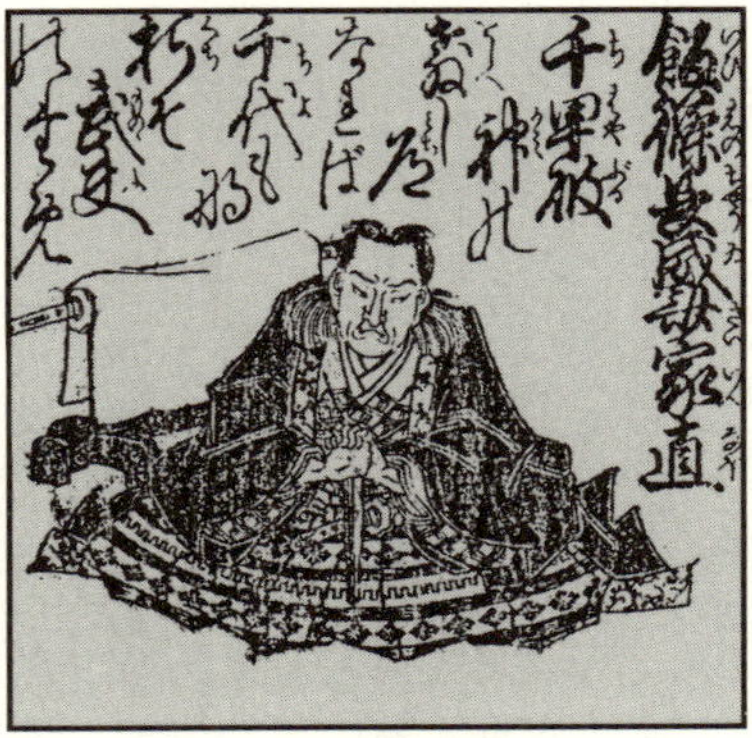

飯篠長威斎家直
（武芸百人一首より）

広がる流門

家直の門からは、上泉伊勢守（信綱）、塚原土佐守（安幹《やすもと》）および卜伝《ぼくでん》、松本備前守（政信）、諸岡一羽《もろおかいっぱ》など著名剣士が輩出した。

これらの門弟が、あるいはその人たちを師として、のちに新陰流、卜伝流、有馬流、一羽流などの開祖を生み、兵法の隆盛をみたことから、家直を〝近世剣法の始祖〟と称するむきは少なくない。

ところで、家直が立木を相手に武技を練った梅木山＝香取神宮の第二鳥居の側の小高い地には、家直の墓碑があり、

「長威大覚位飯篠伊賀守、長享《ちょうきょう》二年（一四八八）四月十五日」

と刻まれている。

これによって家直の没年は明らかだが、飯篠家の家伝によれば、生年は元中《げんちゅう》四年（一三八七）とあるから、家直は百二歳をもって没したことになる。

もし、これが事実とすれば、家直は若いころに出京し、足利八代将軍義政に仕えたとする伝説は難しくなる。

将軍義政の治世が、宝徳《ほうとく》元年（一四四九）四月から文明《ぶんめい》五年（一四七三）十二月にかけてであり、家直はこのころ六十歳を越えていた。出仕にしては歳をとりすぎている。

百二歳は長寿ではあるが、あり得ない年齢ではない。とすれば、将軍義政に仕えたというのは、後世の付会の可能性が高い。

武芸十八般を具備した兵法

家直によって創始された天真正伝香取神道流兵法は、太刀（剣）術、槍術、薙刀術をはじめとし、居合術、棒術、手裏剣術から、さらには忍術、築城術にいたるまでの、いうところの武芸十八般を具備していた。

なお、ついでに述べれば、これらには、太刀術でいえば、表之太刀四ヶ条、五行之太刀五ヶ条、極意之太刀三ヶ条というように、薙刀術では表之薙刀四ヶ条、極意之薙刀三ヶ条。棒術においては、表之棒六ヶ条、五行之棒六ヶ条。槍術は六ヶ条。居合術は六ヶ条、手裏剣術は口伝と、その他各術にも、七条、八箇、九重などの極意や秘伝が多くあった。

だが、家直は、

「兵法は平法なり」

といい、戦わずして勝ったことこそ武＝兵法の神髄であるとした。

平法すなわち武は、己れを守り、郷土を守るための戦いの手段であり、これを繰り返し修練することで、おのずと正しい心が培われ、流儀の意味を体得できる、と家直は説いた。

「熊笹の対座」

「兵法は平法なり」を信条とする家直は、兵法がただ闇雲に戦うことを目的とするものであれば、毎日毎夜、多数の武芸者と白刃を合わせねばならなくなり、必ず死傷者も出る。そうなれば、それがまた遺恨となって、次の争いを招くことになる、と極力、試合うのを避けようとした。

そのため、家直には流祖にありがちな武勇のエピソードが乏しかったといってよい。

そのような中で、唯一、「兵法は平法なり」

とした家直を語る挿話が残されている。

——おりしも、時代は兵法の勃興《ぼっこう》期。

香取大神の真伝による兵法を大成した家直のもとには、当然のことながら、諸国から多数の兵法者（武芸者）が、教えを求めて集まってきた。

それでなくとも、現在までも香取の地を出ることのなかった流儀である。極意をきわめるべくして来る者もあれば、家直を倒して武名を挙げようとやって来る武芸者も多かった。

家直は試合を挑む武芸者に対しては、まず、庭先に繁茂する熊笹の上に、静かに坐して応対するのを常としていた。家直が坐ると、熊笹は折れも曲りもしなかったというから、人の目にはあたかも、笹叢《ささむら》に浮かんで坐しているかのように見えたに違いない。

家直は己れと同様に、熊笹の上に座ぶとんを敷くと、訪れた武芸者に、

「そなたもここへ坐られよ。首尾よく笹が折れ曲ることなく坐れたならば、おのぞみどおりに立ち合おうではないか」

という。だが、ほとんどの武芸者はこの時点で、恐れをなし、坐らぬままに退散したという。

いまでも天真正伝香取神道流では、これを「熊笹の対座」と称して、その心を尊重していると聞く。

まさしく、「兵法は平法なり」とするこの流儀の精神を披瀝《ひれき》する挿話と言うべきであろう。

密教により「心眼を開く」

この天真正伝香取神道流に、「水月見様のこと」あるいは「北斗の日付け」などと名づけられた、秘伝のあることを知る人は存外、少ない

のではあるまいか。

兵法の教えに、〝音なきを聴《き》き、姿なきを観《み》る〟という言葉があり、これを通常は「心眼を開く」といっている。

こうした教えは、多くの流派においてもよく説かれるところ——だが、家直がこれと併せて、修行の中心にすえたのが、密教との繋《つな》がりであった。

先の〝心眼〟を会得するにも、これら密教による精神修養が根幹をなしていたようである。

不動心と法術

さらに、剣には〝心眼〟とともに、〝不動心〟が求められた。

剣における〝不動心〟は、いうまでもなく、敵と対した場合はこれを一撃のもとに倒すに必要とされるが、それはあくまで一技術の行使でしかなく、本来の精神は、あくなき平和への希求、すなわち「平法」でなければならなかった。

家直は、仏教のなかの不動心の真理に学び、大日如来をもって、〝不動心〟とした。

周知のごとく、大日如来は不動明王の姿をもって勧善懲悪《かんぜんちょうあく》とともに、衆生《しゅじょう》を救済する仏陀《ぶつだ》の心を心とし、慈悲堅固にして、ものごとに動じることがない、と説かれてきたことによる。

いまひとつ——天真正伝香取神道流には、密教にかかわる法術＝秘伝があった。

それは、かつて武士が自身の刀や鐔《つば》、槍などに〝九字〟あるいは〝十字〟を刻印したが、これは武士たちの願望成就、または武士として不覚をとることのないよう、神仏の加護を念じた精神的兵法ともいえるものであった。

はやい話が、〝八幡大菩薩〟の旗指物を背に、戦場に出たのも同様である。

生と死の極限にあればこそ、百錬の武技とともに強靱な精神が相まって、最良の結果が生じる——ここに兵法が、不動心に加えて、神仏の加護による安心立命の境地を開発する必要があったのではあるまいか。

家直は弘法大師の真言密教による呪法《じゅほう》＝九字の大事によって〝印〟をむすび、精神統一をして無我の境地にいたる修行の結果、これを天真正伝香取神道流の法術・秘伝の一としたのであった。

六百有余年の道統

家直の創始になる天真正伝香取神道流には、先に述べた以外にも、「九星学」にもとづく〝気術〟、「十二支」による方術。また、陰陽の消長や五行の生剋、あるいは二十四節気の移動によって、人事や自然の現象を判断する術などが、多彩にわたり今日に伝えられている。

が、これらのすべてが、はたして家直の創始によるものか否かについては、きわめて判断の難しいところであった。

それにしても、驚くべきはこの天真正伝香取神道流——飯篠長威斎家直以来、実に六百有余年もの命脈を保って、今日に伝承されている。

消長の激しかった斯界で、かくも永きにわたった道統はけっして多くはない。

ここにもまた、この流儀の他流に見られない特異さがあった、といえそうだ。

具体的には、家直以降の飯篠氏は代々、嫡男が仕官することを禁じていた。

「嫡男は大名家に仕官せず」

との不文律があったとされている。

その真偽、当否はともかく、二代・若狭守盛近以後の歴代宗家は、剣の道に生涯を賭すのを旨とし、諸国の大名からいかなる地位、高禄をもって迎えられようとも、これを受けることはなかった。

天真正伝香取神道流は、家直の「兵法は平法なり」を旨とし、剣技と人間形成に取り組み、それでいて剣での争いをタブーとした。

なぜか。もし、大名家に仕官すれば、ときには主命で他人と戦わねばならぬときも、永い歳月にはあったろう。

争いは遺恨を残す。殺しあいによって、道統の尽きた流儀の例は、枚それこそ挙に遑《いとま》がなかった。

第十五章

愛洲移香斎久忠（陰流）

それ兵法は、受者道根源、懸待表裏、この二に極まる。

兵法の三大源流の一〝陰流〟

〝受者〟とは、儒者の意であろうか。

〝懸待表裏〟は陰流の流れを汲《く》む、新陰流（『兵法家伝書』）においても強調されるところだ。すなわち、〝懸〟はかかるの意で、仕掛ける、攻めることをいい、〝待〟は止を意味し、止まり待つことをいう。

陰流においては、この〝懸待〟を表裏一体のものとし、この駆け引きを極意の一つとした。

往昔、刀法はもっぱら〝太刀打ち〟と称され、それらはおおむね、大太刀を剛力にまかせて打ち合うものでしかなかった。

これは当時の戦闘が騎馬戦主体であったことによる。やがて室町時代ともなると、合戦は騎馬戦から徒歩による戦へと移り、そして武器も鋭利な薙刀《なぎなた》や槍の出現を経て、太刀も打刀へと移り、打刀による刀法は、より正確・迅速な技を求めるようになった。

そうした時期に興ったのが、兵法の三大源流（中条流・神道流）の一とされる、愛洲移香斎久忠による〝陰流〟であった。

「剣術諸流の原始は影《ママ》（陰）の流として誤まらざるべき歟《か》」（『撃剣叢談』）

この陰流については、その伝書十七巻が子孫の秋田・平沢家に伝えられたものの、現在、ほとんどが散逸して、「陰之流・私《ひそか》」（二代・元香斎宗通《むねみち》著）を残すのみで、また、『武備志』（明・茅元儀著・一六二一年）に「陰流之目録」が収められていて、猿による刀法が図示されているくらいである。

前者によれば、陰流は初手・中手・極位の三段に分かれていたようで、「玉歩」という足捌《あしさば》きが特段、目を引いた。四方に玉のごとく自在に動く足捌きの要を教えたもので、きわめて具体的であったのが、この時代としては珍しい。

後者には、〝猿飛〟〝虎飛〟〝青岸〟〝猿回〟などと銘うった六つの太刀名のあったことがうかがえる。

また、この書は和寇《わこう》が所持していたのを、戚《せき》（中国河北省）の少保《しょうほ》（官名）がそれを得て技法を習得した、という意味の前文が付されていた。和寇が持っていたところが、筆者には興味深い。

神猿に剣の奥秘をうける

享徳元年《きょうとく》（一四五二）、愛洲移香斎久忠は勢州（三重県）の豪族の家に生まれている。一に惟孝《いこう》ともいい、通称を太郎左衛門尉。日向守ともいった。

先の平沢氏「家伝」によれば、愛洲氏は村上源氏北畠の孫とあり、代々、伊勢五ヶ所浦（三重県度会《わたらい》郡南勢町）を本拠とする、この地域の惣領であったようだ。

長享《ちょうきょう》二年（一四八八）、移香斎は三十六歳のおり、日向国（宮崎県）宮浦村の鵜戸《うど》の磐屋に参籠し、剣の妙を得んことを祈願したところ、神猿が姿を現わして剣の奥秘を示したという（『剣道の発達』）。

移香斎に秘太刀を授けたのは、右のように猿という説とともに、蜘蛛という（平沢家伝記）両説がある。が、こうした伝承と今ひとつは、些《いささ》か素姓不確かな面からも、移香斎については謎とされる部分は今日なお多い。

たとえば、出自にしても伊勢の豪族とする説が有力だが、そもそもは海賊であったともいわれている。確かな史料があるわけではないので断定はできないが、伊勢といえば海賊の盛んな土地柄であった。

加えて、移香斎がどのような経緯によったものか、日向まで赴いて参籠したなどといえば、海賊衆なればこそ、こうした遠隔の地での修行も可能であったととれなくもない。

また、『樋口家文書』（樋口念流）によれば、相馬四郎義元には坂東に八人、京に六人、計十四人の優れた門人がいたが、その中の一人・猿の御前の末孫が移香斎であるという。

そうしたことからであろうか、『武術流祖録』には、移香斎を、

「奥州の人ともいふが、生国其の他は不明」

と記している。

その後の陰流

いずれにしろ、移香斎の晩年は日向に住し、鵜戸《うど》明神の神職となり、天文《てんぶん》七年（一五三八）、八十七歳で没したことのほかは、その創始になる〝陰流〟およびその他についても、多くは伝

えられていない。

余談ながら、天正《てんしょう》四年（一五七六）、最後の物領とおぼしき愛洲治部大輔忠広が、織田信長の二男信雄《のぶかつ》に攻め滅ぼされている。忠広と移香斎の関係はどのようなものであったのだろうか。

移香斎には六十八歳でなした二世・小七郎宗通＝元香斎宗通がいたが、のちに日向を離れて常陸国（茨城県）真弓《まゆみ》山中で苦行し、ここで前勝房なる異人に出会い、ともに現われた老猿と剣の習法を示されて開悟し、〝猿飛《えんび》陰流〞という一流を興した。

天正十六年（一五八八）、元香斎は常陸の佐竹氏に武芸をもって仕えたが、愛洲氏が平沢氏と改姓したのは、このころのようである。

ついでながら、陰流をもって〝新陰流〞を創始したとされる上泉伊勢守信綱は、移香斎ではなく、おそらくこの元香斎に師事したのではあるまいか。

年齢的にみて、そう思えるのだがいかがなものか。

慶長《けいちょう》七年（一六〇二）、佐竹義宣の久保田（秋田）移封に従い、元香斎も移住したという。

第十六章

塚原卜伝高幹（新当流）

相手を心理的に操縦して、勝利を得る技法は、宮本武蔵のよく使った手だが、その元祖というべきは塚原卜伝高幹《たかもと》であろう。

術中に嵌める

次のような有名なエピソードが残されている。

塚原卜伝が、ある兵法者から試合を申し込まれたときのこと。

その兵法者のいままでの試合ぶりを調べたところ、すべて左太刀の片手勝負で勝っていることが判明した。

そこで卜伝は、

「左片手の勝負は卑怯《ひきょう》である。そのような試合はしたくない」

と相手に伝えた。ところがその兵法者は、

「どのような構えであれ、当方の勝手だ」

と返答。

それでも卜伝は、同じことを繰り返し繰り返し申し入れ、その回数は十数度にもおよんだと言う。もとより、相手の兵法者の返答も、ついに変わらなかった。

そうこうするうちにも、約束の試合の日が来て、両者は相見《まみ》えることになる。

卜伝苦戦か、と思いきや、かの兵法者は立ち合うなり、いとも呆《あ》っ気なく打ち倒されてしまった。

——術中に、嵌《は》められたのである。

つまり、同じことを繰り返し申し入れることで、相手は、

「当方の左太刀を、卜伝は恐れている」

との思い込みが生じた。

当然、兵法者の側には、己れの左太刀に対する執着心が強くなったはずだ。

そのため、得意とする型に必要以上に拘泥《こうでい》した結果、融通無碍《ゆうずうむげ》の動きができなくなって敗れたのである。

『卜伝百首』に、

「相手も上手なれど未《いま》だ名人ならず、勝負は心静かにせよ」

とある。

〝勝負は心静かに〟とは、相手方に対し、当方は〝虚心〟であれということだ。

剣を遣《つか》ううえで忘れてはならない心得えは、執着心を去り、自由自在に、あるがままの己れを保つことである。

卜伝は、兵法者の心理を巧みに操り、平常心をなくさせることで、勝ちを手にした。

塚原卜伝
（「武芸百人一首」より）

凄まじい戦歴

卜伝が戦いの駆け引きに長じていたことは、十分に頷《うなず》けるところだ。

なにしろ、戦歴が凄まじい。

十七歳ニシテ洛陽（京都）清水《きよみず》寺ニ於《おい》テ真刀仕合ヲシテ利ヲ得シヨリ、五畿七道ニ遊ビ、真剣ノ仕合十九ヶ度、軍《いくさ》ノ場ヲ踏ムコト三十七ヶ度、一度モ不覚ヲ取ラズ。疵《きず》一ヶ所モ被《こうむ》ラズ、矢疵ヲ被ルコト六ヶ所ノ外、一度モ敵ノ兵具ニアタルコトナシ。凡《およ》ソ仕合、軍《いくさ》ノ場トモ、出逢フ所ノ敵ヲ討取ルコト一分ノ手ニカケテ二百十二人。（『卜伝百首』）

話半分に聞いても、大したものである。

このほか、木刀や木槍などによる試合を合わせると、生涯に、百余度の試合をして一度として敗れず、とあっては、宮本武蔵も顔色なしといったところであろう。

卜伝を憧憬していた武蔵？

それにしても、

十三歳にして初而《はじめて》勝負をす。其《その》あいて新当流有馬喜兵衛と云《いう》兵法者に打勝、十六歳にして但馬国秋山と云強力の兵法者に打勝、廿一歳にして都へ上り、天下の兵法者にあひ、数度の勝負を決すといへども、勝利を得ざるといふ事なし。其後国々に至り、諸流の兵法者に行合、六十余度迄勝負すといへども、一度も其利をうしなはず。（『五輪書』）

とある武蔵の言が、なんと、卜伝のそれに似通っていることか。否、武蔵は伝え聞く卜伝の生き方に、憧憬の念すら抱いていたのではなかろうか。

〝鹿島の太刀〟から〝一の太刀〟へ

塚原卜伝は、延徳《えんとく》元年（一四八九）十二月、常陸《ひたち》国（茨城県）鹿島《かしま》に、鹿島神宮の神官・吉川（卜部《うらべ》）加賀入道覚賢《あきかた》の二男として生まれた。幼名は朝孝《ともたか》である。

　幼くして塚原土佐守安幹《やすもと》の養子となり、新右衛門高幹と改名。のちに土佐守、土佐入道と称し、卜伝と号した。

　卜伝は実父・覚賢から家伝の鹿島中古流を学び、〝鹿島の太刀〟の秘伝を継承する。

　一方、養父の安幹からは、飯篠長威斎家直にはじまる神道流（天真正伝香取神道流）を伝授された。

　家伝とされる〝鹿島の太刀〟とは、卜部吉川家の遠祖・国摩真人《くになつのまびと》の創始になるもので、三十四代長慶《ながよし》のころには下総《しもうさ》国（千葉県北部と茨城県の一部）に、多数の門人がいたといわれている。実父・覚覧は、その五十代目にあたった。

　大永《だいえい》二年（一五二二）、卜伝は鹿島神宮に千日の参籠をした。その満願の日、夢に神託を得て〝一《ひとつ》の太刀〟の妙理に開眼したという。ときに卜伝は三十四歳であった。

　ここで先の、吉川家が家伝とした〝鹿島の太刀〟は、卜伝の開眼によって、〝新当流〟（鹿島新当流）と称されるようになる。

〃一の太刀〃の秘密

ところで、卜伝が開眼した〃一の太刀〃とは、具体的にどのようなものであったのだろうか。

残念ながら詳《つまび》らかにはなし得ないものの、伝書によれば、

「およそ一個の太刀のうち、三役の区別がある。第一、一の位として天の時なり。第二、一の太刀とて地の利なり、これにて天地両儀を合比し、第三、一の太刀にて人物の巧みに結要《けつよう》とす。当流心理の決徳なり」

とある。

ここでいう勝負とは、時間的(日時、昼夜、寒暑など)要因や、場所の知悉《ちしつ》度、位置の高低、良否といった条件とともに、剣士自身の経験による感性の好・悪、胆力といった心理的要素を加え、ただ一刀で相手の死命を制することをいうのであろう。

換言すれば、二の太刀を振るうことなく勝利の可能な、究極の境地に己れをおいてこそ、一の太刀で敵を打ち倒せると説いたものと思われる。

もともと、〃鹿島の太刀〃は、戦国期における実戦の武道である。甲冑《かっちゅう》での武闘を基礎に想定された剣だけに、卜伝の開眼になる〃一の太刀〃は、単なる刀法から心技両面の合一へと昇華したものともいえよう。

悟りの剣

これを裏付ける格好のエピソードが、川越《かわごえ》での梶原長門《かじわらながと》との真剣勝負であろう。

梶原は下総国の住人で、薙刀《なぎなた》をとっては天下

の達人といわれていた。

刃渡り一尺四寸（約四二・四センチ）の薙刀を自由自在に遣《つか》い、宙を舞う燕《つばめ》を斬って落とすばかりか、雉《きじ》や鴨《かも》の飛び立つところを、薙《な》ぎ落とす手練の持ち主であった。

そうした達人の梶原が、卜伝に勝負を挑んできた。立ち合いの日が近づくにしたがって、さすがに門人たちも心配になったが、それを察した卜伝は、門人たちに次のように言った。

「刃渡り三尺（約九〇センチ）の太刀でさえ、思うように人を斬れるものではない。まして刃渡り一尺四、五寸の薙刀といえば、柄《え》の短い槍のごときものだ。当方が突き抜かれようとも、当の相手を討たずに死ぬことはない。安心して見ているがよい」

そして勝負の当日、卜伝はいつものより長い二尺九寸の太刀で梶原に対すると、目にもとまらぬ早技で相手の蛭巻《ひるまき》（柄《え》）近くを切って落とし、一気に踏み込むなり、梶原を一刀両断にしたのであった。

——いま一つの、エピソードも紹介したい。

卜伝は三人の養子の中の一人に、家督を継がせるべく、各々を試すことにした。

鴨居《かもい》に木枕を置き、襖《ふすま》を開けると木枕が落下するように細工し、まず、彦四郎幹秀《ひこしろうもとひで》を呼んだ。

幹秀は入り口で仕掛けに気付き、木枕をそっと取り除いてから平然と部屋に入った。

次に呼ばれた小才治は、落ちてきた枕をかわし、刀の柄《つか》に手をかけながら座に入った。

最後の養子は、落下する木枕を抜く手もみせぬ早技で、真っ二つにして部屋に入っている。

最後の人物が、剣技の冴えでは最も優れていたはずだが、卜伝はあえて彦四郎幹秀に家督を譲った。

生涯続けた廻国修行

卜伝は生涯に三度、長期の巡国修行に出ている。二十歳前後、四十歳と六十歳の前後である。

八十人もの門弟を引き連れ、乗り替え馬を三疋《ぴき》も用意し、鷹まで据えて練り歩いたというのも、こうした巡国修行のときのこと。

当時の兵法者は仕えるべき主を求めて、世間の目に立つよう、ことさら派手を装った。卜伝にもそうした弊がなかったとはいえない。が、卜伝のそれはとても一介の兵法者の振る舞いではなかった。

卜伝はついに仕官することなく、晩年は世俗的栄達をすてて、郷里の鹿島に帰っている。

おそらく、卜伝は、仕官することよりも、鹿島の太刀の完成者として、その技法を世に広めたかったに違いない。

卜伝は十三代将軍・足利義輝《よしてる》や伊勢（三重県）の国司・北畠《きたばたけ》具教《とものり》、甲斐《かい》国（山梨県）武田家の旧臣・海野《うんの》能登守輝幸《てるゆき》など、有力者を多く弟子としていたから、己れの望みをほぼ達成したといえよう。

卜伝が最後の、短期の巡国修行を終えて鹿島に帰ったのは、七十歳を過ぎたころという。

郷里に落ち着いた卜伝は、弘治《こうじ》二年（一五五六）、家督を養子・彦四郎幹秀に譲ると、元亀《げんき》二年（一五七一）三月十一日、この時代にはめずらしく高齢（八十三歳）で、この世を去った。

剣一筋に生き、満足のいった卜伝の人生――武蔵にとってそれは、最高に憧憬すべき手本であったかもしれない。

第十七章 上泉伊勢守信綱（新陰流）

すべては、この人物からはじまった、ともいえる。近世剣術の一主流＝新陰流の流祖である。

武蔵が目指した男

中世の呼称でひと括《くく》りにされる兵法は、戦国乱世の猛々《たけだけ》しさをもち、殺伐《さつばつ》とした武術でしかなかった。が、上泉伊勢守信綱《かみいずみいせのかみのぶつな》は、これを質的に百八十度転換することを試みた。

剣の師を父のほかに持たなかった宮本武蔵が、戦国期を武将としての卓越した軍才をもって生き、同時に、〝新陰流〟を希求してやまなかった男――信綱を己れの目標としたことは容易に想像がつく。

信綱同様に戦場で軍功を挙げ、なろうことなら大名にもと野望を抱いた武蔵であったが、関ヶ原の合戦で挫折すると、士大将として栄達するためにも、剣の技能者としての腕前をあげる道を選んだ。

まさしくそれは、先達・信綱の辿《たど》った道程を手本としたとも受けとれる。

伊勢守信綱がこの世に生をうけたのは、武蔵が生まれる約八十年前の永正《えいしょう》五年（一五〇八）の正月であった。父は上泉武蔵守義綱である。

この上泉氏が、藤原鎌足《ふじわらのかまたり》を始祖とする上野《こうずけ》国（群馬県）の豪族、大胡《おおご》氏の支葉であることはよく知られている。

名門の出自

が、この大胡氏に足利将軍家の側近で丹後（京都府北部）・伊勢（三重県）の守護・一色《いっしき》左大夫義直《よしなお》が、その孫・義秀《よしひで》を入れて、傾いていた大胡家を再興したことはあまり知られていない。

享徳《きょうとく》二年（一四五三）のことである。

義秀の嫡子・時秀《ときひで》の生まれたのが翌享徳三年である。一年後に新たに築城された上泉城に拠るべく、この一族は大胡姓を上泉姓とした。

上泉時秀は二十一歳で従五位下、伊勢守に任官。この時秀の嫡男が義綱、つまり、信綱の父であった。

義綱は明応《めいおう》九年（一五〇〇）、鹿島新当流から分かれ、鹿島神陰流を開いた松本備前守政信《まつもとびぜんのかみまさのぶ》のもとに入門した。政信は飯篠長蔵斎の門人でもあった。

三年後、義綱は修行を終え、従五位下・武蔵守に叙任される。

ついでに記すと、『撃剣叢談』をはじめ諸書には、信綱の父を憲綱《のりつな》（のち秀継《ひでつぐ》）とするものが多いが、これらは関東管領《かんれい》・上杉憲政《うえすぎのりまさ》を意識した、明らかな後世の創作であり、史実とは言い難い。

鹿島神陰流へ入門

さて、信綱だが、いまだ祖父・時秀も健在（享禄三年＝一五三〇年、七十七歳で没）で、信綱は祖父（香取神道流）と父（鹿島神陰流）、さらには家の子郎党などと剣・槍の技を磨き、軍略・兵法を学んだのではないかと思われる。

　十三歳のおりには、父と同様、松本備前守の門に入っている。


「某《それがし》、幼少より兵法兵術に志《こころざし》有るによって諸流の奥源を極め、日夜工夫鍛練致《いた》すによって尊天の感応を蒙《こうむ》り新陰流を号す」


　これは永禄八年（一五六五）、信綱が門人の柳生石舟斎宗厳《むねよし》に与えた印可状の一節である。

　信綱は祖父以来の流儀に加え、鹿島・香取の関東七流系を新たに修行。大永《だいえい》四年（一五二四）、十七歳にして香取神道流の奥儀を授けられている。

　信綱が従五位下・伊勢守となったのは、享《きよう》禄《ろく》元年（一五二八）、二十一歳のときであった。

一国一城の主たるものの修行

　このころの兵法修行は、武芸十八般をあまねく修めることを目的していた。

　なかでも、築城術・軍学に重きをおいている。

　これはすなわち、一剣士としての修行ではなく、一国一城の主たるべき者の修行が、兵法で

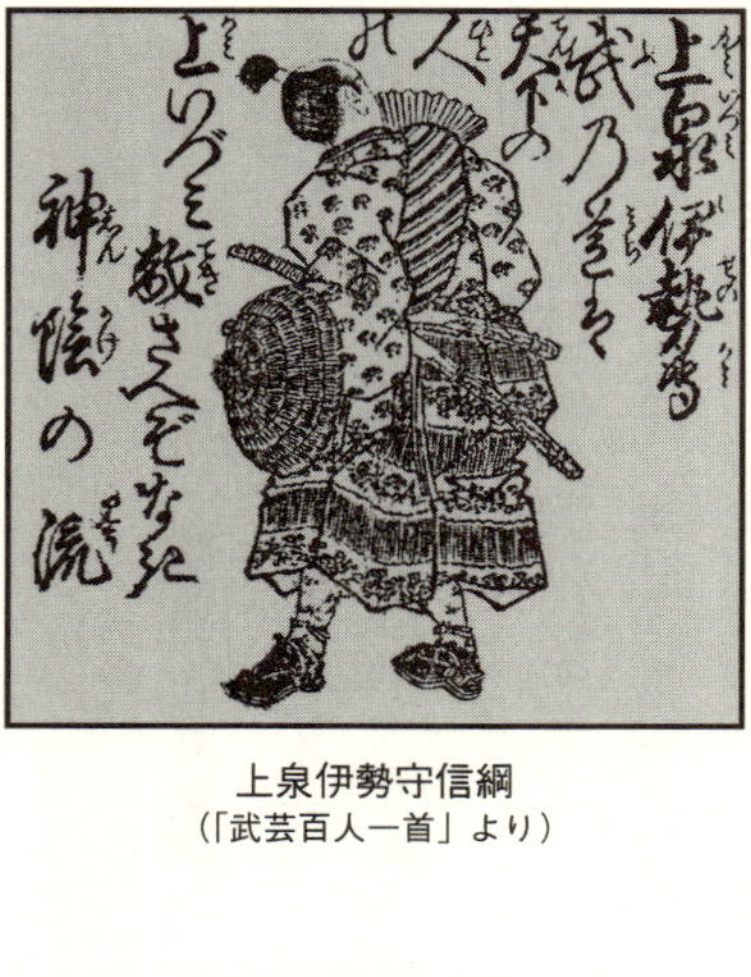

上泉伊勢守信綱
（「武芸百人一首」より）

あったことを物語っていた。

上泉信綱とその門人たちは、むろん、この流れに属していた。ほかにも塚原卜伝、戦国中期以降では織田信長に仕えた明智光秀、将軍候補の足利義秋《よしあき》（のちの十五代将軍・義昭）を連れて諸国を流浪した細川藤孝《ふじたか》（幽斎）、竹中半兵衛《たけなかはんべえ》や黒田官兵衛《くろだかんべえ》らが、これにあたる。

彼らは皆、天下に大いなる野望を抱いていた。己れの修めた兵法をもって、幾千万の将士を指揮し、勝利を千里の外に決するのが本懐だったわけだ。

『五輪書』を著した宮本武蔵も、幾万もの軍勢を指揮することを夢見ていたと伝えられている。

やはり、狭まる江戸初期の兵法においても、武芸者にとっての憧れであったのだろう。

陰流から新陰流へ

信綱の兵法修行はまず、家人や訪れる兵法者に教えを受け、互いに錬磨することからはじまったようだ。

二十四歳で陰流の奥儀を愛洲移香斎《あいすいこうさい》から得て、陰流の伝書、秘巻、太刀一腰および占術書、薬方などの一切を相伝している。

そして天文《てんぶん》二年（一五三三）のころには〝信綱韜《しない》〟（袋竹刀）を考案し、数年後、ついに一流を興したのであった。

「予、諸流の奥源を究《きわ》め、陰流に於《お》いて別に奇妙を抽出し、新陰流と称す（中略）。万人に傑たるに非《あら》ざれば、争《いかで》か予、家法を伝えんや」

（信綱から、柳生石舟斎へあてた目録より）

また、天文九年には、小笠原氏隆について軍法・軍配の修行を終え、相伝を得ている。

この時期、信綱の嫡子・秀胤《ひでたね》も十歳となり、大炊介《おおいのすけ》を称するまでになっていた。

信綱は天文中期に最初の上洛を果たしている。そのため、新陰流の名は信綱の技量とともに、関東と京都を中心に、諸国に広がっていった。

箕輪城落城

信綱が上泉家の当主として、戦国乱世に直面するのは、父・義綱がこの世を去ってからのこと。

天文二十一年、北条氏政《ほうじょううじまさ》が関東管領・上杉憲政を上州平井城に攻め、憲政が越後（新潟県）に逃亡して長尾景虎《ながおかげとら》（上杉謙信《うえすぎけんしん》）に救けを求めたことにはじまった。

信綱にとって、否、上野国にとっての大敵は、隣接する信濃を併合した甲斐の武田信玄《たけだしんげん》であった。信玄はこれまでも、信綱が盟主とした長野業正《なりまさ》の箕輪《みのわ》城や上泉城を攻めたが、信綱はじめ〝十一人衆〟と称される、上州の強者《つわもの》たちが結束し、これらの堅城は容易に抜けなかった。

ところが名将・長野業正が、永禄四年（一五六一）に病死。嫡子業成《なりしげ》は奮闘したものの、結局、父には及ばず、友軍をまとめ切れずに、箕輪城は落城してしまう、業成は自刃《じじん》し、長野一族は断罪となった。

畿内回国

信綱の兵法に、大きな変化がもたらされたのは、このときであったと思われる。信綱は己れの兵法を現実の乱世で実践する野望を捨て、後世に伝えることのみを考えるようになった。

記録によれば、神後伊豆《じんごいず》、疋田豊五郎《ひきたぶんごろう》などの門人を連れ、上野国をあとにした信綱は、「伊勢《いせ》国司へ参り、此の辺に然《しか》るべき兵法の達人御座候はば、兵法の仕合 仕《つかまつ》り度由《たきよし》望申候」(「柳生兵庫兵法覚」)

と、伊勢の国司・北畠具教《とものり》を訪問している。

前述したように、具教は塚原卜伝から「一の太刀」を伝授された人物で、卜伝と関わりをもつ松本備前守に学んだ信綱とは、以前から交際があったようだ。

次いで、具教の紹介により、奈良宝蔵院《ほうぞういん》を経て、柳生の庄へ。畿内随一の遣い手として知られていた柳生石舟斎宗厳《せきしゅうさいむねよし》と立ち合い、格段の強さを発揮、宗厳の願いを容《い》れて彼を門人とする。

信綱はその後、門人の疋田を大和(奈良県)に残して京に出た。やはり、兵法を広めるには都でなければならない、と考えたのであろう。

この時期、信綱は山科言継《やましなときつぐ》にも会っている。嫡子秀胤が鵠之台《こうのだい》で、三十五歳をもって戦死した旨《むね》の報にも接した。

明けて永禄八年三月十日、十三代将軍・足利義輝の前で、門人・丸目蔵人佐《まるめくらんどのすけ》と兵法を台覧、感状をもらっている。

そして、この年中に宗厳と宝蔵院胤栄《いんえい》に、新陰流の印可状を与えた。宗厳への新陰流目録は永禄九年で、丸目蔵人佐の印可状授与は、その翌年であった。

その最後

元亀元年(一五七〇)、信綱は兵法者としては最高の従四位下に叙せられ、また、兵法を門人ともども正親町《おおぎまち》天皇の天覧に供し、さらに、十五代将軍・足利義昭以下に、軍配、取向、総捲を相伝。言継ほか二名の公家に、占術の指南などもおこなっている。

そうするうちにも、天下争乱は刻一刻と姿を変えていった。

ところで、多くの信綱伝が信綱の死について、天正元年（一五七三）、あるいは同五年に柳生にて没と記している。だが、上杉家の記録や「上泉文書」などには、

「信綱、京より上州の地に帰り、結城《ゆうき》に居る事暫《しば》し、後北条氏政かねてより其高名を聞き、重く接待しければ、信綱遂に小田原に止まり仕へて（中略）、天正十年遂に北条家に在りて卒す」

とあり、信綱は小田原で天正十年に没したことになっている。

もし、これが事実であれば、〝剣一筋〟の方針を転換して以降の、信綱半生は、思い通りのものとなったといえそうだ。

第十八章

徳川家康（新陰流）

大将たる者の剣とは、いかなるものであるか、天下人たるこの人物は熟知していた。

史上最大級の兵法者

徳川家康《いえやす》を日本史上最大級の兵法家・武道家に位置づけると、たいていの人は首を傾けるに違いない。

もともとこの武将には、上杉謙信や武田信玄のような、卓越した戦略・戦術論がなく、采配《さいはい》の妙もなかった。かといって、盟友の織田信長にみられた俊敏な動き、天才的としかいいようのない外交感覚、時代の先取性といったものも、もちあわせていなかったように思われる。

大軍を率いる将才も、きらびやかさをもたず、さりとて、個人として武勇に長《た》けていたかといえば、これも疑問視する向きが多い。

体格も小ぶとりで、どうみても敏捷《びんしょう》とはいえぬ風貌であった。

もし、信長の同盟者でなければ、あるいは、三河の強靱な家臣団に守られていなければ、天下を望むこともならず、ただ、律儀で穏やかな土豪として生涯を終えていたのではないか、と一般的に思われがちである。

たしかに、そうした側面はなくはなかった。

幼くして父に死なれ、母と離別を強いられ、織田信秀（信長の父）や今川義元の人質となり、つらく寂しく、しかも危うい前半生をおくった家康は、常に安全第一を心がけ、優先せざるを得なかったのも無理はない。

五字と七字の教訓

あるとき、家康は若い近習たちを前にして、問いかけた。

「そのほうたち、将来に向けて安全に身を保つ秘訣がある。それは、五字でいえるし、七字でもいえるのだが、存じておるか」

近習たちが首を傾《かし》げ、ぜひとも承《うけたまわ》りたい、と身を乗りだすと、家康は「うえをみ（る）な」「みのほどを知れ」の五字と七字を示したのだった。そして、

「いつもこの言葉を忘れるではないぞ。さすれば、そのほうたちも将来ともつつがなく、身をまっとうできるであろう」

と述べた。

家康の生涯をみると、この安全第一、いいかえれば、勝たずとも敗けない。一歩一歩を、堅実に前進させようとする姿勢がよく現われている。

また、『岩淵夜話別集』によると、家康は、「万事に用心のなきと言ふはなし」という言葉をしらしめるため、どこへ落ちるかもわからない雷にも、家人が一箇所に固まるのではなく、分散して雷雨をやり過ごすことで、最悪の場合の一家根絶が救える、といった論を展開したりしている。

こうした用心深さを笑う者もあったが、結果

的にはこの徹底した手堅さが、家康をして天下を取らしめた。

東海一の馬乗り

——家康の武術も、まさに同じ発想、心構えの延長線上にあったといっていい。

家康の馬術にまつわる、有名な逸話《いつわ》がある。

天正十七年（一五八九）の小田原攻めのおり、当時すでに〝東海道一の馬乗り〟と称されてきた家康が、細い架け橋をいかに渡るか、衆目が見守る話で、出典は『紀君言行録』——。

さぞや、華麗な手綱捌《たづなさば》きを見せるかと思われた家康は、橋詰までくると何のことはない、他の人びとと同様に馬を下り、自身は歩行者の者に背負われ、馬は家臣にひかせて橋を渡った。

見守っていた多くの者は、これが東海一の乗りざまかと笑ったが、丹羽長重（長秀の子）、長谷川秀一、堀秀政の三人は、

「さてさて、斯《か》くまで御巧者とは思わざりき、実に東海一の馬乗りとはこの事なるべし。馬上の巧者は、危なきことはせぬものぞ」

大いに感服したという。

これより十年前、三方ヶ原の合戦においては、逆に信玄に敗れた家康の逃げ足は、凄まじいばかりであった。

大久保彦左衛門が、懸命になって追いかけたものの、三、四丁も遅れをとったという話もある（『校合雑記』『改正三河風土記』）。

家康の鉄砲の腕

家康の馬術が、たくみであったのは間違いなさそうだ。同様に、鉄砲についても、修練した

挿話がいくつか残されている。

浜松に家康が居城を構えていたころ、櫓《やぐら》の上にいる鶴をみて、距離は五、六十間と家臣にはからせると、次には、稲富外記《いなとみげき》の製作による長筒を持ってこさせて、正確に鶴の胴体を射抜いたという。

のちに近臣二十人ばかりが、これを真似《まね》て撃ってみたが、一人として当たった者がいなかったとも。

慶長《けいちょう》十六年（一六一一）におこなった浅間山での狩りにおいても、家康はすべて的《まと》の中心を射抜き、鳶三羽をつづけ撃ちにし、うち二羽を射ち落とし、一羽は足をうち落とされて飛び去ったともいう（『武徳大成記』）。

しかし、家康の真骨頂は、馬術でも鉄砲でもなく、実は剣術であった。

奥山流と新当流を学ぶ

元亀《げんき》元年（一五七〇）、姉川の合戦において奥平九八郎信昌が敵二騎を斬り、その首二つを実検に供したところ、家康は驚いて、

「汝、若年の小晩もて、奇功を奏せし事よ」

というと、信昌は、

「およそ戦闘の道は剣法の巧拙にありて、筋肉の強弱にあらず」

と答えた。それを聞いた家康は、

「誰に剣法を学びし」

と問う。

信昌は奥山流を学んでいると答えた。

すると家康は、では師は奥山急加斎《きゅうかさい》（休賀斎＝一五二六～一六〇二）であろうといい、自分も若いころにその流儀を学んだが、近ごろは戦《いくさ》にい

そがしくて久しく稽古をしていない、帰陣の上は奥山を呼んで対面しよう、といっている。

奥山急加斎は奥平貞久の四男で、孫七郎公重と称し、上泉伊勢守信綱の門に入って新陰流を学んだ。その奥儀《おうぎ》をきわめてのち、三河国奥山明神に参籠し、夢の中で秘伝の太刀を授かり、奥山流と称した。

家康はこのほかにも三河時代、有馬大善（大炊）時貞について、新当流（有馬流）も学んでおり、大膳の死後、嫡流が絶えたおりは、その娘の子（庶孫）の秋重（満秋）をもって家を継がせ、紀州藩主頼宣《よりのぶ》（家康の十男）に付属させている。

大将の剣

家康がどの程度の腕前＝技量であったか、定かには伝わっていない。

なにしろ、家康が剣を振って人を斬った、という話は聞いたことがない。

しかし、剣術を単なる刺撃の術として考えず、剣を通じて人格形成に役立てようとした理念は、やはり一流のものであった。

「兵法は人のたすけに遣《つか》うにあらず。進退爰《ここ》に究《きわま》りて、一生一度の用に立《たつ》る為なれば、さのみ世間に能《よ》く見られたき事にあらず」

と、いみじくもいったのは、剣聖・上泉伊勢守信綱だが、家康はこのことをよく理解していた。

あるとき、上泉の高弟・疋田豊五郎景兼（一五三六〜一六〇五）を召して、家康は剣についておろいろと訊ねたことがあった。

疋田を引き取らせてのち、家康は、

「疋田は名人かもしれないが、剣技に種類のあることを知らない」

と評している。

これはのちに、秀忠が剣法を学ぶときにも、家康が注意したことであったが、

「大将たる者は、自分の手で人を斬る必要はない。大将が剣法を習うのは、万一の危機をのがれるためだ。天下の主《あるじ》や大名たる者は、瞬時の危機さえのがれることができれば、あとは家臣たちが敵を討ってくれるものだ。大将みずから刀を振わねばならぬようでは負け戦だ」

これが家康の持論であった。

柳生新陰流を学ぶ

こうした家康の眼鏡《めがね》にかなったのが、上泉伊勢守信綱の高弟で、独自に柳生流を開いた柳生宗厳《むねよし》（石舟斎）であったといえる。


文禄三年（一五九四）——家康は五十三歳、石舟斎が七十歳——この年、家康は石舟斎を召して、天下に鳴りひびく〝無刀取り〟を、みずからためそうと木刀をもって打ちかかった。

石舟斎は素手である。

腕に覚えのある家康は、袈裟《けさ》に斬って出たが、瞬間、石舟斎の手が伸びて家康の木刀に触れるや、木刀は空高くはねあげられていた。

感服した家康は、その場で石舟斎に起請文を差し出し、門人の礼をとっている。

この〝無刀取り〟を石舟斎は、

「素手で他人の刀を取ることをいうのではなく、自分に刀がない場合でも、人に斬られない工夫が無刀である」

と説明している。

なるほど、これならば家康の考え方と合致していたにちがいない。石舟斎は老齢を理由に、

五男の又右衛門宗矩《むねのり》を家康に推挙した。

そのほかの将軍指南役たち

宗矩はこうした家康の心情を、よく理解していたようだ。

将軍指南役となってのちも、同役の一刀流・小野忠明（前名・神子上典膳《みこがみてんぜん》）が先の疋田同様、剣技に種類は認めず、将軍といえども手加減をしなかったのに比べて、宗矩はうまくあしらい、将軍にとって必要な剣術のレベルを指導し続けた。

いまひとり、家康には剣の師がいた。塚原《つかはら》卜伝《ぼくでん》からの秘伝、〝一の太刀〟を伝えられた、常陸鹿島の大祝《おおはふり》・松岡兵庫助則方《のりかた》である。

天正《てんしょう》十八年（一五九〇）、家康が関東へ移封されて間もなく召し出され、新当流の術を家康に伝えた。

征夷大将軍として、実際に剣をもって多くの敵を斬り、ついに自らも斬り死にしたのは、室町十三代将軍の足利義輝であったが、その師である上泉伊勢守と塚原卜伝の道統——陰流と天真正伝香取神道流——を、ともに修めてなお、七十五歳の長寿をまっとうした家康については、いま一度、評価をし直してみる必要がありそうだ。

家康は剣の三大源流の残る一つ・中条流の流れを汲む一刀流をも学んでいた。

だとすれば、武道史の権威『日本剣道史』にいう、

「武将で剣を修めたのは、徳川家康が筆頭」

との記述も、頷けなくはない。

第十九章

富田越後守重政（富田流）

人間、いついかなる場合にも、機転が利かねば、人生において成功は覚束ない。

わけても、剣客ともなれば剣の腕前もさることながら、咄嗟《とっさ》に心身が働かぬようでは、危機に臨んで脱出することもかなわぬであろう。

〝名人越後〟は最高の家禄

富田《とだ》流剣術といえば、近世剣法の三大始祖の一つともいわれる、中条流の流れを汲む名門。

二代・富田治部左衛門景政は加賀（石川県南部）の前田家に仕え、四千石を領した剣客だが、三代目を継いだ（養子）六左衛門重政（一五五四～一六二五）も稀にみる剣の遣い手で、官名の越後守から、世に〝名人越後〟と称された。

この重政は剣の達人であったばかりでなく、武将としても優れていたようで、前田家の重臣の一人として、各地に転戦して勇名を馳せた。

天正《てんしょう》十一年（一五八三）八月、越中末森の合戦で「一番槍」の功名をあげ、慶長《けいちょう》元年（一五九六）には下野守（のち越後守）に叙任され、一万三千六百七十石を領有している。

これは日本史上の剣客のなかで、最高の家禄を意味していた。

無刀取りの極意

重政は人の心もよく読んだようで、髯を剃らせていた家僕が、心ひそかに、

「天下の名人といえども、このような時に刺せば失敗はすまい」

と思ったところ、重政はふと家僕の面を見て、

「その方の顔色は尋常でない。しかし、思ったことをする勇気はあるまい」

といい、家僕を縮み上らせたという挿話が残されている。

この重政に、ある一日、前田利常（利家の四男、第三代加賀藩主）が、

「その方が家の武芸に、〝無刀取り〟という秘術があると聞いたが、どうじゃ、これを見事取ってみせよ」

というなり、佩刀をスラリと抜いて重政の面前に突き出した。

まさしく、絶体絶命という場面である。が、重政は静かに平伏するとかしこまって、

「よろしゅうございます。ですが、〝無刀取り〟はわが秘術でございますゆえ、他見をはばかります。御襖《おんふすま》の陰から此方《こなた》をうかがう者がござるによって、お叱りを願いたく存じます」

といった。重政の言葉に利常は、

「うむ、よかろう」

というなり、思わず襖の方をみた。その一瞬の隙に、重政は顔色一つ動かさず、利常の手を素速く、そして強く握っていた。

「無刀取りはこれでござる」

このような重政であったればこそ、父・景政の三倍もの禄高を得ることができたともいえる。

第二十章

丸目蔵人佐長恵（タイ拾流）

人間、運・不運は何によって決まるか、わかったものではない。

〝天下一の剣士〟を目指して上京した丸《まる》目蔵人《めくらんどの》佐《すけ》であったが、この剣豪は志《こころざし》半ばにして帰郷を余儀なくされる。しかし、その晩年はきわめて恵まれものとなった。

乱世の幼少時代

〝孤高の剣〟と称された宮本武蔵が、野望成就《じょうじゅ》することなく異郷に没したのに比べると、丸目蔵人佐長恵《ながよし》の生涯は、波乱万丈であったとはいえ、満ち足りた人生を生まれ故郷で終えられた点、幸福であったといえよう。

同じ青雲の志を抱いて出発しながら、なぜこうした落差が生じたのであろうか。

〝遅れてきた剣豪〟武蔵に、四十年先立った蔵人佐との差異が意味するものは、一体、何だったのだろう。

世に、「西日本一」と謳《うた》われた剣士・丸目蔵人佐が終生仕えた、肥後国（熊本県）球磨《くま》郡の領主・相良《さがら》家は、鎌倉期、源頼朝《みなもとのよりとも》の命で伊豆国（静岡県南部）相良庄からこの地に移封され、以来、球磨をはじめ八代《やつしろ》・葦北・下益城《しもましき》・

天草各郡を領した旧家であった。

　蔵人佐は、天文《てんぶん》九年（一五四〇）、この相良家十三代・遠江守定頼の第三子、相良兵庫允《ひょうごのすけ》頼春の後胤、山本与三右衛門の嫡男として八代郡人吉《ひとよし》に生まれた。

　この時期、相良家は名将といわれた義陽《よしあき》の代で、中原《ちゅうげん》を狙って肥後への進出を企て、薩摩《さつま》国（鹿児島県）の島津義久《しまづよしひさ》と激戦を交え、連戦連勝の武威を誇っていた。

　ために、尚武《しょうぶ》の風も盛んであったから、蔵人佐も少年のころから剣槍を好み、弟の寿斎・頼蔵・吉兵衛らと木刀や木槍を振りまわしていたという。

初陣から兵法修行へ

弘治《こうじ》元年（一五五五）、蔵人佐は十六歳で大畑の合戦に初陣《ういじん》、戦功を挙げ、このおりに主君から賜《たまわ》ったのが丸目姓であった。

　翌年、蔵人佐は十七歳で出郷すると、天草本《あまくさほん》渡《ど》城主・天草伊豆守種元のもとに寄寓している。伊豆守種元は義陽麾下《きか》の勇将で、兵法に通じており、それを学ぶためであった。

　本渡に滞在すること二ヵ年余、蔵人佐は腕に満々の自信をつけると、十九歳で上京し、当時、天下一と称されていた新陰流・上泉伊勢守信綱の門をくぐったのであった。

　ときに、永禄《えいろく》元年（一五五八）のこと……と諸書にある。が、おそらくこれは間違いであろう。

　伊勢守信綱は上州（群馬県）箕輪《みのわ》落城後の、永禄六年以後に上洛したとするのが定説となっている。蔵人佐の上洛はそれより早い。

　たぶん、蔵人佐は上洛して畿内の諸流を歴訪し、その過程で信綱の名声に接して入門したものであろう。

〝上泉四天王〟の一

『本朝武芸小伝』その他に、丸目蔵人佐を京都（朝廷）の北面の武士としているのは、その上洛が伊勢守信綱のそれより以前であったことをうかがわせる。

　蔵人佐は京都でかなりの剣名を得たのち、新陰流の門をくぐったのではないだろうか。

　柳生宗厳《やぎゅうむねよし》、疋田豊五郎《ひきたぶんごろう》、神後伊豆守《じんごいずのかみ》などの高弟とともに、門下の〝四天王〟と称されるまで、わずか数年しかかからなかったことからも、蔵人佐の剣技をは相当レベルであったことがうかがえる。

　事実、上泉門での蔵人佐の剣の上達ぶりは、めざましいものがあった。

　永禄年間（一五五八～七〇）のことだ。

信綱は十三代将軍・足利義輝《あしかがよしてる》の命で、兵法を上覧することとなった。場所は将軍家館《やかた》の一隅の振武殿。蔵人佐は師・信綱の打太刀《うちだち》をつとめ、将軍から感状をもらっている。

　――今度上泉伊勢守兵法始而《はじめて》見申候、無比類《ひるいなき》儀不及是非候、就中《なかんずく》、丸目打太刀執心故所作柄是又天下之可為調宝《ちょうほうとなすべく》候、猶《なお》期再会之状如件

　　六月十八日　　義輝花押

一生の不覚

　蔵人佐が修行成って、師の信綱から新陰流の印可を得たのは永禄十年のことである。

錦を飾って人吉に立ち戻った蔵人佐は、相良家で家中の子弟への兵法指南と、領内に入り込んだ隠密狩りを任務としていたようだ。

当時、相良氏はけっして大豪族＝大大名ではなかったが、人吉を中心に強固な地盤を築いており、九州の活性する情勢のもと、他家の隠密が往来していた。

蔵人佐は領国内を見まわり、そうした隠密を見つけては、次々と斬ったという。『相良文書』によれば、その数は実に十七人にも及んでいる。

こうして蔵人佐は主君義陽に仕えていたが、永禄十二年（一五六九）一月、肥薩国境に近い大口城の守備についていて、島津義久の一軍の攻撃により敗退。義陽の不興をかって、永らく出仕をとどめられることとなった。

以後、天正十三年（一五八五）からの相良・島津両家の角逐《かくちく》に、二度までも軍功を挙げたにもかかわらず、主君に目通りは許されなかった。

「東の天下一西の天下一」

いつごろのことであろうか、次のようなエピソードが残されている。

所用があって江戸へ出た蔵人佐は、将軍家指南役・柳生但馬守宗矩《むねのり》を訪ねて試合を申し込んだというのだ。宗矩は父・宗厳の同門であった蔵人佐を疎略に扱うわけにもいかない。かといって、他流試合も困る。

そこで、

「天下に名のある達人は、貴殿と私だけと思っている。勝敗を争って二人の達人の一人を捨てるのは、まことにしのびがたい。よって貴殿は関西の兵法日本一、私は関東の兵法日本一、そういうことにしてはいかがであろう」

と宗矩が言ったので、蔵人佐も試合を見合わせることにしたとか。

ほどなく、徳川家康がこの一件を耳にして、両者を称讃すると、改めて将軍家の肝《きも》入りで、〝東日本の天下一は柳生〟〝西日本の天下一は丸目〟と決めたという。

これにはさらに、後日譚《たん》があった。

かつて蔵人佐は、京の愛宕山《あたご》、誓願寺《せいがんじ》、清水寺に高札を立て、天下一を称して、真剣勝負を世の剣士に挑んだことがあった。蔵人佐は京にとどまること半年、挑戦者を求めたものの、ついに現われなかった。天下の武芸者たちが、蔵人佐を天下一の兵法者と認めたことになる。

この時の高札が清水寺に残されていたが、寛《かん》永《えい》六年（一六二九）九月十日、清水寺が炎上したため焼失してしまったという。

実は将軍家指南役・柳生家がこの高札を入手し、破却しようとしたができなかったため、蔵人佐との天下二分の誓約もあって、体面上から同寺を焼いたというのだ。

真偽のほどは定かではない。が、蔵人佐の豪傑の名にふさわしい、剣豪ぶりを垣間《かいま》見せる挿話ではある。

流名の変遷

丸目蔵人佐の晩年は、多くの剣豪たちに比べてはっきりしている。

時代は移り、時は流れた。

長い戦国乱世も終わり、徳川家の天下となって、相良家は本領二万二千石を安堵《あんど》され、藩主は相良長毎《ながつね》の代になっていた。

江戸から帰国した蔵人佐は、先の大口城での失敗もようやく許され、長毎のもとに出仕すると、新知百十七石を与えられ、相良藩の剣術指南役となった。

その蔵人佐が、〝タイ捨流《しゃ》〟を創始し、名乗るようになったのが、いつのころからかは残念ながら不詳である。上泉門下第一の高弟にもかかわらず、新陰流を名乗らなかったのは、一説によれば、柳生宗矩が師の流儀を継承したからだとされている。

だが、蔵人佐はいく度もの合戦の体験から、甲冑《かっちゅう》武士を倒す独自の刀法を工夫していた。それが新陰タイ捨流となり、タイ捨流となったとも伝えられている。

前者の説にしたがえば、伊勢守信綱のかつての高弟たちの流名がある。

疋田豊五郎は槍術を中心に疋田陰流を、穴沢《あなざわ》浄賢《きよかた》は薙刀《なぎなた》をもって穴沢流を、神後宗治は神後流をそれぞれに創案してその流祖となっている。

後者の説を補強するのは、タイ捨流の構えである。

タイ捨流の大太刀形十三本、小太刀形四本などが、構えをことごとく斜にとり、斜めから斬り上げ、斬り下げる独特の八双《はっそう》を用いているのが、独自の工夫を如実に物語っていた。

タイ捨流はやがて、九州全域に広まった。隣国・薩摩では東郷重位《とうごうしげたか》の示現《じげん》流を採用するまでは、タイ捨流を島津家の流儀としている。

豊後(大分県の大部)の大友《おおとも》家はむろん、肥前(佐賀県・長崎県)筑前(福岡県の大部)にまで、蔵人佐の剣は広がっていった。

静かな老後

蔵人佐は間もなく、長毎の許しを得て隠居し、自らを徹斎《てっさい》と号した。

彼のタイ捨流は、次女が嫁した山本八左衛門光興《みつおき》が継承。八左衛門は寛永《かんえい》十八年（一六四一）十一月、四十三石を加増され、蔵人佐のときからの石高と合わせて百六十石を領する。

隠居の身となった蔵人佐は、相良家から切原野に土地を賜り、移り住むと原野の開墾に従事。大谷から水を引いて二町余歩を、曲谷からの引き水で三町余歩の水田を拓《ひら》き、水利の悪い地でも六反余の畑をつくっている。

また、大藪《おおやぶ》という地に真竹を植え、杉や檜《ひのき》などの造林にも励んだ。

往年の名声を求めて京・江戸を往来し、数々の剣士と死闘を重ねた、剣一筋に生きた人間とは思えぬ、静かな余生である。

寛永六年二月七日、徹斎丸目蔵人佐長恵は、九十歳をもってこの世を去った。

法名は雲山春龍居士。墓は自身が拓いた切原野の堂山に立った。

ここで、蔵人佐の生涯を通観していえることは、多くの剣士・剣豪に比べ、生まれながらにして主持ちであり、終生かわることのなかった点であろう。宮仕えのハンディもなくはなかったろうが、地に足のついた修行は恵まれた天稟《てんぴん》に磨きをかけることができた。

それにひきかえ、武蔵のそれは、あまりにも恵まれることの少ない、しかも、厳しい環境のもとで天下に名を成さねばならなかった。武蔵が死に臨んで、必死の想念を込めて『五輪書』を著したことが、それを如実に物語っている。

第二十一章

川崎鑰之助時盛（東軍流）

江戸初期、四代将軍徳川家綱の治世下、〝天下五大流儀〟のひとつに数えられた剣の名流があった。

平和な時代の兵法者たち

〝兵法者〟という専門職が、日本史に活躍するのは、およそ、戦国の末ごろから江戸時代初期にかけてのことであった。

戦国乱世は終焉にむかっているとはいえ、政情の不安と人心の動揺・退廃は、いまだ回復してはおらず、人びとはおのおのが護身の術を身につけるべく、なかば強制された状況下にあったといっていい。

もっとも、合戦は慶長《けいちょう》二十年（一六一五）五月の大坂夏の陣を境に、以後、寛永《かんえい》十四年（一六三七）十月の天草・島原の乱まで、さほどの規模のものはなく、小競《ぜ》り合いがあっても、戦場の主力はすでに剣槍ではない。鉄砲にとってかわられて久しかった。

〝兵法者〟の多くは牢人者で、ありようはあぶれ者に近い。武芸十八般を謳《うた》い、上は軍略兵法の高等戦術＝集団戦法から、身近には個人護身術としての剣術、槍術、薙刀術、柔術などを説いた。が、その素姓たるや筋目の者は少なく、大半は名もなき者たちであったといえる。

　彼らの究極の目的は、徳川家を頂点とする諸大名家への就職であったが、合戦が日常的であった戦国時代ならいざ知らず、世の中が鎮静化の方向へすすんでいる時世に、腕っぷしの強さだけで、おいそれと召し抱える物好きな大名家は少なかった。幕府の目も光っている。

実践が世に出る条件

いきおい、他の同業者たちとの優劣を競うことになったのも、当然であったろう。

　ある者は、「日本一」「天下無双」の看板を掲げ、ある者は人目をそばだたせる天狗やカラスをモチーフとした、奇怪な服装をもって、兵法家の個性を演出しようとした。

　ところが、こうした晴れがましい〝兵法家〟の群れからは、不思議に大流儀、後世にまで伝えられる流派はほとんど出なかった。

　ともすれば、きわめて地味で、百人を相手に勝利したことを豪語する者より、実際に二人なり三人を斬った者を採用するケースが多かった。

　それもそのはずで、時代が合戦から遠のくにしたがい、戦場に出たことのない武士も年ごと

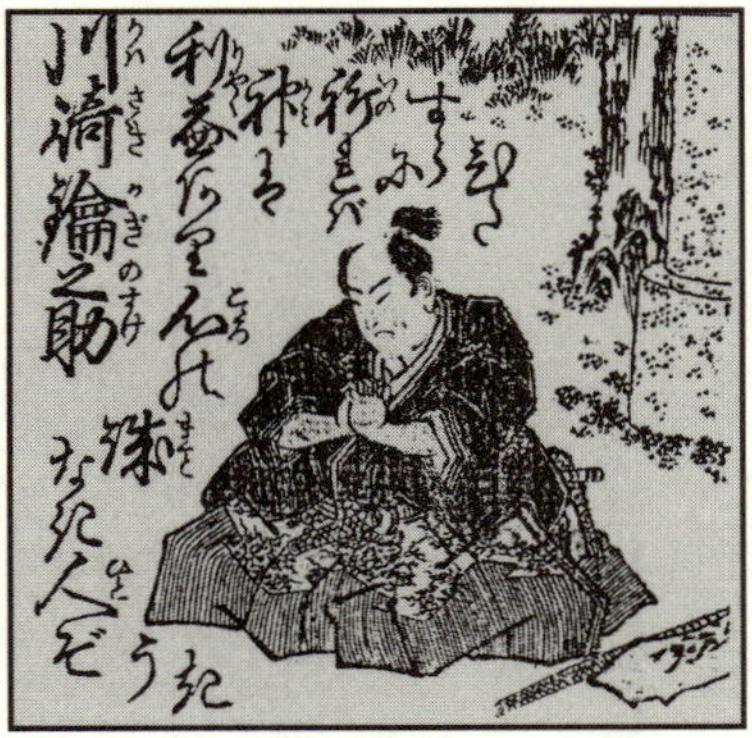

川崎鑰之助
（「武芸百人一首」より）

に増えていた。そうした武士たちにとっては、人を殺傷＝斬る行為そのものが、別世界のものとみえたであろう。この異質ともいえる行為を、現実に体験した者は、いかなる自己宣伝にもまして、世上に訴えるものをもっていた。

その典型的ともいえる例が、東軍流《とうぐんりゅう》四代宗家・川崎次郎太夫宗勝《だゆうむねかつ》であったろう。

四代将軍徳川家綱の治世、東軍流は柳生新陰流、小野派一刀流、二天一流、林崎抜刀術（夢想流）とならぶ、〝天下五代流儀〟に数えられている。

なにしろ、直門三千人、二十四の分派と六十余の支流を形成したと諸資料にあるから、江戸時代を通じても、東軍流がかなりの大流儀であったことがうかがえよう。

会津、前橋、伊勢崎、水戸、忍《おし》、金沢、松代、小諸、浜松、亀山、和歌山（紀州）、篠山《ささやま》、赤穂、鳥取、岡山、徳島、高松、高知、吉田、秋田、中津、岡、対馬——計二十三藩の剣術流儀は、筆者が直接、確認した東軍流の分布である。

むろん、その影響をうけた流派や諸藩の流儀は、多すぎてここに列挙できない。

初代は富田流を学ぶ

東軍流が武道史にあらわれるのは、前出の次郎太夫の代からであるが、始祖・川崎鑰之助《かぎのすけ》（時盛）には、旧朝倉家の出身というもうひとつの側面があった。

この朝倉家とはほかでもない。十五世紀から十六世紀にかけて越前国を中心に勢威を振るった戦国大名・朝倉一族のことである。鑰之助の先祖は、その支族であった。

通常、川崎家として数える場合、鑰之助は四

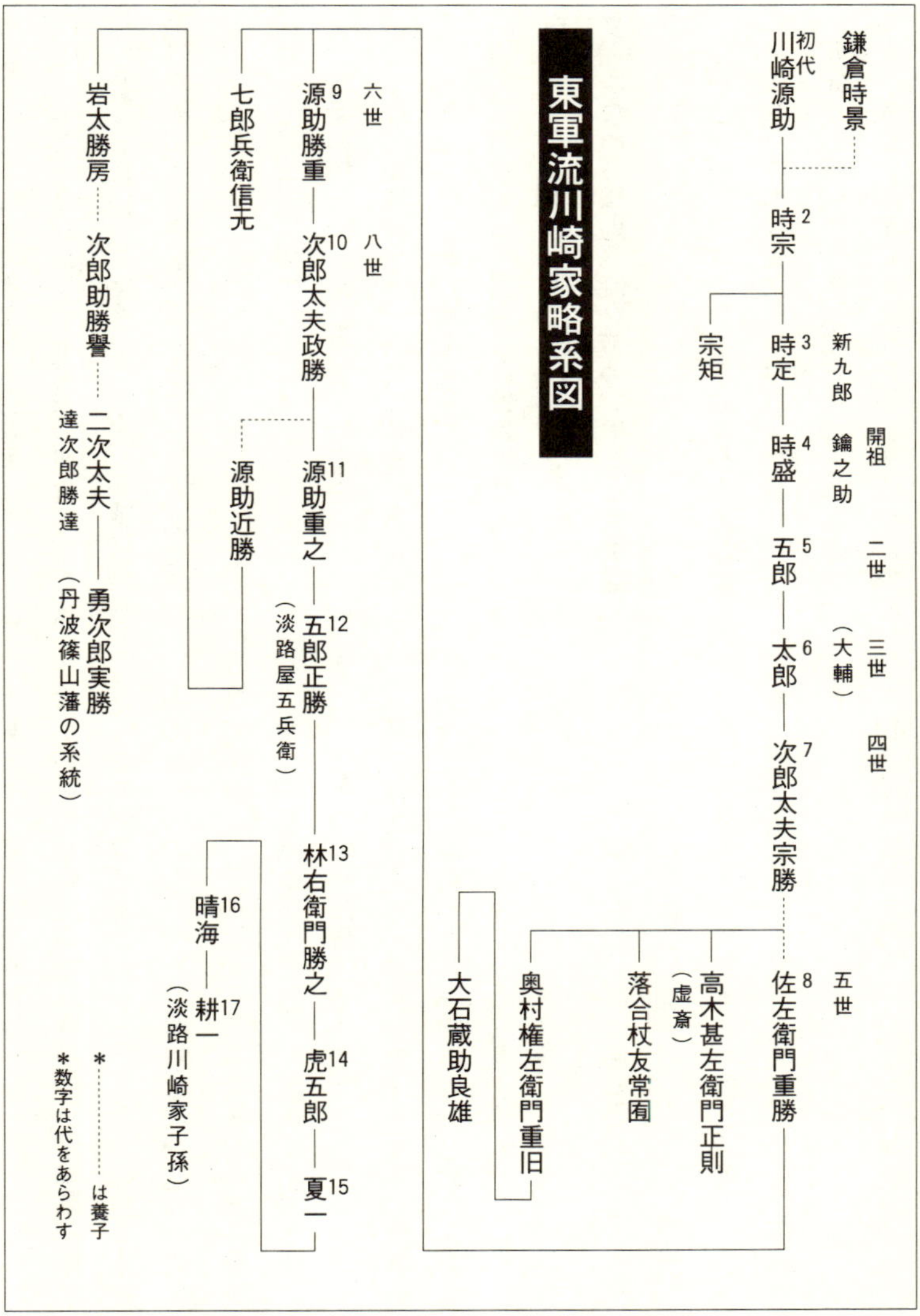
東軍流川崎家略系図
鎌倉時景
初代 川崎源助
開祖 新九郎 鑰之助
2 時宗
宗矩
3 時定
4 時盛
二世
5 五郎
三世 （大輔）
6 太郎
四世
7 次郎太夫宗勝
五世
8 佐左衛門重勝
高木甚左衛門正則（虚斎）
落合杖友常囿
奥村権左衛門重旧
大石蔵助良雄
六世
9 源助勝重
七郎兵衛信元
八世
10 次郎太夫政勝
11 源助重之
源助近勝
12 五郎正勝（淡路屋五兵衛）
13 林右衛門勝之
14 虎五郎
15 夏一
16 晴海
17 耕一（淡路川崎家子孫）
岩太勝房
次郎助勝誉
二次太夫
達次郎勝達
勇次郎実勝（丹波篠山藩の系統）
＊……は養子
＊数字は代をあらわす

代となる。これは朝倉家が文明《ぶんめい》五年（一四七三）に起こした内紛のおり、主流派の朝倉時景（孝景の五男）が指揮した隊にあって、奮戦武勲をあげた家士・川崎源助を初代と数えるためであった。源助は、

「抜群の功労にて候」

と時景の第三子・時宗を養子にもらい、この川崎七郎左衛門時宗が、新たに朝倉の近習として重きをなしたことに端を発していた。

時宗は朝倉家三代国主・貞景の後見人をつとめ、その子・時定《ときさだ》も四代国主・孝景の側近にあり、かたわら鞍馬《くらま》八流を修め、槍なども別途に学んでいる。

しかし、一方でははやくも鉄砲が出現しはじめ、合戦の様相も変化しつつあった。

時定は五代国主・義景に、そのむねを進言するが、義景は越前に京文化を導入するのに熱心なあまり、耳を貸そうとはしなかった。

ついでながら、当時（戦国期）の金融の中心は、京の町衆であったが、かれらの金主は比叡山の延暦寺であり、その檀家総代が越前の朝倉氏であった。そのため、義景はありあまる財力と叡山の僧兵＝武力を頼り、北への外敵の進攻に、ほとんど無防備であったといっていい。

時定は諫言するも容れられず、同僚の讒訴《ざんそ》もあってお役御免となり、嫡男の鑰之助は元服前のこととて、天台宗の〝東軍権僧正〟のもとに預けられた。

成人した鑰之助は、諱《いみな》を時盛と称し、その後、父から学んだ諸武芸に加えて、中条流を修めた。師は、名人・富田《とだ》五郎左衛門入道勢源《せいげん》（佐々木小次郎の師ともいわれる鐘捲自斎は、鑰之助の同門）。

鑰之助も勢源も越前の人である。その縁であっ

たろう（槍を鑰之助が富田牛生に学んだとする、日高繁高の『武芸小伝』は誤りである。牛生は人物名ではない）。

東軍流には発性の技があるが、これは中条流の小太刀入身技の応用であった。つまり、東軍流の基本が、中条流であったことが知れる。

――すでに織田信長によって、朝倉家は滅亡していた。鑰之助は川崎家再興を武芸に託し、さらに妙所（極意）を得ようと、上州の白雲山（妙義山の旧称）に籠って、波己曽《はこそ》神を一心に祈り、そして妙旨を悟った。

だが、〝日の本軍事の達人〟と尊称されたと伝えられる鑰之助が、どこかへ仕官したとの記録はない。

老中阿部忠秋に認められる

四代の孫・次郎太夫も、歴史の舞台に登場した出立《いでたち》は、兵法修行中の牢人者であった。場所は武州忍《おし》の原。試合を望まれて倒した相手の門人に、遺恨を含まれ、数を恃《たの》んだかれらに襲われる。かくて大殺陣《たて》が繰り広げられたが、もはや泰平の世となっていただけに、この斬り合いは次郎太夫の剣名を、一躍、天下に知らしめることとなった。

とくに忍藩主（老中）阿部豊後守忠秋の目にとまり、その剣術指南役となったことは、流儀にとって大きかった。

とはいえ、この仕官はあまりにも軽格でありすぎた。『阿部家分限帳』の「忠秋様御代、慶安年中分限帳写　江戸御用部屋」と題する小冊子によると、天下の名剣士は、町奉行支配のところに、〝三人扶持〟として登録されている。これが一流の宗家、剣豪の、当時の評価であった。

次郎太夫はやがて忍藩を辞すと、江戸へ出て本郷に道場を構えた。前述の直門三千人は、このときのことである。

寛文《かんぶん》十一年（一六七二）十一月、次郎太夫はこの世を去ったが、剣統は高弟の高木甚左衛門正則に、家伝は血縁者の養子・佐左衛門重勝《しげかつ》に伝えた。この佐左衛門を川崎家の八代として、この系統＝家系は現在にいたるまでつづいている。

〝赤穂浪士〟の剣

ところで、次郎太夫の門からは、高松藩剣術指南役の奥村権左衛門重旧（無我）が出たが、この門からは赤穂藩城代家老・大石内蔵助ほか、大石源左衛門、潮田又之丞、近松勘六といった、のちの〝赤穂浪士〟が四人輩出している。

元禄《げんろく》五年（一六九二）六月二十日、大石が無我に「起請文」を入れているが、どの程度の剣の腕前であったか、正確なところは不明である。

起請文の中に、

「東軍派の兵法御相伝に就き」

とあるところから、これをもって、大石を東軍流の印可を得た門弟と見なす史家もあるが、宗家の免許者控えには、大石の名は見当たらない。ときに大石三十四歳。

ただ、大石は東軍流の精神を、討ち入りにはいかんなく発揮したようだ。

　敵の打つ太刀も見えず、向うの善悪、間づもりも知らず、敵の光を見ては眼をふさぎ、かたちをひき、あるいは声に驚き、音に発し、手前の太刀も眼をふさぎて打ち込むゆえ、向うへ届かずして、敵を打ちはずす。あいだに石木のあるも見えず、石にて刀の刃を損じ、手前の足を斬る。

惣じて、稽古のうちにも、太刀の持ちよう、かたちに心をとらわれて、向うの仕方見えず、一切の事にこころ先立つゆえなり。こころ先立つときは、手前になす事おぼえず、見れども見えず、これみな無明なり。（『東軍流秘訣』）

引用文中の〝無明〟を、一刀両断にするのが東軍流の初伝「無明切」であった。

「それ当流は、我意識を放れ捨てて、天然本体に従って、留め、引きの太刀を第一とせず、敵の変化に依って、間合の自然に乗じて、敵の末発に打込むなりし」

東軍流では、この敵の動きに合わせて打ち込むことを、「紫の巻」と呼んだ。赤（陽）と黒（陰）を混ぜ合わせたもの。大石の立場でいえば、浅野家再興と亡君の復仇という和戦両用の構えに相当する。

また、東軍流では一尺寸、八寸、五寸、三寸と相手＝敵との距離を見切っていくが、これなども、討ち入り決行のタイミングをはかった大石の心情に、相通じるものがあったようにも受け取れる。

極意は「微塵」――。

「一身すべてが刃となり、一点の曇りもなく、明鏡の如く、妙明とあいなりまする」

つまり、死中に活の境地をいった。その意味において、次郎太夫の孫弟子・大石内蔵助は、理想的な東軍流の遣い手であったといえなくもない。


〈参考文献〉

『東軍流兵法史』川崎耕一監修・森田栄著　ＮＧＳ刊

第二十二章　佐々木小次郎（巌流）

以前、『日本伝説説話大事典』（角川書店）の「佐々木小次郎」の項を執筆したことがある。

わずかな字数ではあったが、この剣士ほど史実関係の書きにくい人物も珍しかった。

出身は富田流

とにかく、出自、生年、流儀の系譜――ほとんどが謎に包まれていた。

加えて、慶長《けいちょう》十七年（一六一二）四月十三日、関門海峡の船島《ふなじま》（別名を向島）において、宮本武蔵との〝死合〟により、敗死してしまったため、その流儀が後世に絶えてしまった。

はるか後年に書き記された文献や講談本の類には、もっともらしいことが述べられているものの、ほとんどのものは信用できない。

そこで筆者は、その剣流＝「巌流」を中心にすえて、検証してみることにした。

武蔵の死後、百二十年たってその弟子筋の手で書かれた『二天記』には、佐々木小次郎は「富田勢源の弟子で打太刀をつとめた」とする記述がある。同書には、武蔵と戦ったおりの小次郎の年齢を十八歳とも記している（『肥後異人伝』も同説）。

勢源の弟子であったとすれば、晩年の弟子としても五十歳を越えていてしかるべきであろうし、高弟なら七十近くにもなりえる。十八歳ならば勢源の直弟子ではあり得ない。

鐘捲自斎の弟子？

そこで折衷《せっちゅう》する案として勢源の高弟である鐘捲自斎《かねまきじさい》の弟子とする伝承もいつしか生まれた。

小次郎にあてた自斎の免許状は残っており、これには、

「富田勢源門流、後学鐘捲自斎」

と記されていた。

また、新しいところでは、この鐘捲自斎の弟と称される、〝戸田清玄《とだせいげん》〟の弟子とする説が生まれている。

こちらも年代が二、三十年はくだり、十八歳の小次郎も可能となる。

天保《てんぽう》十四年（一八四三）に刊行された『撃剣叢談』には、

> 戸田流は鐘捲自斎弟に戸田清玄と云ふ者有り。自斎は外田《とだ》（外他）流と称し、清玄は戸田流と称す。（中略）又勢源、清玄和音同じきを以ての故に、勢源と混ずる人多し。勢源

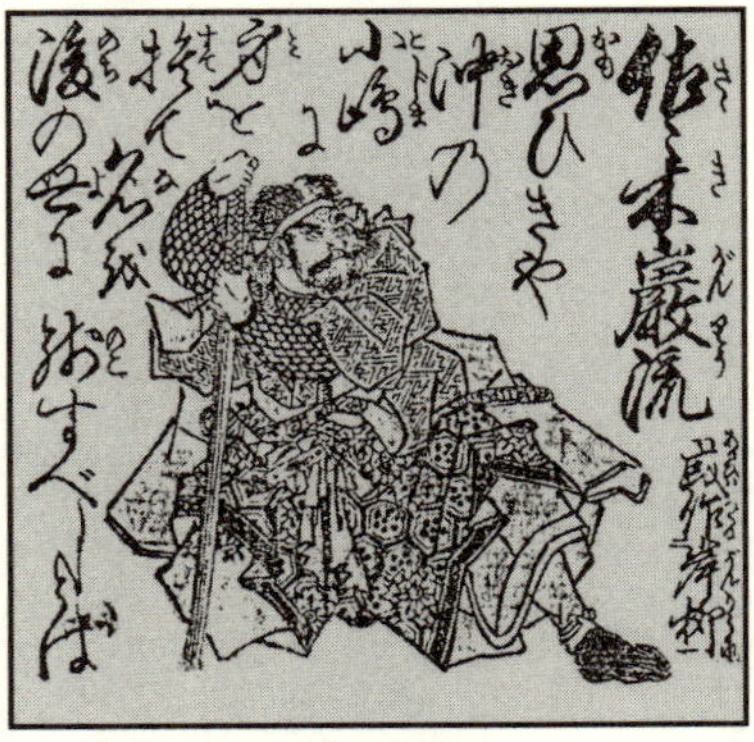

佐々木小次郎
（「武芸百人一首」より）

は京都将軍の末（室町時代末期）に鳴り、清玄は豊臣殿下の比《ころ》、流を弘《ひろ》めし他。

いずれが正しいかの推測はひとまず置き、佐々木小次郎が富田流の門下にあったことは、ほぼ間違いないのではあるまいか。

この流儀は、日本の剣術三大源流の一・中条流平法から出た。

代々、三河（愛知県東部）の豪族として栄えた中条家に伝承された家芸＝刺撃の術で、越前（福井県北部）の守護・斯波氏の重臣・甲斐豊前守祐智に伝えられることにより、正伝が越前へ渡った。

この流れから富田《とだ》九郎左衛門長家が出て、長家の次子が勢源であり、三子が家督をついだ景政。景政の養嗣子が〝名人越後〟といわれた越後守重政となる。富田家で勃興したことにより、人々は中条流を富田流と呼ぶようになった。

富田勢源は、いわば富田流の〝悲劇の達人〟といってよい。短軀痩身《たんくそうしん》ながら、小太刀をとっては天下無敵。それが眼病を患い、晩年は盲目になり、それゆえ家督を弟の景政に譲《ゆず》った（長兄の郷家は夭折《ようせい》）。

小太刀の技法を受ける大太刀

中条流＝富田流は総合武術であったが、なかでも小太刀操法が卓越《たくえつ》していた。

そのため、佐々木小次郎が富田流の型稽古で、打たれる側＝打太刀ばかりをやらされたため、かえって長刀が得意となった、との伝承は十分にありえる話である。

小太刀の技法をきわだたせるには、相手が長刀であればあるほど見栄《みば》えがよい。

戦国末期から江戸初期に発生した剣術の各流派は、間引き刀か木刀を使用し（なかには柳生のように蟇膚竹刀《ひきはだしない》を使用しているところもあったが、これは少数派）、打太刀と仕太刀にわかれて形稽古を繰り返すのが一般的な修行であった。

まだ板敷きの道場も、全国的には普及していない。むしろ、実戦を想定して庭先や川原《かわら》、山道などで稽古をするのが普通であった。

したがって小次郎の巌流の型も、多分に富田流が取り入れられ、その稽古方法が踏襲されていたに相違ない。

富田流の二刀を使う剣

興味深いのは、富田流――正確には中条流――の技法に、二刀流があったことである。

筆者が金沢市でみた中条流平法の伝書の中に、「分太刀《わくる》」というのがあった。左右の手に一刀ずつをもち、敵の打ちを左の太刀ではね返し、右の太刀で相手の腕を斬る。

二刀を上段から、あるいは下段から振るう「払利外下切《はらうりはずししたぎり》」、鞘《さや》に細工をして太刀同様に使う「掛物《かけもの》」、文字通り二刀を交差させて攻守を固める「十文字」など。

二刀流はけっして、宮本武蔵のオリジナルで

鐘捲自斎
（「武芸百人一首」より）

はないことが知れる。もともと剣の勝ち方に、それほど奇抜《きばつ》な独創はあり得ない。

——剣の勝ちは一つである。

いかにして敵の太刀より早く、こちらの太刀が相手にとどき得るか、それ以外にない。

各流派はその方法論を独自に工夫したわけだ。では、佐々木小次郎の巌流の基本となった富田流ではどうであったか。

〝先の先〟を取る技法

刺撃のポイントは、圧倒的に腕と手首を狙うものが多かった。ついで首筋（とくに動脈）を斬るもの、さらには胸などを突くもの。

これは現代剣道のポイントと比較した場合、小手のみは同じでも、他はまったく重《かさ》ならない。面、突き、胴などという技法は、鎧《よろい》兜《かぶと》に身を固めた相手に通用するものではなかった。

手首にしても、古流は現代剣道のように骨の部分は狙わなかった。多くは脈の切断にこそ工夫をこらしており、それゆえにこそ剣術は〝一刀必殺〟と称されたのである。

富田流ではこうした殺傷のポイントを、相手より早くものにするため、

「此流は先《せん》を取事《とること》を専《もっぱ》らとす」

と教え、小太刀において中太刀、あるいは小次郎のような大太刀を利するには、

「敵にあはざるうちに先有」

と、〝先《せん》の先《せん》〟を取ることを強調している。

当然といえばそれまでだが、心技体の一致した相手の構えを崩し、斬りかかるというのは事実上、不可能に近い。

ならば相手が仕合う態勢をととのえる前に、打って出よ、と富田流は説いている。

そういえば宮本武蔵も、『五輪書』の「水の巻」の中で、次のように述べていた。

敵を打《うつ》拍子に、一拍子といひて、敵我あたるほどのくらいを得て、敵のわきまへぬうちを心に得て、我身もうごかさず、心も付ず、いかにもはやく直に打拍子也。敵の太刀、ひかん、はづさん、うたんと思心《おもう》のなきうちを打拍子、此拍子能《よく》ならひ得て、間の拍子をはやく打事《うつこと》鍛錬すべし。

意味はわかりやすい。

敵を打つのに、一拍子の打ちというのがある。これは敵と我とが打ち合う間合（一足一刀の間）に入って、敵がまだ判断の定まっていないところを見ぬき、自分の身を働かさず、心もそのままに、すばやく一気に打つ拍子である。

つまり、敵が太刀を引こうか、はずそうか、それとも打とうかと考え、心が定まっていない間に打つ拍子を一拍子という。

武蔵はこの拍子をよく習得して、きわめて早い間合で、すばやく〝先の先〟をとって打つことを鍛錬せよと述べたわけだ。

巌流必殺の「一心一刀」

師が富田勢源であるにせよ、鐘捲自斎、戸田清玄であったとしても、佐々木小次郎は富田流の打太刀から独自の巌流を開いたことは間違いない。

しかも使用した太刀が大太刀であったとすれば、その技法は十中八、九、〝後《ご》の先《せん》〟を取るものであったことが考えられる。

そういえば、『撃剣叢談』の中に、小次郎の巌流の秘技として、「一心一刀」というものをあげていた。

要約すれば、

「この技は大太刀を真っ向に拝《おが》み打ちするように大上段に構え、そのままつかつかと相手に歩みより、相手の鼻先を目付にして、一気に地面までも斬りさくつもりで打ち込む」

というもの。

ここまでならば、富田流の〝先の先〟と同断である。この技法にはつづきがあった。

「――打ちなりにかがみ居りて、上より打処をかつぎ上げて勝つ也」

初太刀で相手が仕留められず、先方が逆襲に転じて打ちかかってきたならば、そのタイミングをみはからって、当方の振りおろした太刀の切っ先を返し、下からすくい上げて相手を斬れ、というのだ。

印象としては、伝えられる〝燕返し〟の秘剣を連想させる。

〝後の先〟を取る秘技

大太刀の優越は、〝先の先〟を確実に取りやすいものにしたこと。ついで、〝後の先〟を取るにも、いかなる応じ技を繰り出すにも刀身が長い分だけ有利である点が挙げられる。

富田流にはほかに、打ちかかってくる太刀に応じて、ことごとくを踏み込んで受け止める技法もあった。小次郎はそうした応じ技を大太刀を使って工夫したに違いない。

宮本武蔵の言葉を借《か》りれば、「二のこし（腰）の拍子」となる。

二のこしの拍子、我打《われうち》ださんとする時、敵

はやく引、はやくはりのくるやうなる時は、我打とみせて、敵のはりてたるむ所を打。是二のこしの打也。此書付計《ばかり》にては中々《なかなか》打得がたかるべし。おしへうけては、忽《たちまち》合点のゆく所也。

この「二のこしの拍子」というのは、こちらが打ち出そうとした刹那《せつな》、敵の方がより早く退《ひ》いたようなときは、まず打つとみせて敵が一瞬、緊張したあとのたるみが出たところへ、つづいてすかさず打ち込む。

つまり、〝後の先〟を取るわけである。

小次郎の出自

『二天記』に拠れば、小次郎は越前国宇坂ノ庄浄教寺村（福井県足羽郡足羽町）の出身といい、富田勢源の家人であったという。

勢源の一尺五寸の小太刀に、小次郎は三尺余の大太刀をもって稽古をはげみ、ついに門下中ならぶもののない腕前となった。

独立したのにも理由があり、師の勢源の弟・富田治部左衛門景政と試合をして勝利し、一派を立てることを師から許されたという。

無論、小次郎を周防国（山口県東部）岩国の産とする説もあり、例の燕返しは錦帯橋のたもとで開眼したとも。

筆者はやはり、越前ゆかりの人ではなかったかと考える。

小次郎も剣士の究極の目的である仕官先を求めて、諸国を試合してまわり、武蔵同様、一度も負けずに豊前小倉にいたった。

巌流島の決闘へ

二人の戦いについては囂《かまびす》しい。諸説も紛々《ふんぷん》である。

ここでは決闘から四十二年後、武蔵の養子・伊織によって建立された、『宮本武蔵碑文』（北九州市小倉北区）から、小次郎の使った技を考えてみたい。

「兵法天下無双播州赤松流新免武蔵玄信二天居士碑」

この碑には〝巌流島の決闘〟について具体的に述べたくだりがあった。

両雄同時ニ相会シ、岩（巌）流三尺ノ白刃《はくじん》ヲ手ニシ来リ、顧リミズシテ術ヲ尽サシム。武蔵木刀ノ一撃ヲ以テ、コレヲ殺ス。電光モ猶《なお》遅キガ如シ。

この碑文は承応《じょうおう》三年（一六五四）の建立であると刻まれているから、武蔵の死後でいえば九年後となる。

当時まだ、〝巌流島の決闘〟を知る人もいたであろう。それだけに伊織にしても、誇張《こちょう》した内容は書きにくかったはずだ。

小次郎は得意の〝先の先〟をとるべく仕掛け、〝後の先〟を繰り出す前に、武蔵の一太刀で敗れた、と解釈できる。

小次郎の敗因

では、なぜ、小次郎は敗れたのか。

武蔵は通常の太刀や木刀を使用せず、自ら船島（巌流島）へ向う舟の中で、櫓《ろ》（あるいは櫂《かい》）

を削って自製した木刀を用いたからである。

長さ四尺六寸（一説に四尺一寸五分）におよぶ長大な得物は、〝物干竿〟と異名をとった小次郎の備前長光《おさみつ》三尺一寸をはるかに超えていた。

小次郎は技法で敗れたのではなく、己れがこれまで最も得意としてきた〝長さ〟を武蔵に取られてしまったのである。

そういえば『撃剣叢談』の中に、武蔵の弟子と小次郎の弟子が互いの師について述べたくだりで、小次郎の弟子が、

「岸柳《がんりゆう》（小次郎）は虎切《とらきり》を唱へ大事の太刀あり。この太刀強きことに関せざる構へなれば、多くはこれを用ふべし」

とわが師を自慢するくだりがある。武蔵の弟子が心配して師のもとへもどると、武蔵は、

「余も虎切を聞けり。必ず然らん」

と応じた箇所が出てくる。この「虎切」が秘技の名ではなく、〝物干竿〟のことであったとすれば、まさに武蔵の言は巌流島の決闘の結果を見据えていたといえなくもない。

余談ながら、筆者は佐々木小次郎の師を富田勢源と考えている。戸田清玄は別人ではなく、勢源の別名ではなかったか、とこれまでも疑ってきた。

勢源が梅津某を倒した試合は有名であり、江戸時代には広く流布されたエピソードとなったが、正しく「富田勢源」と書きとめた書は意外と少なく、「戸田清元」（『老話集』『津軽史』）、「戸田盛玄」（『本朝　武林伝』）、「戸田勢玄」（『武将感状記』『撃剣叢談』）と述べたものは多い。

これは当時の兵法の〝常識〟として、独立して流儀を構えたりした場合、学んだ流儀の宗家に遠慮して流名をかえ、異名を用いる凡例《はんれい》にならったことが大きかった。

鐘捲自斎は外他流《とだ》を称し、姓も本来の印牧《かねまき》の宗家に配慮して異字をあてている。

小次郎は勢源の最晩年に学び、師の死後、自斎のもとに直って学んだのではあるまいか。

もしそうであれば、小次郎はきっと武蔵よりは高齢であったろう。

『二天記』のいうように、武蔵が試合の刻限を二時間半も遅らせた心理作戦を用いたとすれば、それでなくとも老いの身に応《こた》えたに相違ない。

加えて、現代風にいえば、三十センチも長い武蔵自作の木刀——おそらく武蔵は、これを小次郎の視界から遮《さえぎ》るようにして小脇へもって出たはずである。

舟からおりる際、海中に浸《つ》けて長さがわからないようにした、ともいう。

勝負は一瞬に決した。小次郎は頭蓋を砕かれながらもこの武蔵の木刀を下から払いあげた、ともいうが、すでに勝負はついていた。

ただし、この〝死合〟の主催者ともいうべき、当時の豊前小倉の城主・細川忠利《ただとし》は、こうした武蔵の駆け引きをどうみたのであろうか。とくに武蔵に賞詞が与えられなかったところをみると、この兵法者の戦い方に、ある種の胡乱《うろん》さを見てとったのかもしれない。

第二十三章

伊東一刀斎（一刀流）

現代において、剣術流派の中でもっともよく知られているのは、伊東（藤）一刀斎景久《かげひさ》の創始による一刀流ではあるまいか。

それほどに一刀流は、近・現代剣術（剣道）の成立に大きな影響を与えた。

謎の剣豪

しかしながら、その流祖・一刀斎景久については、後世、一刀流の隆盛によって、あまりにも有名になったためか、戯作《げさく》的伝承の類《たぐい》は数多くあるものの、真の経歴を裏付ける史料は皆無といっていいほど乏《とぼ》しい。

これは、一刀斎について書かれたものが少ない、ということではない。

事実、『本朝武芸小伝』『武術流祖録』をはじめ、『撃剣叢談』『一刀斎先生剣法書』と、枚挙に遑《いとま》もないくらいあるのだが、謎が多いために、一刀斎という人物を扱いかねているといっていい。

有名であるのに謎が多い、という点において、宮本武蔵と実によく似ていた。

なにしろ、かの武蔵と同様、否、それ以上で、一刀斎の生没年はおろか、出自すら詳《つまび》らかではなかった。

生地は近江《おうみ》（滋賀県）の堅田《かただ》と、伊豆国（静岡県南部）大島《おおしま》という説が主流だが、加賀（石川県南部）、越前《えちぜん》（福井県北部）とも伝えられる。

中条流を学ぶ

一刀斎は郷里を出奔《しゅっぽん》すると、伊豆・三島《みしま》神社の床下を住居としていたが、そこに近隣に名の聞こえた富田一放《とだいっぽう》と名乗る武芸者が現われた。そこで彼に試合をいどみ、これを一撃のもとに倒している。元亀年間（一五七〇～七三）のことというから、一刀斎は何歳だったろうか。

生年と伝えられる天文《てんぶん》十九年（一五五〇）説に従えば二十歳過ぎであり、承応《じょうおう》二年（一六五三）九十四歳と伝える没年に拠れば十二、三歳のころになる。

これなども、十三歳にして新当流の遣い手・有馬喜兵衛を倒した、武蔵の兵法者へのスタートときわめて似かよっている。

一刀斎が勝利した富田一放は、『本朝武芸小伝』によれば、中条流で名の知られた富田《とだ》越後守重政《しげまさ》の門人である。のちに一放流を開いたとあるから、試合ったのが事実とすれば驚きの一語に尽きよう。

その後、越前に中条流・富田三家の一つである鐘捲自斎通家《かねまきじさいみちいえ》を訪ね、その門で兵法＝剣術を学んだ。一刀斎はここで中条流の小太刀、外他《とだ》流（鐘捲流とも）の中太刀を習ってその奥儀をきわめたという。だが、彼がいつごろ、自斎のもとを去ったかについては不明である。

創意工夫して一流を開く

その後、一刀斎は諸国を修行して、名ある兵法者と勝負すること三十三度、ただの一度も敗れなかったという。そして、その間に自ら工夫するところがあって、ついに一流を開いたのであった。

すなわち、一刀斎の創意になる一刀流は、中条流の小太刀、外他流の中太刀に加え、自身の考案した大太刀をもって、五十本・刃引・相小太刀・正五点などの各刀法で構成された。

この多くの刀法を集大成した点に、一刀流が広く普及した理由の一つがあった、と筆者はみている。

一刀斎の「常在戦場」とは？

伊東一刀斎には、語りつがれてきたエピソードが多い。たとえば、次のようなものである。

兵法者を名乗る男が、一刀斎のもとを訪ねてきた。天正《てんしょう》六年（一五七八）のことというから、生年と伝えられる天文十九年（一五五〇）説に従えば三十歳前であり、承応二年（一六五三）九十四歳と伝える没年に従えば、二十歳そこそこということになる。

兵法者は言った。

「わが会得せし兵法に、地摺星眼《じずりせいがん》がある。必殺

伊東一刀斎
（「武芸百人一首」より）

の剣だが、もし、防ぐ術があるならばご教授願いたい」

相手は、明らかに生死を賭《と》した挑戦を望んでいた。一刀斎は、

「いずれ、そのうちに……」

と体《てい》よく拒絶する。が、兵法者は執拗に試合を求めた。それでも一刀斎が取り合わないので、一度は引きとったものの、翌日、一刀斎の行く手に立ちふさがった。そして、すでに勝者になったような態度で、

「昨日の返答やいかに」

と叫ぶなり抜刀し、得手とする地摺星眼に構えた。その刹那である。一刀斎の白刃がきらめいた。

兵法者は血煙りをあげて、地面に倒れ込む。

一刀斎の剣法は、まさに常在戦場。得物や刀法は二の次でしかなかった。これが当時の兵法であったといってよい。

また一方で、前出の塚原卜伝同様、相手を心理的に操り、敵に執着心を植えつけ、心の隙を衝《つ》くことも忘れてはいない。

こうしたやり口を、後世の剣客は〝卑怯〟といったが、それは江戸も中期以降の剣術の視点であって、発生当初の兵法とは甚《はなは》だしく相異している。

刀法が比較的簡単であったこのころの兵法は、兵法を駆使する人物自身の、日常的覚悟＝心の準備の有無《うむ》、心胆の高低で優劣を決することが多かったのである。

屈折した師弟

晩年の一刀斎が、神子上典膳《みこがみてんぜん》（のちの小野次《おのじ》郎右衛門忠明《ろうえもんただあき》）と善鬼《ぜんき》という二人の弟子を、一

刀流相伝をめぐって相争わせた話は特によく知られている。

兄弟弟子が真剣勝負をするにいたった経緯には諸説ある。が、技量では善鬼が典膳を凌《しの》いでいたものの、一刀斎は当初から相伝の相手に善鬼はふさわしくない、と思っていたようだ。

——こんな話が残されている。

一刀斎が善鬼を連れて旅に出たときのことだ。目的は宇都宮《うつのみや》で評判の〝地《じ》滑《ず》り星眼〟を遣うという、地明流の赤松兵衛と試合うことにあった（先の地摺星眼と同一人物ではない）。

一刀斎の狙うところは、地滑り星眼なる刀法と、己の無想剣との関連性にあったといわれている。いうまでもなく、地滑り星眼は構えであり、無想剣は斬手の刀法であって、表裏・攻防の相違がある。が、一刀斎は〝地滑り〟と称するところから、この構えが横一線に払い捨てる刀法を、崩すものではないかと判断した。

現地に到着して、一刀斎は善鬼に命じた。

「まずはその方が、赤松道場で立ち合ってみよ。わしが想像している先方の形を、事前に示しておく。いうところの〝地滑り星眼〟なる刀法が、わしの予想と違えば改めてわしが立ち合おう」

そして善鬼が赤松道場を訪ね、地滑り星眼を見るにおよんで、心中、ひそかに舌を巻くことになる。師・一刀斎が自ら示した形と、ほとんど同じであったからだ。だが、わずかに相違するところが、一つだけあった。

善鬼は立ち戻ると、一刀斎に報告した。

「先生の仰せのとおりの形と、寸分の違いもありませなんだ」

すると一刀斎は、念を押すように問う。

「真に答えはそれだけか、一カ所違いがあったと、有《あ》り態《てい》になぜ申さぬ」

一刀斎がどうして善鬼の嘘を見抜いたかは詳らかではない。だが、一刀斎ほどの名剣士である。善鬼の眼に不純の色を見て、高圧的に出てためしたのかもしれない。

いずれにしても、一刀斎の言葉は善鬼をして震え上がらせ、同時に、師に対して必要以上の警戒心を持たせることになった。

当然のことながら、疑心暗鬼は相手方にも素早く、かつ深刻に伝播《でんぱ》する。

晩年の一刀斎が、秀逸な弟子の一人を失う不幸は、すでにはじまっていたといってよい。

武蔵と似ているところ

一刀斎はおそらく、その実力において先達《せんだつ》の上泉伊勢守信綱、塚原卜伝高幹、同時代人では柳生但馬守宗矩に勝るとも劣らぬ剣域に達していたであろう。

しかし、一刀斎は信綱や卜伝、宗矩のような有名な出自ではなかった。生涯に一度として、権勢の地位に上ることなく、まったく、剣に生き剣に死んだ人である。その点で宮本武蔵とよく似ていた。

しかも一刀斎は、自身が創意工夫した刀法や理合に、流名すら名付けぬまま去っている。俗に「一刀流」という流儀名は、後人の名付けたものである。

これも「二天流」か「二刀流」か、あまりこだわらなかった武蔵に共通するものがあった。

ついでながら、一刀流という流名について記しておく。

一刀流の流名由来

この流儀、俗に一刀斎の創始によることから、一刀流と名付けられたと理解する向きが多い。だが、小野派一刀流の『一刀流秘事』（千葉周作）によれば、

――最初ノ組太刀一ツ勝一本発明スレバ、今日入門シタル者ニモ、明日ハ必ズ皆伝渡スベシト申教エルナリ。コレ甚《はなは》ダ六ツケ敷《むつかし》キコトノ様ナレドモ、矢張り、一心一刀ノ処ニテ切落スト共ニ敵ニ当ルノ意。受ケルト直ニ当ルノ意ニテ、二心二刀ニナラヌコトヲ申シタルノミノコトナリ。一刀流ト名ツケタルトコロノ意味コレナリ、ヨクヨク自得発明スベシ。

とある。いささか難解ではあるものの、要は、〝一心一刀〟＝〝一の太刀〟の心によるもの、と説いているのである。この流名に関しては、幕末の剣士・山岡鉄舟《やまおかてっしゅう》も、

「抑《そもそ》も、当流刀術を一刀流と名付たる所以《ゆえん》のものは、元祖一刀完斎なるを以《もっ》ての故《ゆえ》に一刀流と言うにあらず」

と言っている。

一刀斎自身は、己れの流儀を外他《とだ》流と称していた、との説もある。

恵まれた弟子たち

さて、このような一刀斎であったが、彼は門人に傑物を多く持った。わけても、古藤田勘解《ことうだかげ》由左衛門《ゆざえもん》俊直《としなお》と小野次郎右衛門忠明が傑出していたのは周知のとおりである。

古藤田俊直は、相州（神奈川県）小田原・北条氏の家臣であったが、一刀流の刀槍術を子の仁右衛門俊重《としげ》に伝えた。その子・孫兵衛俊定《としさだ》は

唯心流《ゆいしんりゅう》を称して美濃（岐阜県南部）大垣藩《おおがき》に仕えている。

この俊定が著した『一刀流剣法口伝之書《くでんのしょ》』（別名『一刀斎先生剣法書』）は、今日にいたるも名著とされてきた。また、古藤田家は幕末にいたるまで、一刀流刀槍の師範として槍術をも教授している。

小野忠明は、一刀流を革新して流儀を整えたばかりか、自らも徳川将軍家指南役として活躍した。後世にわたって、一刀流を普及させた功績は大きい。

忠明は弟・典膳《てんぜん》忠也《ちゅうや》に師の伊藤姓を継がせ、嫡男・次郎右衛門忠常《ただつね》に道統を継承させた。世上ではこの道統を「小野派一刀流」と称する。小野派一刀流は先の古藤田家とは異なり、はやくから刀術をもっぱらとしたようだ。

のちに小野派一刀流からは、中西《なかにし》忠太子定《たねさだ》（中西派一刀流）が、そして中西派一刀流からは千葉周作成政《ちばしゅうさくなりまさ》の北辰《ほくしん》一刀流、山岡鉄太郎高歩《たかゆき》（鉄舟《てっしゅう》）の一刀正伝無刀流が生まれ、一刀流はなお現代剣道にまで息づいている。

一刀流は由緒ある中条流兵法（平法といった）の伝統に立脚し、発展しただけに、筋のよい兵法＝剣であったのだろう。

それだけに古藤田、小野忠明ら秀逸な弟子たちの、精進《しょうじん》も相まって、江戸時代以降も大きく伸張し、幕末には斯界に一大勢力を形成するにいたった。

『一刀流剣法口伝之書』はいう。

相対者は或《あるい》は勝、或は負く。これ理の順也。然《しか》るを已《おのれ》が分限を知らず、我れ堅固にて他を害せんと欲す、是れ道に非《あらざ》る也。（中略）善は善にして善ならず、悪は悪にして悪にあらず、何に向かって勝つ事を楽しみ、何《いず》れに向かって負くる所を悲しまんや、人間無常の習《ならい》、その得失はただ天道自為の妙理也。

一刀斎は一切の世の栄達を望まず、飄然《ひょうぜん》と吾人の視界から消え去った。

一刀斎は己れの創意になる刀術に、伝書はおろか、流名すら残すことなく逝《い》った。

が、武蔵は死に臨んでまでも、『五輪書』その他を述べ、生涯を賭した剣の集大成を成し遂げている。

しかも、それらの書において武蔵は、徹頭徹尾、勝負に拘泥しつづけたのである。

前者を生死を超越した剣士ととらえれば、武蔵は飽くなき剣の求道者《ぐどう》と呼べるかもしれない。

第二十四章

柳生但馬守宗矩（柳生新陰流）

柳生但馬守宗矩は当時を代表する有名剣士だが、宮本武蔵と剣を交じえた形跡はない。しかし、武蔵の生き方、考え方に影響を与えた、という点において重要な人物である。

剣のエリート

宮本武蔵の兵法は、よく、〝孤高の剣〟と称される。十三歳の少年時代から故郷をあとにし、生涯をほとんど、家を持たぬ孤高の人として流《る》浪《ろう》漂泊した武蔵は、ついに仕官を望んで得られず、異郷にその生をまっとうした。

この武蔵の悲運に対し、兵法者最高の地位ともいうべき、将軍指南役に出世したのか、柳生新陰流を称えた柳生但馬守宗矩であった。

但馬守宗矩は石舟斎宗厳《せきしゅうさいむねよし》の五男として、元《げん》亀《き》二年（一五七一）に生まれている。武蔵の生年を天正十二年（一五八四）とすれば、十三歳の年長となる。

柳生家は大和《やまと》国（奈良県）添上《そうのかみ》郡柳生庄を領する小豪族であった。永禄《えいろく》・天正《てんしょう》（一五五八～九二）のころは、三好《みよし》氏に属していたが、のちに筒井順慶《つついじゅんけい》と戦って敗れ、これに属している。宗厳の代になってからも、松永久秀《まつながひさひで》、織田信長といくどか主《あるじ》を替えたが、覇権のめまぐるしい時代にあって、大和の一小豪族としては、やむを得ない保身の術であったろう。

戦国期には、一族の組織力強化とともに、小豪族は何処も、より大きな組織の間を泳ぐ処世術が不可欠となっていた。

柳生家はそうした処世術を、長い戦乱の中で身につけていったが、武蔵には、そうした感覚を磨く機会が、ついぞなかった。

それは、武蔵が自ら言うように、

「六十余度まで勝負するといへども、一度も其利をうしなはず」

といった、試合に明け暮れた生活にも原因はあったに違いない。

徳川家の〝御流儀兵法〟

宗厳が上泉伊勢守信綱《かみいずみいせのかみのぶつな》の門に入ったのは、三十五歳のときと伝えられている。

すでに新当流の兵法巧者として聞こえていた宗厳であったが、信綱はその卓抜した剣技を愛《め》で、印可状を伝授して新陰流兵法の正統を受け継がせた。ときに、永禄八年（一五六五）のことであったという。

――時代は流れた。

天正元年（一五七三）には、十五代将軍・足利義昭が信長に京を追われ、室町幕府は滅亡。そして〝天下布武〟を呼号した信長も、本能寺《ほんのうじ》に横死し、豊臣秀吉の天下となった。

宗厳が徳川家康に招かれ、京・鷹《たか》ケ峰《みね》の仮屋に赴《おもむ》いたのは、文禄《ぶんろく》三年（一五九四）七十歳のときであった。

このおり、宗厳に扈従《こじゅう》してその相手をつとめ、剣の型をみせたのが宗矩である。柳生新陰流が徳川家の〝御流儀兵法〟となり、宗矩が江戸柳生の開祖となった端緒は、まさに、このときにあったといってよい。

慶長《けいちょう》五年（一六〇〇）、宗矩は家康の会津（上《うえ》杉景勝《すぎかげかつ》）討伐に従軍。西軍（大坂方）が挙兵すると、家康の命によって柳生庄に戻り、西軍の後方牽制工作にあたった。

関ヶ原の合戦ののち、宗矩はその功によって旧領二千石を与えられ、翌年、さらに一千石を加増され、二代将軍・徳川秀忠《ひでただ》の兵法指南役となったのである。

武蔵も同じ兵法者ではあるが、宗矩には、著名な流祖（上泉伊勢守）があり、偉大な父（石舟斎宗厳）があって、そもそも兵法がもつ権威が違っていた。

しかも、小なりとはいえ、歴とした豪族の出自から出発した宗矩に比べると、独創性には富むものの武蔵の剣は背景が何一つない分、かなり見劣りがする。

先人が記した武蔵と宗矩の対話

『鵜之真似《うのまね》』という一書に、武蔵が宗矩のもとを訪れたときのエピソードが記されている。

武蔵が訪れたとき、宗矩は登城の時刻が迫っていたので、面会を拒《こば》んだ。

しかし、武蔵は執拗に取次ぎの者を介して、ご教授をいただきたいと申し込む。やむなく面会した宗矩は、武蔵に対して、

「剣術の位は……」

と問うた。これに対して武蔵は、

「電光石火」

と答えた。

すると宗矩は、

「いま少しご修行をなさるように」

と言い、武蔵が、

「では但馬守どのには、何と心得られまするや」

と質《ただ》したところ、宗矩は、

「春風表のごとし」

と答えたという。

技術一点張りであった武蔵に比べ、宗矩はいかにも軟《やわ》らかい。武蔵と宗矩が実際に出会ったのか、また、立ち合ったかどうか、真偽のほどはわからない。確かな記録には、二人の出会いはなかった。

ただ、『渡辺幸庵対話』に、

「但馬にくらべ候ては、碁にていわば、井目《せいもく》も武蔵つよし」

と記されており、両者を比較する何らかの根拠はあったのかもしれない。

海舟の宗矩評

ところで、幕末の英傑・勝海舟《かつかいしゅう》の『氷川清話《ひかわせいわ》』に、宗矩を評したくだりがある。

柳生但馬守は、けっして尋常一様の剣客ではない。名儀こそ剣法の指南役で、ごく低い格であったけれど、三代将軍（徳川家光）に対して非常な権力をもっていたらしい。誰でも表だって権勢の地位にすわると、多勢の人が終始注意するようになり、したがって、いろいろな情実ができて、とても本当の仕事のできるものではない。柳生は、この呼吸をのみこんでおったとみえて、表向きはただ一個の剣法指南役の格で君側に出入して、毎日、お面、お小手と一所懸命やっていたから、世間の人もあまり注意しなかった。

宗矩は元和《げんな》七年（一六二一）、二年後に三代将軍となる家光の兵法指南役となり、寛永《かんえい》六年（一六二九）には従五位下但馬守に、同九年からは大目付となった。

天下の大目付

どの程度の、政治的手腕の持ち主であったのだろうか。寛永六年六月、長年の交友があり、禅の師でもあった沢庵禅師が、紫衣《しえ》事件で出羽《でわ》国（山形・秋田両県）に流刑になるという事件が起きた。

宗矩はその赦免のために奔走し、沢庵が赦《ゆる》されると、今度は家光を説いて江戸に呼び寄せたばかりか、のちに沢庵に傾倒した家光にすすめて、品川に東海寺を建てさせ、その開山に沢庵を据えている。

また、寛永十四年の天草・島原の乱のおりは、その総指揮官として進発した板倉重昌《いたくらしげまさ》を引きとめるべく、将軍家光を諫《いさ》めた話は有名である。

宗矩の危惧したとおり、翌年正月、力量不足を焦った重昌は、現地で戦死を遂げてしまう。

これらの話は、宗矩の並々ならぬ政治力をうかがわせる好例といえよう。

「殺人剣を転じて活人剣となす」

一方で柳生宗矩は、上泉伊勢守信綱、父・宗厳と伝えられた新陰流＝柳生新陰流を、心技の両面にわたって、より一層深め、体系化している。

わけても、〝無刀の位〟に代表される柳生新陰流兵法は、将軍家の兵法であっただけに、徳川幕府の政策ともマッチしたようで、将軍家光にはことのほか信頼を得たようである。

それというのも、やはり、宗矩が修行し、推しすすめた〝剣禅一如〟の思想に負うところが大きかった。

では、〝無刀の位〟とは、どういうことなのか。沢庵禅師の筆になるという『太阿記』によれば、

「それ通達の人は、刀を用いて人を殺さず、刀を用いて人を活《い》かす。殺すを要さばすなわち殺し、活かすを要さばすなわち活かす。殺々三昧《ざんまい》、活々三昧なり」

とある。殺人剣を転じて活人剣となす、との教えだが、勝負を越えたところに目を開くというのは、並大抵のことでその境地にいたれるものではない。が、宗矩は、その延長線に政治をおいたのであった。

武蔵が、何よりも勝負に勝つことに執着したのに対し、宗矩は人を活かすため、その剣理を体制＝政治に応用したといえそうである。

将軍家光は、いつも側近に、

「天下のつとめ、宗矩に学んではじめて、その要領がわかってきた」

と洩らし、その宗矩が没してのちは、何事かが起こると決まって、

「宗矩が存命ならば、尋ねてみたいものを……」

と嘆いたというが、さもありなんと思える。

〝剣禅一如〟を悟る

宗矩は将軍家光に兵法を指南しただけでなく、諸大名やその子弟たちにも、直接、〝剣禅一如〟の思想を指導し、多くの影響を与えた。

——興味をひく挿話がある。

将軍家光が、能の催しをした。家光は傍《かたわ》らの宗矩を返り見て言った。

「観世左近《かんぜさこん》の所作をよく注意して見るがよい。そしてもし、隙を見出《みいだ》し、ここなら斬れると思うところがあらば、遠慮なく申してみよ」

観世左近の舞いは、その芸の厳しさから寸分の隙もなく、剣の名手・宗矩といえども、容易に打ち込むことはできまい、と将軍家光は思ったようであった。

やがて舞い納めた観世左近は、楽屋入りすると、付け人に向かって、汗を拭《ぬぐ》いながら尋ねた。

「今日、上様のお側近くに坐って、私の所作を、眼を離さずに見入っていた方があった。いったい、誰であろう」

「あれこそ、柳生但馬守さまでございます」

付け人の言葉を聞いて、左近は、

「さては、そうであったか。あの方に見続けられていたので、少しの息を抜く間もなく舞いつづけ、ようやく大臣柱（正面に向かって右側にある脇柱）のところに行ったとき、ほっと一息ついたら、にやりと笑われたが、いや、実に心が疲れた」

そう言って苦笑した。一方、家光は舞台を退《しりぞ》いていく左近を見送ってから、宗矩に尋ねた。

「どうじゃな、斬れる隙があったか」

「はい、寸分の隙もなく舞っていました。が、最後に大臣柱のところで、ちょっと息を抜きました。あのときなら一太刀で、苦もなく斬れたでございましょう」

のちに両者は、相互に相手の言葉を聞いて、さすがは名人、と感じ合ったという。

数度の加増を受け、寛永十三年には大和国に一万石を拝領した宗矩は、ついに大名に列した。

その後も再度の加増を受け、ついには一万二千五百石。

正保《しょうほう》三年（一六四六）三月二十六日、宗矩は七十六歳にして危篤となるや、将軍家光は自らその邸に宗矩を見舞い、没後は従四位下を朝廷に奏請して亡き師に贈っている。

第二十五章 林田左門（富田流）

中条流小太刀といえば、現代剣道につらなる源流の一つだが、その正統六代目を継承したのが富田勢源《とだせいげん》だった。この人物は名人といってよく、以来、中条流は富田流とも呼ばれるようになる。

その門からは弟・景政をはじめ、鐘巻自斎《かねまきじさい》、川崎鑰之助《かぎのすけ》などが出、いまひとり勢源の甥とも伝えられる林田左門も巣立った。

一対六の殺陣

この人物は、黒田長政に仕えて鉄砲二十挺の組頭をつとめ、次代の藩主・忠之に仕えるころには足軽大将格であったという。

あるとき、手練《てだ》れの足軽六人が人を殺《あや》めて、藩内を出奔するという事件が起きた。この六人を取り押さえるには、それ相応の軍勢を差し向けねばならなかったが、六人の大勢では、〝黒田武士〟の面目にかかわる。

「そなたが、一人でいってくれぬか」

主君忠之に請われて、林田左門は馬であとを追うこととなった。相手は徒歩《かち》である。ほどなく、左門は足軽たちに追いついた。すると、六人中の一人がいった。

「林田さま、此処《ここ》で貴方にお目にかかったことは他言いたしませぬから、お帰り下さい。いかに貴方が武術の達人でも、お年齢《とし》を召してござる。われらは若く、それなりの剣の心得もあり申す。一対六では勝負になりますまい」

その言葉には虚勢ではない、腕に覚えの自信の響きがあった。左門はかまわず馬から下りると、

「お前たち六人は人を殺《あや》めたそうだが、下手人は一人か二人であろう。当然、罪には軽重がある。全員、罰せられることはない。わしが詳細を聞いてやるから、理由《わけ》を話してみてはどうか」

といいながら六人に近付いた。一瞬、六人の心の調和が乱れる。一人の足軽が動揺しつつも、

「そんな騙《だま》しに乗るか――」

と、抜刀して斬りかかってきた。

おそらく、この男が殺人の主犯であったろう。左門は動かず、相手の近付くのを待って、これを抜き打ちに胴斬りにし、

「皆の者よく聞け、手向えばこの通りだ」

と一喝した。すると今一人が斬り込んでくる。左門は踏み退《すさ》って、待つようにこれを斬り倒した。また一人が突っ込んできたが、左門は小手をはね上げる。そして両断。

残る三人が殺到したのは、このときであった。左門は足場を巧みに変化させ、常に一人ずつを敵とし、ついに三人を倒すと、息のある者だけを帯でしばって連れ帰った。

一対六――六人が何のわだかまりもなく、一度に斬りかかれば、いかに左門でも果たして無傷であり得たかどうか。

剣の達人は、心理学の達人でもあったのだ。

第二十六章 関口八郎左衛門（関口流）

お殿さまにも、父にもこびず、真の武士道をつらぬいたかぶき者。

居合に中国武芸を取り入れる

関口流の関口家は名門である。

八郎左衛門氏業《うじなり》（魯伯）の祖父は、戦国大名の中で、最もはやい時期に上洛を決行した、今川義元の一門であった。

正確には妹婿にあたり、徳川家康がいまだ岡崎城主で松平元康と称していたころ、その正室に輿入れした築山《つきやま》殿の父・関口刑部少輔氏広であったという（異説もある）。

その縁で関口家の人々は、今川氏の滅亡後も松平家に養われたが、氏広の子・外記氏幸は築山殿の子で家康の長子でもある信康と結び、武田氏と内通したとの嫌疑をかけられたことで、その一家の命運は一変する。

築山母子が成敗されたことから、今川家出身の名門であったことが、関口家に災いした。

氏幸は牢人し、のちに剃髪して入道となっている。その子の弥六右衛門氏心《うじむね》（柔心）は、生まれが三河であったため、今川家というより松平＝徳川の家人として育ち、長じて松平飛騨守に仕え、その死後、近江膳所《ぜぜ》城主（一説に大和郡山城主）本多甲斐守に招かれて、その家臣となった。

だが、長つづきしなかったようだ。

氏心は幼いころから武芸に天賦《てんぷ》の才を発揮し、居合術を林崎甚助《じんすけ》に、三浦与次右衛門からは組打ちの法を学び、加えて、全国兵法修行の途次、長崎において中国の拳法・捕縛を明の武芸者に教わったという。

屋上で寝ていた猫が、なにかのはずみで落ちたとき、宙で身をよじってバランスをとり、地面に難なく降り立ったのを見て、

「猫にできて、人間にできぬこともあるまい」

と高度な受け身――高所から投げられ、あるいは落とされようとも、身体を横たえることなく立てるように、工夫をしたのもこの氏心であった。

関口八郎左衛門
（武芸百人一首より）

氏心はのちに総合武芸の一派を興して、関口流（新心流）を称した。

猫を見て受け身を工夫

寛永《かんえい》十六年（一六三九）に本多家を去り、紀伊徳川家に仕えて、寛文《かんぶん》十年（一六七〇）三月七日に七十四歳でこの世を去っている。

——八郎左衛門氏業は、その長子であった。一説には、猫を見て受け身を工夫したのは、この人だったともいわれている（『柔話』）。

八郎左衛門は父・柔心に勝るとも劣らぬ使い手であったが、それだけに、父の知行をそのまま受け継ぐのを潔《いさぎよ》しとせず、廻国修行に旅立った。

文才に恵まれ、教養も積んでいたが、また、相当なかぶき者でもあったとか。

もっとも、その武芸者ぶりは奇をてらうことのない正統派のものであった。

壁を横に歩く術

あるとき、八郎左衛門の門人となった、信州松代藩主・真田伊豆守から、

「武芸の名人は壁を歩くというが、師にも壁を横に歩く術を所望したい」

といわれた。

八郎左衛門は笑いながら〝御馳走〟を要求し、それを引きかえに実演して見せる、といった。

ところが、散々馳走になってから、それでは、と八郎左衛門が見せたのは、ただの逆立ちのみ。

それでは約束が違うではないか、となじる伊豆守に、八郎左衛門は威儀を正して、次のようにいった。

「殿には格別なる武辺のお家柄であり、三軍の将をもうけたまわる身でありながら、さような胡乱《うろん》なことを仰せられてはなりませぬ。真の武士の道を学ぼうとする者には、そのような妖術の類《たぐい》はありませせぬ」

へりくだる達人

それにしても、八郎左衛門が最も得意とした関口家伝来の居合術については、林崎甚助の門から出たという以外に、異説が少なからず伝えられている。

たとえば、『和言黔驢《きんま》外編』――。

「居合四流、林崎、土屋、わが邑《むら》に関口性信と由留《よしとめ》あり。関口氏は弥左衛門、紀州の人、これあるいは柔心の族か。性信の流祖は清水一夢となす。由留流の祖は、滝野右京亮となす。

この人は元禄ごろの人ならん。余少時この三伝を習う。右四法とその異同を知らざりしためなり」

とある。林崎と関口は並立していたというのだ。

このうち、由留流・滝野右京亮が山井流の滝野弥左衛門久勝と同一人物であるなら、山井流の開祖・岡本伊兵衛重旧は、林崎流の末流であるから分派筋といえる。

関口流も、同断であったかも知れない。

八郎左衛門氏業は晩年、隠居して〝魯伯《ろはく》〟と号した。

魯は魯鈍（愚かでにぶいこと）を、伯は年長をあらわし、次弟の万右衛門氏英のほうが、自分より武術の腕は勝《まさ》る、と遜《へりくだ》って付けた号だという。

しかし、不思議にも関口流は、この〝魯伯〟の代が最も声望が高かった。

享保《きょうほう》元年（一七一六）、八郎左衛門は八十七歳で、この世を去っている。

第二十七章 辻月丹資茂（無外流）

無外流は泰平の世に背を向けた、〝求道〟の剣であったといえる。

もし、江戸中期に宮本武蔵が生まれていたとすれば、彼はどのような生活を送ったであろうか。

時代錯誤の剣客

戦国末期から江戸時代初期にかけて、諸国の剣客たちは、その剣技を発揮して名声を博し、名誉や剣術指南役の地位を得ることができた。

しかし、時代は乱世を去り、泰平の世となると、剣一筋の仕官や出世の道は狭くなり、在野の剣士が世に出る機会は、容易に訪れなくなってしまう。

戦場における殺傷技法としての剣は、単なる剣の術としてのみ温存され、諸流派は徐々に他流試合を厳禁し、流儀間の交流も閉ざされて、道場では形稽古から試合形式への移行がおこなわれるようになった。

そのような時代に、かつての兵法者に倣《なら》って、著名剣士に〝仕合〟をいどんだ辻月丹が、まったく相手にされることがなかったのも、当然といえば当然であったろう。

その限りでは、月丹の剣にかける姿勢は、完全な時代錯誤といえなくもなかった。

荒行を重ねる日々

この辻月丹は慶安《けいあん》元年（一六四八）、近江国甲賀郡馬杉村の郷士の二男として生まれている。資茂と称し、月丹は字、無外は号である。

万治《まんじ》三年（一六六〇）、十三歳になったばかりの月丹は、京都に道場を構える山口流剣術の門を叩く。

師と仰いだ山口卜真斎は、はじめ鹿島神道流を修め、のちに新陰流、阿波賀流など諸流を学び、独自の工夫をもって山口流を創始した人物。だが、その流名とともに卜真斎の名は、月丹についで語られる場合のほか、ほとんど記録にみることもないから、おそらくは、のちの月丹の剣術同様、戦国の遺風をひきずった、あまりはやらない流儀の開祖だったのだろう。

月丹は卜真斎に学ぶこと十三年。皆伝を許されたのは、延宝《えんぽう》二年（一六七四）、月丹二十六歳のときであった。以降、月丹は山口流を称して、諸国へ兵法修行などをおこなったが、剣技に意に満たないところがあったのだろうか、まもなく、近江・油日嶽や洛外の愛宕山《あたごやま》へ籠り、祈誓の荒修行に励むこととなる。

愛宕山は、山城と丹波の国境に屹立《きつりつ》する峻嶮。山麓を洗う清冷の清滝川で身を清め、山中では日々、抜刀・納刀各千回、青竹筒の清水のみで七日をしのぐ荒行をおこなった。

そして山を下った月丹は、畿内にみきりをつけると、江戸へ出て道場を開く決意を固める。

戦国の遺風を伝える剣技を錬磨し、荒行で心身を鍛錬したこのころの月丹は、向かうところ敵なし、の気迫と自信に満ちていたに違いない。

それだけに身形体裁などは、まったく構うことがなかった。

江戸下りしてまもなくのことであるらしい。そのころの月丹を、彷彿させるエピソードが残されている。

月丹は、江戸の市中を歩いていた。

たぶん、新しく開こうとする道場の、下調べにでも回っていたのであろう。月丹の風態は、着物は垢《あか》まみれで、ところどころが透けてみえるばかりに擦《す》り切れ、なかでも、袴は襞《ひだ》もわからぬよれよれの有り様。かぶる編笠にしても、頂上から頭髪が微風に吹かれているといった体《てい》であった。

凄惨な風貌

その月丹のそばを通りかかったのが、数人の武士。月丹のあまりにも異様な身形を見咎《とが》めたものか、なかの一人が何事かを口走った。

「それがしに、ご用でもおありか……」

月丹は立ち止まると、編笠に手をそえ、わずかに面を上向けた。「あっ」と武上たちは息をのむと、一言も発することなく、顔面蒼白となって一目散にその場を走り去った。

はたせるかな、月丹の紙撚の元結《もとゆ》いは切れ、髪はざんばら、眼光は炯々《けいけい》として凄まじい形相だったという。

参禅十九年目の開眼

やがて月丹は、江戸麴《こうじ》町に道場を構えたものの、入門する武士とて皆目なく、日々の生計にもこと欠く状態がつづいた。

ある一日、月丹が稽古を終えて休息していると、そこへ下男が出てきて、自分にも剣を教えてほしいという。

「いや、少し疲れているので、つぎの機会にしよう」

月丹は穏やかに断わったが、心中、下男にまで侮られたか、と思うと無念でならなかった。

貧乏なあまり下男にまでナメられたのか、と思いつつ一服していたが、なんとも心安らかでない。そして思い至ったのが、いまだに世俗にとらわれている己れの姿であった。

「相手が下男でなければ、稽古を断わっただろうか。下男と思えばこそ、侮られたと思ったに違いない」

これは月丹の、求道者としての一面を表わした挿話だが、実に興味深い。この求道精神が、月丹を禅に向かわせることとなる。月丹は剣の奥儀を究めていくに従って、かつての宮本武蔵と同じく、剣禅一如の道に惹かれていった。

月丹が参禅したのは、麻布・桜田町の普光山吸江寺。石潭《せきたん》禅師を師と仰ぎ、日夜、吸江寺に通いつづけて、己れの剣境を模索した。そして元禄六年（一六九三）、石潭禅師があとを託した神州禅師の一偈《げ》を得て、ついに豁然《かつぜん》と開悟する。参禅をはじめてから、じつに十九年目のことであった。

一法実無外
乾坤得一貞
吹毛方納密
動着則光清

一法実に外無く――つまり、真理以外になにものも存在しない。乾坤《けんこん》（天地、陰陽）のなかに得た唯一それは、たやすいが我が心のうちにある。

わずかに動ずれば、光りは輝いて清々《すがすが》しい。

無外流開創

月丹が無外（一法居士）を号し、流名を「無外流」としたのは、じつにこの偈《げ》によってであった。ときに月丹、四十五歳。

さて、月丹の名は無外流の開創とともに、しだいに高まっていく。

一説には、月丹が門人の仇討《あだう》ちに力を添えたからだといわれるが、真偽のほどは定かでない。

仇討ちの一件はともかく、月丹の名声は、泰平の世の安直な形稽古を嫌う少数派の支持を得て、あがっていった。立合い（勝負）を重視する麹町道場は、徐々にではあったが入門する者が増えていく。

しかし、月丹はあくまで剣一筋であり、門人の増加で生計は好転しても、依然、無欲にして恬淡であった。明治初期の見聞録（『皆山集』）は、次のように記している。

「一日に一度ずつ、焼味噌をさい（菜・副食）にして食をえられしと也。若年よりの艱苦《かんく》を忘れざる心持ち也とぞ。云々」

無外流の技法

ところで、月丹の創始した無外流とは、どのような〝剣〟であったのだろうか。

現在、無外流といえば〝居合〟を連想する読者が多いと思われるが、無外流居合は、じつは月丹の創始ではなかった。

無外流に居合が定着するのは、第四代辻（都《つ》治《じ》）資幸の高弟・高橋充亮が、自鏡流居合をとりいれてからである。

換言すれば、今に伝わる刀法は居合と剣術があるものの、月丹は〝剣術〟が中心であったということだ。

それは、『無外流真伝切紙』のつぎの一事が、すべてを物語っているように思われる。

「当流の剣法は大いに他流と異なる。蓋《けだ》し衆技の間直《まじか》に生死の場に向うが如し。景気、模様を以て稽古仕《つかまつ》るのみにあらず。年月を積み勝負を以って兵法の奥儀に至るが専要なり」

ただ、技法が解らない。

『無外真伝剣法訣《けつ》』には、獅王剣、飜車刀、玄夜刀、神明剣、虎乱入、水月感応、玉簾《ぎょくれん》不断、鳥王剣、相無剣、万法帰一刀の剣法訣十則があげられている、ほとんど禅語をもって述べているだけで、ここにも刀法そのものについては、具体的に語られていない。

月丹は、

「無外真伝の剣法は、禅理をもっていたすところ………」

といい、剣禅一如のなかに無外流を見ていたことは間違いあるまい。

万法帰一刀、すなわち、万法あるとも帰するところは一、剣技もまた千変万化するといえども、真の理は唯《ただ》一刀に帰す——その一刀を会得するには、長い歳月が必要だと説いた。

いわく、「更《さら》に参ぜよ三十年」（『碧巌録』）と。

立合いのみの修行

形稽古が専《もっぱ》らの時代に、月丹は厳しい立合いをもって剣の修練としたが、立合った剣士たちはいずれも、月丹の剣は、気息充実すると、

「太刀先ふくれしとなり」

といっている。それほど太刀先が大きくみえ、月丹の身体は太刀のなかに消えたというのだ。

剣禅一如に徹し、厳しい修練によって裏付けられた無外流は、五代将軍・徳川綱吉の治世に華美に堕した諸流を尻目に、ひとり〝剣の本然〟を謳《うた》って流名をあげる。

月丹はいたずらに形稽古にのみ流れる趨勢《すうせい》に敢然として異を唱え、〝勝負こそ兵法を究める道也〟と主張して止まなかった。


「これが無外流だ」


月丹の、〝剣〟の真骨頂を示す挿話がある。

月丹が庭先で薪割り中、一人の武芸者がやってきて、

「無外流の剣を所望したい」

と仕合いを求めた。

「いずれ、のちほど……」

と断る月丹に、なおも武芸者は、

「ぜひ……」

と、あまりにもうるさくつきまとった。

武芸者が何度目かを口にしたとき、月丹は薪を手にするなり、一撃していった。

「これが無外流だ」

件《くだん》の武芸者がその場に、あえなく倒れ伏したのはいうまでもない。月丹には、剣の立合いに場所を選ぶ、悠長な道場剣術など眼中になかったのであろう。

将軍綱吉が認めた御目見得の儀

無外流が世にきこえ、月丹のもとを尋ねてくる剣士も多くなった。そうしたなかでも、土佐

藩山内家とのつながりは深かったようだ。宝永《ほうえい》四年（一七〇七）、五代藩主豊房《とよふさ》のとき、「辻月丹召寄せられ、御兵法御稽古遊ばさる」とある（『山内家日記』三月二十七日）。が、月丹門下に諸大名や直参が急増するようになるのは、月丹の齢《よわい》五十を経てからのことであった。

元禄十五年（一七〇二）十二月、赤穂浪士による吉良邸討ち入り事件が起きた。

この事件は、華美軟弱に流れた元禄の気風に、波紋の一石を投じ、わけても、武士道頽廃《たいはい》に強烈な反省を促す。武士たちは覚醒《かくせい》、あらためて武技の練磨を痛感した。

とくに剣において、月丹の〝勝負試合〟が今さらのごとく見直されたのはいうまでもあるまい。

それは一般武士のみならず、家臣をもつ大名家とて同様であったに違いない。

宝永六年、月丹が還暦を迎えたころには、小笠原佐渡守（長重）、酒井雅楽頭（忠挙《ただたか》）、先の山内家など、錚々《そうそう》たる大名三十数名のほか、直参百五十六人、陪臣九百三十人の門人を数えたのであった。

特筆すべきはこの年、月丹が五代将軍の綱吉に御目見得の儀を認められたことであろう。

酒井侯の取りはからいで前年、「御目見得願書」を林大学頭のもとまで提出したのが許されたのだ。通常、御目見得は直参の旗本でなければかなわぬもの。月丹にとっての面目、これにまさるものはなかったであろうが、翌正月、将軍綱吉は没したため、不運にもこの「御目見得」は実現しなかった。

月丹は享保《きょうほう》十二年（一七二七）六月二十三日、七十九歳でその生涯を終えた。法名「無外子一法居士」。江戸・高輪如来寺大雲院に葬られた。

第二十八章

平山行蔵（講武実用流）

激動の予感を感じさせつつあった幕末のある時期、武芸十八般をきわめた幕臣がいた。

抜群の技量と才能に恵まれながらも、ついに活躍の場を得られなかったこの剣客は、武蔵とは逆に、〝早過ぎた〟といえようか。その男＝平山行蔵の、不運の生涯を追う。

世間に浮いた家

幕府老中・田沼意次《おきつぐ》が全盛期を誇った江戸市中に、

「七つ時計」

と渾名《あだな》される幕臣が住んでいた。平山行蔵《こうぞう》である。名は潜《ひそむ》、字《あざな》を子龍《しりゅう》といい、ほかに練武堂・兵原《へいげん》・兵僊《へいせん》・運籌《うんちゅう》真人・退勇真人・韜略《とうりゃく》書院と、勇ましい号がいくつもあった。

「行蔵」は通称であったが、この人物を知る同じ町内——四谷北伊賀町、稲荷横町の人々は決して通称で呼んだりはしなかった。

「なろうことなら、関《かか》わりたくはない——」

というのが、周囲の者の偽《いつわ》らざる本音であったろう。

行蔵の家は幕府の伊賀衆＝伊賀同心で、家格は低く、わずかに三十俵二人扶持《ぶち》に過ぎなかった。

ついでに述べれば、伊賀衆の先祖は、戦国乱世に神出鬼没の活躍をした伊賀者で、本能寺の変で織田信長が横死したおり、泉州堺にあって窮地に陥っていた徳川家康を救出。その功あって幕府の誕生とともに、幕臣に召し抱えられた。

伊賀衆二百人の首領は服部半蔵《はっとりはんぞう》で、その部下に平山清左衛門《せいざえもん》と称する人物がいたらしい。行蔵はその六代の孫となる。

「忍びの忍の字は、忍び隠れるにあらず、堪忍《かんにん》の忍、忍耐の忍を指す」

いわば、生涯を縁の下の力待ちでありつづけた伊賀衆も、徳川の泰平の世にあっては、いつしか忍びの仕事とも疎遠となり、祖先から伝えられた風習なども、徐々に忘却していった。

これも時世というもので、無理もあるまい。

ところが、いかなる巡り合わせか、梅翁《ばいおう》と号する人が伊賀衆の平山家に生まれた。

めっぽう腕が立ち、それだけに、わが子にも武道を徹底して仕込んだ。甚五左衛門勝壽《じんござえもんかつとし》といって、結果として父に勝る剣声を得た。

「平山の甚五左《じんござ》は男伊達」

はやす者も、少なくなかったという。

乱世の余燼《よじん》さめやらぬ、三代将軍・徳川家光《いえみつ》あたりの時世下なら、さぞやもてはやされたに違いない。が、残念ながら〝甚五左〟の生きた時代は、武士の価値が下落し、軽佻浮薄《けいちょうふはく》に流れる江戸時代の折り返し点——すでに峠を越えた八代将軍吉宗《よしむね》の晩年、つづく九代家重《いえしげ》の治世であった。

わが子を徹底的に鍛える

〝甚五左〟は多分にそうした世の中や、己れにも憤りを感じていたのであろう。鬱積《うっせき》した感情のはけ口に、一人息子へのスパルタ教育を選んだ。

幼いわが子を道場へ連れていき、動けなくなるまで打ちすえた。子にとっては、たまったものではない。が、〝甚五左〟にとって唯一の救いとなったのは、この一人息子が己れに輪をかけた武道の、天賦《てんぶ》の才を有していたことであった。

いかほど酷《むご》く当たっても、この子は決して弱音を吐かない。否、弱音の吐き方を、家庭で教わらなかった、といったほうが正しい。

他家の子のように凧《たこ》を揚げたり、独楽《こま》をまわすといったことをしたことがなかったから、とことんくたびれるまで扱《しご》かれ、夢に救いを求めようにも、道場での修行以外、具体的な遊びが夢に現われようがなかったのである。

思えば、不愍《ふびん》な子であった。

「怠けるな、約束は守れ。恥を知れ。武士であれば苦しいなどの泣きごとをいうな」

父のみならず母からも、厳しく仕付《しつ》けられた子は、やがて「七つ時計」と呼ばれるようになる。つまり、この子こそが、平山行蔵であった。

「七つ時計」

なぜ、「七つ時計」なのか。

朝の七つ（午前四時）になると、行蔵はやおら寝床から起き、冷水で身体を浄《きよ》めた後、先祖の霊を拝して庭に出る。

そして、天秤棒を三本も合わせたような、太い七尺五寸の白樫の棒を勢いよく四百回ほど振り回した。

並みの武士であれば、二、三度も持ち上げることはかなうまい。行蔵は息も切らすことなく、その棒を変化自在《へんげじざい》に操った。

　当然、棒の唸《うな》りや踏み込みの地響きが伴う。烈迫の気合いも容赦がない。棒のつぎには居合を三百本、さらには巻藁《まきわら》を弓矢で射て、鉄砲の形、槍《やり》の素振り、木馬の稽古《けいこ》と絶え間なくつづく。

　三百五十五日（閏《うるう》月が入れば三百八十四日、ないしは三百八十五日）を、一日も休まずにやるわけである。屋敷を並べる伊賀同心たちは、閉口した。安眠を妨げられ、おちおち寝てもいられない。不平や不満、苦情は町中に満ちていた。

「いい加減にしてくれ」

　そういえれば、どれほどか爽快であったろう。近辺の住民たちはそれこそ、行蔵を怒鳴りつける夢をいく度みたことであろうか。

　しかし、「七つ時計」は正確に時を刻んで、やむことがない。行蔵に正面切って、苦情を申し入れた者がいなかったからだ。武芸の鍛錬は武士たるもののつとめ——それをやめろとは、表向き大いにはばかられる。第一、行蔵の鋭い眼光、鋼《はがね》のごとき体軀、丸太のような逞《たくま》しい腕をみては、身心の竦《すく》まぬ者はいなかった。

日常の荒行

　行蔵の武芸鍛錬は徹していて、一通りの武術修練をおえ、軍略・兵法の読書にとりかかるおりも、正座した膝下に二尺四方の厚板を敷き、読書のかたわら左右の拳《こぶし》や指先を厚板に打ちつづけた。

「日ごろから拳を鍛えておけば、武器がなくともおくれをとらない」

　行蔵の鍛え抜いた手は、毬栗《いがぐり》をも握り潰すほど強靭であったという。

武芸も我流ではない。剣術は真貫《しんかん》流と運籌流を山田茂兵衛《もへえ》に学び、槍は大島流を松下清九郎に柔術と居合は渋川流の渋川伴五郎について修め、そのほか、武衛流砲術は井上貫流左衛門、長沼流軍学は斎藤三太夫の門に各々入って研鑽している。

行蔵のような男が師と仰いだという一事で、これらの人物の雰囲気はおよそ察せられよう。

泰平に不遇を託つ人々

皆が皆といっていい。

世に容れられない不平不満、抜群の技量を持ちつつも、それを発揮する場を与えられない不遇を託《かこ》っていた。

山田茂兵衛の場合——幕府の徒士であったこの人は、曲がったことの嫌いな質《たち》で、髪は奴《やっこ》髷《まげ》に直立させ、いつも天下の往来を肩で風を切りながら真っすぐに歩いた。

ある日のことだ。神田佐久間町から出火して大火となったおり、十代将軍家治《いえはる》が江戸城内の富士見櫓《ふじみやぐら》から市中を見物。町の混乱ぶりを面白がった、と人伝《ひとづて》に聞くや憤激し、切腹を覚悟で幕府に意見書を提出。首は繋《つな》がったものの、謹慎の憂《う》きめにあっている。

この師から行蔵は、運籌斎流四代目を継承した。

松下清九郎も泰平の世にそぐわない武士で、幕府の新御番につとめていながら、登城のときには決まって真槍《しんそう》を、詰所《つめしょ》まで持ち込んだ逸話の人。

「異変出来《しゅったい》の節は、某《それがし》がこの槍で——」

というのだが、もはや時代は乱世ではない。

清九郎も茂兵衛同様に、融通のきかない武辺者、時代遅れの変人といったレッテルを貼られた。

他の師匠たちも似たり寄ったりで、行蔵はこうした人々の影響をうけて武芸をきわめていったのである。そして、それらがある域に達してからは、武術と名のつく道場を順次巡り歩くとともに、信条とする文武両道の理想は、一方において、儒学をはじめ農政学から土木にまで没入。いわば行蔵は、日々、荒行を積みながら人工的超人に近づきつつあった。

岳飛の如く

——俺の生涯は、岳飛《がくひ》だ。

行蔵はひそかに、決するところがあった。

岳飛は字を鵬挙《ほうきょ》。中国は北宋《ほくそう》末、金《きん》軍南下のとき、戦功をたてて南宋に入り、紹興《しょうこう》元年（一一三一）、張浚《ちょうしゅん》とともに江淮《こうわい》を平定。南宋初代皇帝・高宗《こうそう》から「精忠岳飛」と手書きした旗を賜ったという武将である。のちに秦檜《しんかい》（南宋の宰相）にはかられて殺されたが、救国の英雄として岳王廟に祀られ、いまもって大陸では参拝者が絶えないという。

だが、行蔵は岳飛の活躍した、動乱の時代には生きていない。ようやく徳川幕府も幕末へ向かいつつあったものの、宝暦《ほうれき》九年（一七五九）に生まれ、文政《ぶんせい》十一年（一八二八）に没した行蔵にとって、天地が覆《くつが》えるほどの大騒ぎは、直接、体験することができなかった。

せいぜいが、勤皇家・山県大弐《だいに》の刑死や、竹内式部《しきぶ》（神道家・尊王論者）の流罪地での死去、その他は繰り返された天災が目につくばかり——。

そういえば、行蔵が昌平黌《しょうへいこう》に入った寛政五

年（一七九三）、林子平《しへい》が仙台に没し、高山彦九《ひこく》郎《ろう》が屠腹《とふく》を遂げている。

目を外に向ければ、行蔵の父・甚五左衛門が没した文化三年（一八〇六）の二年前に、ロシアの使節レザノフが長崎に来航していた。

蝦夷《えぞ》地は泰平の夢をむさぼる内地とは相違して、すでに国際社会の混乱の渦中にあり、北方領土でのロシアと日本の衝突の度合は、日々に激しさを増していた。

「治《ち》にいて乱《らん》を忘れず」（『易経』）

行蔵にとって、来るやも知れず、また、生涯こないかも知れない動乱に対処する毎日こそ、岳飛に擬した己れの生き方であったのだろう。

治にあって乱を忘れず

寛政九年、三十九歳の行蔵は、御普請見習となって江戸城の下勘定所に詰めることになったが、周囲の人々をみて、「フッフッイヤニナリ、身ノ毛彌《よ》立ツ程ニ」出勤四日で病気を名目に欠勤。結局、小普請組へ移された。

事実上の無役となった行蔵は、

「他流試合勝手次第。飛び遣具其《そ》の外《ほか》、矢玉にても不《くるし》レ苦《からず》」

己れの屋敷に開設した武芸十八般の道場「韜《とう》略《りゃく》書院」の入口に、そう大書した一札を掲げた。

武芸道場とともに、儒学と兵学を講義する「兵聖閣《へいせいかく》」、大砲や鉄砲などの武器を扱うための「兵原草廬《へいげんそうろ》」を併設したのも、行蔵とすれば己れの算段ともいうべき、自分をして自分の中に、英雄を創り上げることを目指したがゆえであったろう。

行蔵は厳格な入門の規約を定め、弟子の育成につとめるかたわら、日本の軍制改革にも少なからず心を砕いた。

武芸十八般を教授す

一般によく知られているところでは、武芸十八般の再編成がある。

中国から伝来したそれまでの諸武芸を、日本人が有効に利用・習熟可能なように分類したのが平山行蔵であったが、その書『武芸十八般略説』によれば、大概、つぎのようになった。

弓（本弓）、李満弓（鯨半弓・駕籠《かご》弓とも）、弩《ど》、馬、刀（一般の剣術）、太刀（野太刀）、青龍刀《せいりゅうとう》（大長刀《おおなぎなた》・右構え）、眉尖刀《びせんとう》（小長刀・左構え）、抽《ちゅう》刀《とう》（居合術）、槍、戟《ほこ》（十文字槍）、鉋《ほう》（佐分利槍）、鏢鎗《へいそう》（投げ槍）、棍《こん》（棒術）、鉄鞭《てつべん》（鉄扇《てっせん》・十手）、飛鎚《ひづち》付鎖鎌《くさりがま》（虎乱杖とも）、拳（柔術）、銃（鉄砲・大砲）。

ここで蛇足を述べれば、彼の凄《すご》さは、これら十八般のことごとくを、門人たちに教授し得たという事実だ。一人の人物が、武芸を教授した規模と内容としては、日本史上でも空前絶後ではあるまいか。凄《すさ》まじいの一言に尽きた。

のちのことになるが、晩年の行蔵の弟子であった男谷《おたに》下総守信友が、幕府に意見書を提出。「講武所」＝公営の武道の殿堂設置を実現せしめた。

また、明治時代になって、大日本武徳会が国家によって設けられたが、行蔵はこれらことごとくを独力で、しかも先駆《さきが》けて実行してのけたことになる。

一代の、日本武道の先覚者として、行蔵はさらなる評価をされてしかるべきだ。

ロシア征伐計画

「それ剣術は敵を殺伐することなり」（『剣説』）

あくまで実戦的な剣を標榜《ひようぼう》する行蔵は、剣術の流名もわかりやすく、一時は、「忠孝真貫流」と改めたが、では、他の武芸十八般の流名をどうするか――熟考した挙げ句、途方に暮れ、結局は剣術を含めた武術を総称し、「講武実用流」とした。

他方、学問の方も統一して、「講文実学派」と唱えた。

門人の数は幕末に向かう過程で、膨れあがった。なにしろ、窓口が広く多い。剣術、槍、兵法、各々一つだけを選んでの入門まで数えると、行蔵の直門は二千人を超えた。

「いまならば、実行は可能だ――」

なにをやるのか、行蔵はロシアの日本来航の噂に血を滾《たぎ》らせ、しきりと蠢《うごめ》くロシアに鉄槌を下し、日本の北の守りとなるべく、幕府に対して上書をするにいたった。

文化四年（一八〇七）六月八日のことである。行蔵は自ら軍勢を率いて、真っ先に蝦夷地に乗り込みたいといい、ついてはロシア征伐のため、無宿者・無頼漢といった輩を一千人ほど預けてほしいと歎願した。

もっとも、幕府は行蔵とは違って、ロシアのなんたるかを知っている。行蔵の建白書は無視された。が、彼はあきらめなかった。

翌七月、再び上書を提出すると、幕府の及び腰を批判した。

「ひとたびロシアに屈服すると、他の国々もわが国を組し易しと思うであろう。幕威も地におちる。〝断〟の一字あるのみ――」

このあたりは、幕末の攘夷高揚期の論とかわらない。行蔵はこの年四十九であったが、この男は心底から蝦夷に乗り込む心づもりでいた。

しかし、またもや幕府はこれを黙殺。これを憤って幕府批判を強めた行蔵に、幕閣では暗に謹慎・門人の解散を追った。

行蔵は門を閉じ、弟子の出入りも制限。世上に流布された行蔵の言動も、ようやく下火となった。

あとには、間宮林蔵・近藤重蔵と並び、〝蝦夷の三蔵〟に数えられる名誉だけがわずかに残った。

門流のその後

その後も、新造火砲の試し撃ちを願い出ては却下され、行蔵はついに己れの持てる力量を発揮できぬまま、七十歳の生涯を閉じた。

唯一、この人物を理解した幕閣当路《とうろ》がいたとすれば、田沼政治の後を受け、短期間、幕政を運営した松平定信《さだのぶ》ぐらいであったろう。両者のやりとりは、行蔵の死までつづいている。

ところで、行蔵は弟子には恵まれた、といってよさそうだ。先述の男谷信友のほかにも、実用流の後継者として期待した下斗米秀之進《しもとまいひでのしん》は、のち津軽事件の相馬大作として、歴史に名を残している。

行蔵の平山家を継いだ又従弟で門人の、並河鋭次郎は、晩年には一族を引き連れて、養父の遺志を継ぎ、蝦夷に渡っている。鋭次郎も行蔵同様に独身であったから、門人中から養子を迎えたが、その金十郎は戊辰戦争において、五稜郭に立て籠りながら、味方の降参したのを認めようともせず、アイヌの小舟で敵陣を突破したまま消息を絶ったという。

——門人を挙げていては、際限がない。

ただ、かれらの多くに共通するのは、師・行蔵に似て、いつでも生命を捨てる覚悟ができていた〝もののふ〟であった反面、いわゆる世渡りの下手な者ばかりで、己れの武道を出世の道具にしようなどの考えを持つ者はまったくいなかった。行蔵の教育の、見事さがうかがえようというものだ。

二千人の門人は有形無形に、幕末・明治の日本において、行蔵の頑《かたく》なな精神を伝えた。もって銘すべきかもしれない。

付録——

剣聖・剣豪、もし戦わば……

宮本武蔵筆『布袋見聞闘鶏図（ほていとうけいをみるのず）』（福岡市美術館所蔵。撮影＝藤木健八氏）

第二十九章

柳生飛騨守宗冬×寺尾孫之丞勝信

『兵法家伝書』『五輪書』

『兵法家伝書』に見る「気」と「機」

二代将軍・徳川秀忠《ひでただ》と三代家光《いえみつ》の兵法師範をつとめた柳生宗矩《やぎゅうむねのり》は、名著『兵法家伝書』を残したことで知られている。

宗矩は、戦国末期から江戸初期を生きたが、彼の『兵法家伝書』には、「気」と「機」の用例が、次のように明確に述べられていた。

一、気《き》と志《こころざし》との事

右、内にかまへて、おもひつめたる心を志と云《い》ふ也《なり》。内に志有りて外に発するを気と云ふ也。たとへば、志は主人也。気は召し使ふ者也。志内にありて気を使う也。気発し過ぎてはしれれば、つまづく也。気を志に引とめさせて、はやまり過ぎぬ様《よう》にすべき也。兵法にていはば、下作《したのつくり》によく固めたるを志と云ふべし。はや立相ひて、きつつきられつするを気と云ふべし。下作にとくととりしめて、気を急々懸々《けんけん》にすべからず。志をもって気を引きとめ、気に志をひきずられぬ様にしてしづまる事簡要《かんよう》也。（殺人刀）

ここに言う「志」は精神作用を指し、「気」も精神作用に連動して動くエネルギーのようなものと思われる。

一、機前《きぜん》と云ふは、何としたる事ぞなれば、敵の機の前と云ふ心也。機と云ふは、胸にひかへ保ちたる気也。機とは、気也。敵の気をよく見て、其《その》気の前にて、あふ様にはたらくを機前と云ふ也。禅機《ぜんき》とて、もっぱら禅に此《この》はたらきある事也。内にかくしてあらはさぬ気を、機と云ふ也。枢機《すうき》とて、戸の内にある枢《くるろ》のたとへ也。内にかくしてあらはさざる見《み》難《がた》き機をよく見てはたらくを、機前の兵法と云ふ也。（殺人刀）

「機前」はもとは禅宗で用いた語。敵が当方を攻撃しようとする寸前に、相手の機先を制することを主張している。

そしてその機は、相手の気を見ていればわかるので、「機とは気なり」と断言するにいたった。

このような未発の気（とくに殺気）を感じるのは、別段、神秘的なことではなく、古流の剣術を稽古されている方なら、生理的実感を以《も》って感得されているはずである。

ちなみに「くるる＝くるろ」とは、戸の軸の部分のことで、表から見えなくとも重要な役割をしている部分の譬《たと》えである。

機とは、即ち気也。座によって機と云ふ也。心はおくなり。機は口なり。枢機とて、戸のくるる也。心は一身の主人公なれば、おくの座に居る者と心得べし。気は戸口に居て、心を主人として外へはたらく也。心の善悪にわかるは、この機から外へ出て、善に行くも悪に行くも、此機《この》によりて分るる也。戸口にきっとひかへ、たもちたる気を機と申す也。（活人剣）

一つ前の引用と、ほぼ同じことを言っている。気が動かなければ機であり、機が動けば気となると主張しているのだ。

『五輪書』に見る「気」と「気ざし」

ところで、『兵法家伝書』とともに、近代武芸書の二大巨峰と称される宮本武蔵の『五輪書』では、「気」や「機」はどのように使われているのであろうか。

先ず気に兵法をたえざず、直なる道を勤めては、手に打勝《うちか》ち、目に見る事も人にかち、又《また》鍛錬をもって惣体《そうたい》自由《やわらか》なれば、身にても人にかち、又此《この》道に馴《な》れたる心なれば、心をもっても人に勝ち、此所に至りては、いかにとして人にまくる道あらんや。（地の巻）

これは単に「気持ち」という意で、「気」という語を使っている。

枕をおさゆるといふは、我実《まこと》の道を得て敵にかかりあふ時、敵何ごとにてもおもふ気ざしを、敵のせぬ内に見知りて、敵のうつといふうつのうの字のかしらをおさへて、跡をさせざる心、これ枕をおさゆる心也。（火の巻）

「気ざし」は「兆《きざ》し」にも通じる。内容は先に引いた『兵法家伝書』の、機先を制する記述とほとんど同じで、また、武蔵の『兵法三十五箇条』の第二十三条にも同様のことが説かれていた。

景気を見るといふは、大分の兵法にしては、敵のさかへおとろへを知り、相手の人数の心を知り、其場《そのば》の位《くらい》を受け、敵の景気を能《よ》く見うけ、我人数《にんずう》何としかけ、此兵法の理にて慥《たし》かに勝つといふ所をのみこみて、先の位をしってたたかふ所也。（中略）物毎《ものごと》の景気といふ事は、我智力つよければ、必ずみゆる所也。

（火の巻）

同じようなくだりが、『五輪書』「水の巻」にもみえるが、そちらでは「気」の語は用いていない。ここに現われる「気」は、『兵法家伝書』にいう「機」の意味に受け取れる。内容の説明はあえて省きたい。

なお、蛇足ながら、『五輪書』全体を通しても、文字としての「機」は現われない。

だが、『兵法家伝書』と『五輪書』の説くところは、大概、同様とみて差し支えないのではあるまいか。

さて、柳生但馬守《たじまのかみ》宗矩の三男で、江戸の柳生新陰流を継承した飛驒守宗冬《ひだのかみむねふゆ》と、宮本武蔵が『五輪書』を託したとされる寺尾孫之丞《まごのじようかつのぶ》勝信が、真剣勝負をしたとすれば、どういう結果になったであろうか。

『兵法家伝書』と『五輪書』が説くところは、先にも述べたように、極意のレベルとしてはかわるところがない。宗冬は、慶安三年（一六五〇）、兄・十兵衛三厳《みつよし》が没すると『兵法家伝書』とともに柳生家の家督を継いだ。

孫之丞は二天一流の正式な相伝者で、正保二年（一六四五）、武蔵が死の七日前に完稿した『五輪書』を授けた一の弟子。

宗冬は家督を相続したときは八千三百石の大身（のちに一万石）、それでなくとも、すでに大名（一万二千五百石）となっていた父・宗矩との生活が身に浸みている。

かたや、孫之丞は知行千五十石の肥後熊本藩士で、宗冬と同年齢の御鉄砲頭衆《かしらしゅう》。

いざとなった場合の気迫は、孫之丞が宗冬を凌《しの》いだのではあるまいか。

加えて、孫之丞は二天一流である。両腕を駆使しての勝負となれば、宗冬はその分だけ不利であったかと思われる。

兵法＝剣の奥儀は、つまるところ、〝先〟を制することに尽きる。その教えをどれだけのレベルで達成することができたか——。

やはり、最後はどれほどの歳月をかけ、どれほどの深さで稽古をしたか、ということにつきるのではなかろうか。

第三十章

佐々木小次郎×大石進

『物干竿』　『長竹刀』

防具の発達がもたらしたもの

「そんなにも、珍しいですかな」

嘲るがごとく、大石進は言った。

が、佐々木小次郎は軽く頷《うなず》いただけで、手にした防具から目を離そうとしない。

無理もない。戦国時代から江戸初期にかけて、小次郎が大いに活躍し、剣術が隆盛を誇ったころには、いまだ、面・小手・胴や垂れなどの防具は普及していなかった。

流儀によっては、独自に工夫された武具はあっても、大石が江戸で暴れまわっていた徳川幕府末期の、完成度の高い防具はどこにもなかったのである。

佐々木小次郎（巌流《がんりゅう》）は一説に越前国《えちぜん》（福井県北部）の生まれといわれ、鐘捲自斎《かねまきじさい》に就いて富田流《とだ》の小太刀を学び、のちに工夫を加えて大太刀の技を創案し、巌流と命名した。

この流儀は三尺余（約一メートル）の太刀を、素早く操作するところに特徴があり、〝燕返《つばめがえ》し〟と呼ばれる秘技は有名である。

慶長十七年（一六一二）、船島（下関市）で宮本武蔵と対決したとき、小次郎は十八歳であったといわれるものの（『二天記』）、一説によれば、七十歳近く、また、六十歳代であったともいわれていて、いまひとつ詳《つまび》らかではない。

そこで、四十歳前という説を仮りに採用したとする。

時代を超えて、幕末の天保三年（一八三二）、九州は柳河《やながわ》（福岡県）から出府途次の大石進（種次《たねつぐ》、三十九歳）と、博多で出会って意気投合し、試合をすることになったとした場合、果たして、いずれが勝者となったであろうか。

大石は寛政九年（一七九七）、筑後国《ちくごのくに》（福岡県西南部）三池郡の生まれ。父の種行《たねゆき》は柳河藩槍術指南役であった。

したがって、大石は剣術（新陰流）を小田切通雲《つううん》に学んだが、幼少から父に学んだ槍術を取り入れ、独自の剣技（大石神影流）を編んだ。最初は木の枝に鞠《まり》を吊り下げて突き、次には一文銭を鞠に代えて、来る日も来る日も突くなどして修行したという。

身長二メートルともいわれる体躯《たいく》から、繰り出す五尺三寸（約一・六メートル）のオリジナルの長竹刀の突きは、藩内でも敵なしであった。

大石はこの長竹刀をひっ下げ、これから江戸に出て三大道場（千葉・桃井・斎藤）と、剣聖と謳《うた》われた男谷《おたに》精一郎（直心影流）や白井亨《とおる》（天真一刀流）らに試合を挑もうとしていた矢先、己れと同じく、おそろしく長い太刀を背員った小次郎に出会ったというわけだ。

「得物は長いほど有利である」

両者の見解は、はからずも一致していた。

ただ、その利点を返し技、応じ技に求める小次郎と、〝突き〟に徹する大石とでは立場が異なり、それでは一つお手合わせを、との仕儀《しぎ》と相成った。

「ふうむ……」

とある町道場に立ち寄った二人は、さっそく試合をすることにしたが、はじめて防具を見る小次郎は、この珍しい武具に感心することしきり――わけても、「面金」の出来映《できば》えに心底、唸った。

幕末もほんの少し前まで、面金は唐竹《からたけ》が主流であったが、大石はこれを改良して鉄面十三穂（現在の面金は、ニッケル十四本）とした。

実によくできている。

小手も従前のものを、半分の長さにしていた。

（――これならば、無用の血を流さずともよい。なるほどのォ）

実際に着用してみて、小次郎の感慨はより深まったようだ。

勝数を分けた〝場所〟

「では、そろそろ始めることとしようか、用意はよろしゅうござるかな」

大石にうながされて小次郎は軽く頷くと、二人は五間（約十メートル）ばかりの間をとって、ともに正眼に構えた。

瞬間、小次郎の顔面が悪鬼のごとき相に一変する。面金を通して見えるそれは、吊り上がった眼が怪しく細められ、その奥から、滾々《こんこん》と湛《たた》えられた鋭い光が大石の目を射ていた。

歪《ゆが》めた口もとにはかすかな笑《え》みがあり、彼の剣先からは、いうところの妖気が立ちのぼっているように見える。

構えには、寸分の隙もない。

（阿修羅《あしゅら》か、この男は……）

大石は正眼の構えを固めながら、ややもすれば〝気〟負けする己れを心中で叱咤激励した。

「大石どの」

じりっと間合いをつめて距離二間となったとき、不意に小次郎が口を開いた。戦国の死合いは何でもなかった。

戦いの最中に相手に呼びかけようが、口汚くののしろうが許された。

「——人を斬ったことが、ないようだな」

「…………」

「フフッ、それで一流を成すとは、まことに片腹痛いというものだ」

なにお、と大石が思ったときである。

鳥がはばたくように、小次郎の身体が激しく躍動した。辛うじてその竹刀をはね返した大石は、身を沈めると素早く後方へ下がる。浅く面の直垂を打たれていた。

ふたたび三間離れて、両者は向かい合った。

一瞬の心の動揺は、いまの打ち合いによって消えたようで、大石は心気を鎮めて、小次郎の次なる仕掛けを探った。

思いのほか、対峙《たいじ》していた時間は、長かったように思える。

（――くるか、燕返し）

先程、小次郎当人から聞いた必殺の返し技――じわり、と己れの五体に力の漲《みなぎ》るのを、大石は自覚した。

小次郎の剣先が誘うように、正眼から八双の構えへと動いたとき、大石は迷うことなく真っすぐに剣を伸ばした。

渾身《こんしん》の〝突き〟であったといっていい。小次郎は八双からそれを払いつつ何事かを叫んだ。が、それは大石の〝突き〟を完全にかわし切れず、面金の脇に一撃をくらって、後ろに倒れこむ音と重なった。

面の中に、驚愕《きょうがく》した表情の小次郎がいた。

「そ、そんな馬鹿なことが……」

尻餅《しりもち》をついた小次郎が呻《うめ》くように言うのを、大石はいまだ竹刀を構えたまま、無表情に見下ろしていた。

小次郎は大石の〝技〟自体に、驚いたのではなかった。技は単なる正眼からの、双手突きでしかない。だが、道場の床板を軽やかに滑りこんでくる大石のステップ、足のおくりは、小次郎の予想を遥《はる》かに上回るスピードであった。

現代の剣道と比較すればよい。

コンディションのよい道場で、軽い竹刀を使う剣道と、板敷き道場自体が普及していなくて、手には刃引きの刀か木刀を持って試合＝死合した江戸初期と――。

慎重第一の小次郎の動きは、大石の生死の恐ろしさ、打ち損じても殺される恐れのない、したがって思いきりのよい動作に、劣ったとしても当然であったろう。

もし、得物と試合う場所が江戸初期と同様であれば、十中八、九は小次郎が大石を圧勝したのではあるまいか。

第三十一章

富田重政×真壁暗夜軒

『中条流〝名人越後〟』
『新当流〝鬼真壁〟』

城主二人、鬼と名人

塚原卜伝《ぼくでん》が鹿島神宮に千日参籠し、満願の朝に夢の中で神託を得、秘伝〝一《ひとつ》の太刀〟をもって、新当流を開いたことはつとに知られている。

卜伝は、実父・吉川覚賢《かくけん》から家伝の鹿島中古流を学び、〝鹿島の太刀〟の秘伝を継承すると、養父・塚原安幹《やすもと》からは神道流（天真正伝香取神道流）を伝授された。

家伝とされる〝鹿島の太刀〟とは、卜部吉川家の遠祖・国摩真人《くになつのまびと》の創始になるもので、卜伝の実父・覚賢はその五十代目にあたった。

吉川家が家伝とした〝鹿島の太刀〟は、先の卜伝の開眼によって〝新当流〟とも、〝鹿島新当流〟とも称されるようになったが、卜伝は広く回国修行をし、〝新当流〟の勢力を西国にまで広げた。

そしてその兵法は、世に卜伝流剣術とも呼ばれるようになった。

ちなみに、卜伝が〝一の太刀〟の妙理に開眼したのは、三十四歳のときと伝えられている。

当時、天下無双の秘剣と喧伝された〝一の太刀〟のお蔭で、卜伝は〝剣聖〟とまで崇《あが》められ、実に多くの門人をもつ身となった。

その門人たちの中でもとりわけ目をひく人物に、真壁《まかべ》暗夜軒（一五五〇〜一六二二）がいた。

幼名は小三郎、通称を右衛門大夫といい、歴とした常陸国真壁城の城主で諱《いみな》は氏幹《うじもと》。官名を安芸守《あきのかみ》と私称していた。〝暗夜軒〟あるいは〝闇礫斎《あんれきさい》〟は号である。

その人となりは勇武絶倫、わけても十人力の腕力に恵まれ、一丈（約三メートル）の樫木仗《しょぼくじょう》を戦場で振りまわして敵陣を攪乱した。

樫木仗は周りが八寸（約二十六センチ）あり、鉄の鋲《びょう》が無数に打ち込まれていたため、殺傷力はきわめて高かった。加えて、卜伝譲りの新当流の技法を、ことごとく取得している。

〝鬼真壁〟

世人が恐れおののいたのも無理はない。

史実の暗夜軒は、太田資正《すけまさ》、梶原政景《まさかげ》父子らとともに、小田氏治《うじはる》を小田城から追放し、後北条家の軍勢と戦い、豊臣秀吉の時代には文禄の役にも従軍。徳川家康の天下統一後は、佐竹氏の家臣となって余生をおくったようだ。

およそ、戦場において遅れをとった話を聞かない。

城主級でこれほどの腕前——この暗夜軒に匹敵しそうな兵法家となれば、中条流の富田越後守《とだえちごのかみ》重政《しげまさ》（一五六四〜一六二五）が挙げられようか。

中条流は卜伝の学んだ鹿島・香取の太刀、陰《かげ》流とともに日本剣法の三大源流の一つとされている。

そもそも中条流は三河の豪族・中条氏にはじまり、四代の兵庫頭《ひょうごのかみ》長秀《ながひで》が僧・慈恩《じおん》について技法を飛躍的に充実させ、実質上の中条流を完成した。

正しくは、〝平法《へいほう》〟である。

その平穏を求める理合は、小太刀の秘技を数多く編み出し、越前へも伝播して、やがて朝倉家の家人・富田《とだ》家に伝えられた。長家—景家《かげいえ》—五郎左衛門（すなわち勢源《せいげん》）。

勢源は眼疾で入道し、家督を弟の治部左衛門景政に譲った。この景政が養子としたのが、後に越後守の官位を得、

〝名人越後〟

と世上に評価された重政《しげまさ》である。

こちらは一万三千六百石。兵法家としては国内最高で、たびたび戦場でも武功を挙げていた。

暗夜軒と重政の、年齢差は十四歳。両者はほぼ同時代人といってよい。むろん、暗夜軒と重政が試合った記録などない。が、もし、この二人が試合えば、その結末は……。

一刀両断対入身

——〝一の太刀〟には諸説がある。

天・地・人の一致をみて、一気に敵を一刀両断にする心法だと説くものもあれば、相手の白刃の下をくぐるようにして、従来の太刀筋とは異なる、〝意外〟な方向から斬り込む秘技である、と述べたものもあった。

もし、天・地・人の和合をもって〝一の太刀〟と言うのなら、暗夜軒はその心法を樰木仗で演じることになろう。

一方の重政は、小太刀を使用するはずだ。得物の長短では、圧倒的に暗夜軒が有利であり、勝敗はおそらく一瞬で決するに違いなかった。

今風に言う心・技・体の充実をもって、振り下ろされる暗夜軒の樰木仗に対峙し、重政はそ

の一撃をすり抜け、相手の内懐に飛び込むことができるか否か。勝負の鍵はここにあったといえよう。

かつて富田勢源は、美濃国《みの》において神道流の達人と称された梅津某に試合を挑まれ、相手の三尺五寸（約一メートル六センチ）ほどの長木刀に対し、ありあわせの短い割木をもって臨み、みごと梅津の後頭部を一撃して倒したことがあった。腕力と長い得物に加え、鉄の鋲が無数に打ち込まれている樒木仗――その破壊力は、受け止め得ても返し技にもっていくことが、不可能に近いことを教えていた。

二人は長時間、対峙したままであろう。

双方がわずかに動くたびに、暗夜軒の樒木仗の表面が鈍く光った。彼は慎重に間を詰めていき、重政はそれに応じて後方へさがっていく。

性格的には豪放磊落《らいらく》の暗夜軒である。眥《まなじり》を決して張り裂けんばかりの眼で、重政を凝視したであろう。

――戦場では、〝眼力〟がものをいった。

わけても〝鬼真壁〟の異名＝凄さを知る人々は、追い詰められたような恐怖に、足をすくませるのが常であったという。

しかし、重政とて剣の達人である。平常心をもって臨み、〝先の先〟を見切る以外に、勝ちを制し得るてだてがないと判断した。

暗夜軒が一撃必殺の樒木仗を、繰り出そうと発気した瞬間をとらえ、相手の行動が形になるわずか前に、みずから〝死地〟へ踏み込もうというわけだ。

地を大きく蹴って、重政は暗夜軒に襲いかかった。彼の発した気合が、周囲にひびいて大きく反響したかもしれない。

暗夜軒は、〝一の太刀〟を発すべく、樒木仗を繰り出した。が、途中で向かってくる小太刀に対し、これを捲き上げて宙天高く飛ばすのもよいか、と思いついた。

瞬間、〝一の太刀〟は、天・地・人の一致を乱してしまう。

混乱ともいえない一瞬の戸惑いを、重政が目《め》敏《ざと》く衝けば、暗夜軒の太刀筋を読み、それに応じて入身にはいることは決して困難なことではあるまい。

紙一重の差で、重政が暗夜軒を制していた——という結末の想像も、あながち荒唐無稽とはいえまい。

武器の軽重や相手との年齢の差、馬上ではなく平地での戦いといった条件を勘案すれば、ほんのわずかながら重政の方に分があったように思えるのだが、読者諸氏のご審判はいかに——。

第三十二章

飯篠長威斎×男谷精一郎

『室町の剣聖』 『幕末の剣聖』

兵法は平法なり

日本の武術・武道史は長年にわたり、幾百の剣豪、幾千の剣客を輩出してきた。

が、心身ともに悟りの境地に達し、自らもそれを実践し、門人に最高の心法・技法を教授することのできた人物＝〝剣聖〟となると、さほど多くはいまい。

筆者は歴史的にみて、日本剣法の創始者の一人・飯篠長威斎家直《いいざさちょういさいいえなお》（一三八七〜一四八八）を、まず思い浮かべる。

いわずと知れた、天真正伝香取神道流の開祖である。

長威斎によって創始されたこの兵法は、太刀（剣）術、槍術、薙刀《なぎなた》術をはじめとし、居合術、棒術、手裏剣《しゅりけん》術から、さらには忍術、築城術にいたるまでの、いうところの武芸十八般をことごとく具備していた。

しかし、長威斎は「兵法は平法なり」と言い、戦わずして勝つことこそ、武＝剣の神髄であるとした。

こんなエピソードがある。

香取大神の真伝による剣を大成した家直のも

とには、当然のことながら、諸国から多数の武芸者が教えを求めて集ってきた。

それでなくとも、現在までも香取の地を出ることのなかった流儀――極意をきわめるべくして来る者もあれば、長威斎を倒して武名を挙げる心づもりでやってくる武芸者も多かった。

長威斎は、試合を挑む武芸者に対しては、庭先に繁茂する熊笹《くまざさ》の上に、静かに坐して応対するのを常とした。長威斎が坐ると熊笹は折れも曲がりもしなかった、というから人の目にはあたかも、笹叢《ささむら》に浮かんで坐しているように見えたに違いない。

長威斎は己れと同様に、熊笹の上に座布団を敷くと、訪れた武芸者に、

「そなたも此処《ここ》へ坐られよ。首尾よく笹が折れ曲がることなく坐れたならば、おのぞみどおりに立ち合おうではないか」

と語りかけた。

だが、ほとんどの武芸者は恐れをなし、坐らぬままに退散したという。

いまでも天真正伝香取神道流では、これを〝熊笹の対座〟と称して、その心を尊重している。まさしく、「兵法は平法なり」とする当流の精神を披瀝する挿話と言うべきであろう。

さて、一方、飯篠長威斎家直の遥か後輩として、現代剣道にも多大の影響を及ぼしたのが、江戸末期の〝剣聖〟男谷《おたに》精一郎信友《のぶとも》（一七九八～一八六四）である。

精一郎は有名な幕末の大立者・勝海舟の父・小吉の兄の養子――団野真帆斎から直心影流の免許皆伝を得、平山行蔵に学び、のちに幕府へ講武所を創設するよう働きかけ、自らも総裁をつとめて、〝幕末の剣聖〟〝近世第一等の達人〟と呼ばれた人物。

直心影流を学ぶかたわら、宝蔵院流の槍、吉田流の弓を能《よ》くし、やがて道場を開いた。

ある時、精一郎が旅の途中の山道で、わずかに一人しか通れない場所を塞ぐように、二人の武士が屯《たむろ》しているのに出くわした。

精一郎が通してほしいのだが、と声をかけると、一方の武士は通りたければ拙者の股をくぐって行けという。

韓信《かんしん》の股くぐりに似た話だが、精一郎は顔色一つ変えず、武士たちの股をくぐると、笑い声を背に聞きながら悠々と立ち去った。

これには後日譚があって、そのおりの武士の一人が男谷道場に入門し、はじめて精一郎と知って青くなったというのだ。

速さと太刀筋

精一郎には、次のようなエピソードもある。

天保九年(一八三八)、豊前《ぶぜん》中津藩士・島田虎之助直親《なおちか》が男谷道場へやってきた。

虎之助は十五、六歳で藩中に敵なく、十八歳のおりには九州一円に、彼を負かせる剣士はいなくなっていた。

「日本一になってみせる」

と、江戸入りした虎之助の鼻息は、荒かったに違いない。

いくつかの道場を打ち負かして、噂に名高い男谷へやってくる。

最初は弟子を出すか、と思っていたところが、意外にも道場主の男谷精一郎が最初から出てきた。

さっそく立ち合ったが、田舎剣法の虎之助には精一郎の凄《すご》さが理解できなかったようだ。

精一郎は穏健そのもので、覇気をまったく表にあらわさなかった。

最初の一本を虎之助が取り、二本目を精一郎が取った。

「なかなかの、お腕前――」

精一郎はそんな虎之助に、寛容な笑顔を浮かべて言った。

虎之助にすれば、しょせん、日本一とはいえ男谷とて大した剣士ではない、とますます天狗になった。

つづいて虎之助は、精一郎と同流儀ながら師の違う井上伝兵衛の道場を訪れた。

井上は遠慮会釈なく、虎之助をメッタ打ちにする。虎之助はまったく歯が立たない。脱帽して井上に、改めて入門を願い出た。

すると井上は、虎之助に言う。

「あなたには見所がある。師を選ぶことだ。私ぐらいの腕なら、この江戸には掃いて捨てるほどはいる。入門するなら、日本一の男谷精一郎どののもとへ参られよ」

虎之助は男谷道場での顚末《てんまつ》を、井上に得意気に語った。

「――それは、あなたが田舎者ゆえ、男谷どのに軽くあしらわれたのだ。それすらわからぬようでは、いまだ修行が足りぬぞ」

井上は紹介状を書いてやり、半信半疑の虎之助に、改めて男谷道場へ入門するよう諭《さと》した。

結果については、述べるまでもあるまい。

ようやく虎之助にも、精一郎の凄さが理解できたようだ。無理もない。わずか小十人頭からスタートし、剣一筋でついには三千石を領した幕臣は、ひとり男谷精一郎だけであった。

男谷道場からは島田虎之助をはじめ、勝海舟、三橋虎蔵・天野将曹《まさのぶ》、榊原鍵吉ら錚々《そうそう》たる剣客が世に送り出されている。

さて、この長威斎、精一郎の両者が、〝時空〟を超えて相対したとする。

その勝敗や、いかに――。

得物と場所が、おそらく、二人の勝敗を分けたのではあるまいか。

もし、木刀か竹刀をもって、道場で素足になって相対せばどうであろう。古流に比べて格段にスピーディーな現代剣道に近い、男谷精一郎の足捌《さば》きと心技体の整った一突き、一太刀には、さしもの飯篠長威斎も苦戦を強いられたかもしれない。

しかし、室町期のように、むしろ、〝外〟で地面の凹凸《おうとつ》が当然とされた環境の中で打ち合ったとすれば、男谷精一郎とて〝速さ〟を誇るのはむずかしかったはずである。

さらに、初太刀がすべてを決するとすれば、長威斎の方に分があったに違いない。

なぜなら、室町期の剣法には脇構え、八双、下段といった、昨今の剣道に伝えられた中段や上段以外の、実に多彩な構えとそこから繰り出される刀法が、きわめて数多く伝承されていた。

仮に、天賦の才と技量が互角であれば、身につけた太刀筋の多寡《たか》が優劣を決したかと思われる。

起伏に富んだ地形の中で、山川草木ことごとくを利用し、合戦のごとく振る舞う状況下となれば、男谷精一郎もなすすべはなかったろう。

読者諸氏ならば、いかなる審判を下されようか。

剣の理合と歴史を加味しながら、想像をめぐらせるのも、決して無意味なこととは言えまい。

第三十三章

丸目蔵人佐長恵 × 東郷肥前守重位

『タイ捨流』　『示現流』

重位、肥後を訪問する

「それでは……、いざ、参ろうか……」

　相対するは、タイ捨流の創始者・丸目蔵人《まるめくらんど》佐《のすけ》長恵《ながよし》と示現流開祖の東郷肥前守重位《しげたか》の二人。場所は肥後《ひご》国球磨《くま》郡の領主・相良《さがら》家に属する蔵人佐邸の前庭である。

　東郷重位は、蔵人佐が隠居するにあたり主家から切原野の地を賜ったのを機に、その祝いとともにこのたび、薩摩島津家が流儀をそれまでのタイ捨流に替えて、己れの手になる示現流に改めたことを報告に訪れたのであった。蔵人佐は重位より二十一歳の年長。

　重位の律義《りちぎ》を大いに喜び、両者は初の親善試合をひそかにおこなうことになった、というわけだ。

　蔵人佐は世に、〝西日本一〟と謳《うた》われた剣士である。肥後《ひご》国は八代郡人吉に生まれ、相良家に仕えて弘治元年（一五五五）、十六歳で大畑の合戦に初陣。戦功を挙げ、翌年、出郷して剣名の高かった、天草本渡《ほんど》城主・天草伊豆守種元《たねもと》のもとで修行した。

　本渡に滞在すること二カ年余、蔵人佐は腕に満々の自信をつけると、十九歳で上京し、新陰流・上泉《かみいずみ》伊勢守信綱《のぶつな》の門をくぐった。

柳生宗厳《むねよし》、疋田豊五郎、神後《じんご》伊豆などの高弟とともに、門下の〝四天王〟と称されるまで、わずか数年しかかからなかったという。

蔵人佐が修行成って、師の信綱から新陰流の印可を得たのは永禄十年（一五六七）のことである。錦を飾って人吉に立ち戻った蔵人佐は、相良家で家中の子弟への兵法指南と、隠密狩りを任務とした。

当時、相良氏は決して大大名ではなかったが、人吉を中心に強固な基盤を築いていたから、他家の隠密がしばしば入り込んだようだ。

蔵人佐は領国内を見まわり、そうした隠密を見つけては次々と斬ったとか。『相良文書』によれば、その数は実に十七人にも及んでいる。

――時代は移り、時は流れた。

長かった戦国時代も終わり、徳川家の天下となり、相良家は本領二万二千石を安堵《あんど》され、藩主は相良長毎《ながつね》の代――蔵人佐は新知百十七石を食《は》む、相良家の剣道指南役となっていた。

蔵人佐はやがて〝タイ捨流〟を創始し、名乗るようになる。上泉門下第一の高弟にもかかわらず、新陰流を名乗らなかったのは、一説に、柳生宗矩《むねのり》（宗厳の子）が師の流儀を継承したからだとされている。

だが、蔵人佐はいく度もの合戦の体験から、甲冑《かっちゅう》武士を倒す独自の刀法を工夫した。それが〝タイ捨流〟となった、とも伝えられている。

この説を補強するのが、タイ捨流の構えであろう。タイ捨流の大太刀形十三本、小太刀形四本などが、構えをことごとく斜《しゃ》にとり、斜から斬り上げ、斬り下ろす独特の〝八双〟を用いているのが、独自の工夫を如実に物語っていた。

タイ捨流はまもなく、九州全域に広まった。豊後《ぶんご》（大分県）の大友家は無論のこと、肥前《ひぜん》（佐賀県・長崎県）、筑前《ちくぜん》（福岡県）にまで広がり、隣国・薩摩（鹿児島県）では、目前に静かに坐る、東郷重位の示現流が採用されるまでは、タイ捨流が島津家の流儀となっている。

「トンボ」と「平正間」

隠居の身となった蔵人佐は、相良家から切原野に土地を賜り、移り住むと原野の開墾に従事した。

往年の名声を求めて京・江戸を往来し、数々の剣士と死闘を重ねた、剣一筋に生きた人間とは思えぬ、静かな余生である。

そうした蔵人佐のもとに、突如として訪れたのが、薩摩の東郷重位であった。

この重位は、かつて四十六回もの試合を挑まれたが、ついに一度として不覚をとらなかったという名剣士であった。

重位は、薩摩藩島津家が流儀としていたタイ捨流を、東《あずま》権右衛門について学び、二十歳ごろにはすでにその奥儀をきわめていた。

天正十六年（一五八八）、藩主・島津義久に従って上洛すると、三年におよぶ滞在中に万松《まんしょう》山天寧《てんねい》寺の善吉和尚について自顕《じげん》流を学び、薫陶《くんとう》を得てその秘訣をすべて受け継ぐ幸運に恵まれた。

薩摩に帰国した重位は、鳥越《とりごえ》に住して独り工夫を重ね、立木打ちの積古に励み、のちに示現流を創始した。流名は法華経の「示現神通力」の言葉から名付けられたとか。

そして、

「示現流なくして薩摩士風なく、薩摩士風なくして示現流なし」

とまで、いわれるようになった。

示現流が薩摩藩島津家の採用されるところとなったのは、慶長九年（一六〇四）のことである。

この年、重位は藩主・島津家久の御前で、タイ捨流師範の東新之丞と立ち合い、勝利していた。

以来、重位は家久の剣術指南役となり、四百石を得て坊泊《ぼうどまり》の地頭職に任じられている。

重位＝示現流の極意とするところは、つまるところ速さにあった。

一刻――すなわち、現在の二時間――を八十四等分し、その一つを「分《ふん》」と呼んだ。

ちょうど一呼吸の間である。この「分」を八つに等分して、その一つを「秒《びょう》」という。

「秒」を十に等分した一つが「絲《し》」。

これの十分の一が「忽《こつ》」で、さらに、それを十等分した一が「毫《ごう》」。

この「毫」を、なおも十に分けた一つを「厘」といった。

そして、この「厘」をつきつめた速さのことを「雲耀《うんよう》」と称した。

独特の八双＝「トンボ」の構えから、究極のスピードをめざして、一の太刀を打ち込むのが示現流であった。

蔵人佐とて、そうしたことは先刻承知である。木刀を左手にして立ち上がった。重位もそれにつづいて、前庭の中央に立つ。

なにしろ、古くから尚武の国といえば〝肥薩〟といわれるほど、肥後と薩摩は武術の盛んな土地――しかも両者は、各々を代表する剣士である。いきおい、辺り一面に厳粛にして緊張した空気が漲《みなぎ》ったことであろう。

重位がすぐさま「トンボ」に構えをとると、蔵人佐はやおら太刀を「八双」にとり、次にはおもむろに協構えに。

しかし、タイ捨流の脇構えは、他流のそれとは違って、切っ先がやや上方を向いている。これを「平正間《ひらせいがん》の構え」といった。

示現流必殺の剣が繰り出された。

〝置トンボ〟である。が、蔵人佐にさがって外され、双方は一度間をとりなおすなり、今度は蔵人佐が鋭く脇から斜めに斬り上げる剣を、重位がガッキと打ち止める。

その刹那《せつな》であった。

両者はまたもや飛びさがって、「トンボ」と「平正間」に構え直し、再び間合いをとる。

と、ややあって蔵人佐が言った。

「重位どの、お見事なものじゃ。老骨の及ぶところではござらぬて……」

二人は太刀を引くと、用意された酒肴にしばし刻《とき》を忘れて、剣への思いを談じ合って別れた。

ときに蔵人佐六十五歳。重位は四十四の壮年盛りであった。

タイ捨流には、対示現流との仕合《しあい》を想定した、必殺の二刀流が現存しているが、おそらくは蔵人佐はあえて、この秘太刀は使わなかった、と筆者は考えた。

読者諸氏の審判はいかがであろうか。

索　　引

あ

か

さ

た

な

は

ま

著者略歴

一九五八年（昭和三十三）、大阪市生まれ。奈良大学文学部史学科卒業。同大学文学部研究員を経て、現在は作家、歴史家として独自の史観にもとづく著作活動をおこなっている。『歴史研究』編集委員。

主な著書に、『信長の謎〈徹底検証〉』（講談社文庫）、『豊臣秀吉大事典』（監修・新人物往来社）、『家康の天下取り　関ヶ原勝敗の研究』（中公文庫）、『非常の才　細川重賢藩政再建の知略』（講談社）、『参謀学』『交渉学』（以上、時事通信社）、『細川家の叡智　組織繁栄の条件』（日本経済新聞社）、『武術武道家列伝』（島津書房）、『気の妙術』（出版芸術社）、『武功夜話・信長編』（原本現代語訳・新人物往来社）、『武道初心集』（原本現代語訳・教育社）、『The Mysterious Power of Ki‐The Force Within』（GlobalBooks Ltd）など多数。

宮本武蔵事典

二〇〇一年　一月三〇日　初版印刷
二〇〇一年　二月一〇日　初版発行

著　者　加《か》来《く》耕《こう》三《ぞう》
発行者　大橋信夫
印刷所　図書印刷株式会社
製本所　図書印刷株式会社

発行所　株式会社　東京堂出版
東京都千代田区神田錦町三ノ七〔〒一〇一‐〇〇五四〕
電話〇三‐三二三三‐三七四一　振替〇〇一三〇‐七‐二七〇

ISBN4-490-10563-0 C1523

Printed in Japan